教科書ガイド

東京書籍 版

新しい社会

完全準拠

中学社会

歴史

教科書の内容が よくわかる

JN093974

編集発行 あすとろ出版

この本の使い方

小項目ごとに

　教科書の節はいくつかの小項目に分けられています。この本では，小項目ごとにいくつかのポイントを示しました。さらに，ポイントをふまえて教科書の内容を整理してあります。

赤フィルター

　特に重要な歴史用語や事項，人物などは色太文字で示しました。色太文字は，付属の赤フィルターを使ってかくすことができるので，テスト前のチェックなどに活用してください。

解答例

　教科書にのっている課題や問いかけに対する，解答や考え方の一例を示しました。この「解答例」も参考にして，自分なりの答えを考えましょう。

年表や地図

　学習内容を整理し，より分かりやすく理解するために，必要に応じて年表や地図などをのせていますので，学習に役立ててください。

定期テストに対策に役立つ
「 解法のポイント！
定期テスト完全攻略！」

　各章末には，定期テストによく出題される教科書の学習内容や設問パターンをまとめた「定期テスト完全攻略！」を設けました。定期テスト前には，「 ココがポイント！ 」も合わせて必ず目を通し，効率的・効果的な学習を行いましょう。

二次元コード

　教科書p.5に掲載されている二次元コードを活用したコンテンツの一部が，こちらからも利用できます。動画などを活用することで，内容の理解が深まります。

＊二次元コードに関するコンテンツの使用料はかかりませんが，通信費は自己負担となります。

目次

1節 歴史をとらえる見方・考え方

☑ 歴史を深く学習するためには，どのような見方・考え方が必要でしょうか。

1 時期や年代の表し方

●教科書 p.8〜9

？ 時期や時代は，どのように表現したらよいのかな？

時代の呼び方▶室町時代は，室町幕府に由来している。安土桃山時代は，織田信長の安土城，豊臣秀吉の伏見城(桃山城)からつけられた呼び名である。このほか，縄文時代のように文化の特色や，明治のように元号なども時代の呼び方に使われている。

① 西暦　　(1)1192年　　　　(2)1543年

② 世紀　　(1)10世紀　　　(2)14世紀　　　(3)16世紀

③ 元号
(1)平安時代→1156年，保元の乱
(2)鎌倉時代→1221年，承久の乱
(3)室町時代(戦国時代)→1467年，応仁の乱
(4)安土桃山時代(戦国時代)→1582年，天正遣欧使節出発

④ 時代区分　古代→[中世]→近世→[近代]→現代

◎ 出来事
(1)平治の乱：(西暦)1159年　(元号)平治
　　　　　　(時代区分)平安時代・古代
(2)建武の新政：(西暦)1334年　(元号)建武
　　　　　　(時代区分)鎌倉時代と室町時代の間・中世

2 歴史の流れのとらえ方

●教科書 p.10〜11

？ 歴史の流れをとらえるには，どうしたらよいのかな？

【時系列に整理しよう】

(1)「歴史の流れ」にえがかれているものは次の通りである。

〈人物〉　卑弥呼，聖徳太子，鑑真，藤原道長，平清盛，源頼朝，源義経，足利義満，足利義政，雪舟，ザビエル，織田信長，豊臣秀吉，徳川家康，杉田玄白，伊能忠敬，ペリー，西郷隆盛，大久保利通，木戸孝允，福沢諭吉，伊藤博文，東郷平八郎，野口英世

〈文化財〉　縄文土器，大仙(仁徳天皇陵)古墳，法隆寺，東大寺大仏，能・狂言，金閣，銀閣，水墨画，歌舞伎，浮世絵，富岡製糸場，原爆ドーム

〈出来事〉　大仏の造営，源平の戦い，元との戦い(元寇)，室町文化の形成，鉄砲・キリスト教の伝来，鎖国，元禄・化政文化(町人の文化)，開国，明治維新，文明開化，自由民権運動，大日本帝国憲法の制定，日清・日露戦争，第一次世界大戦，太平洋戦争，原爆投下，日本国憲法の制定，高度経済成長，東京オリンピック・パラリンピック

(2)(3)一つの例として，「②外国との関わり」をテーマにして，年表にまとめてみよう。

時代	縄文	弥生	古墳	飛鳥	奈良	平安	鎌倉	室町	戦国	江戸	明治	大正	昭和
人物		卑弥呼		聖徳太子、小野妹子 中大兄皇子、中臣鎌足			北条時宗	足利義満	ザビエル 豊臣秀吉	徳川家光 ペリー	大久保利通、木戸孝允 陸奥宗光 伊藤博文、東郷平八郎 小村寿太郎		
出来事		魏に使いを送る		遣唐使を送る	律令の制定	遣唐使が停止される	元との戦い（元寇）	日明貿易が始まる	ポルトガル人が鉄砲を伝える キリスト教の伝来 文禄の役・慶長の役	鎖国の体制が固まる ロシア使節が来航する 異国船打払令 開国	岩倉使節団派遣 条約改正（領事裁判権撤廃） 日清・日露戦争 条約改正（関税自主権回復）	第一次世界大戦	第二次世界大戦、太平洋戦争 日中戦争 原爆投下 サンフランシスコ平和条約 日中平和友好条約
文化財				法隆寺	正倉院				石見銀山		富岡製糸場 八幡製鉄所		原爆ドーム

③ 時代の特色のとらえ方

●教科書 p.12〜13

？ 時代の特色をとらえるには，どうしたらよいのかな？

(1)①服装：2では洋服の人がいる。

　②乗り物：1ではかご，2では鉄道，馬車，人力車が見える。

　③海上の様子：2では蒸気船が見え，人口島（台場）が築かれている。

　④その他：こうもり傘を持っている。西洋風の建物がある。

(2)2でも着物を着ている人が多く，和船もたくさんある。

(3)タイミング：開国から明治維新，文明開化のタイミング。

　出来事：アメリカの使節ペリーの来航。

(4)服装や持ち物だけでなく，汽車を見物するなど，人々の行動にも注目しよう。

1節 世界の古代文明と宗教のおこり

☑ 世界の古代文明や宗教は，どのような地域や環境の下でおこったのでしょうか。

1 人類の出現と進化

●教科書 p.20〜21

ここに注目！

1 人類の出現
人類は
いつごろ，どこで
うまれたのだろう？

2 旧石器時代
旧石器時代には
どんな生活を
していたの？

3 新石器時代
新石器時代には
どんな変化が
あらわれたの？

？ 人類はどのように進化し，どのような生活をしていたのかな？

読み取る **解答例**

5は牛や鹿などの動物，**7**はヤギの文様と思われる。**5**は狩りの獲物と考えられるが，**7**のヤギは家畜かもしれない。

チェック **解答例**

・旧石器時代：打製石器
・新石器時代：磨製石器，土器，弓矢

トライ 旧石器時代と新石器時代とのちがいを，生活の仕方に着目して説明しましょう。

解答例 旧石器時代は狩りや採集をし，移動しながら生活していたが，新石器時代には定住し，農耕や牧畜も始めた。

---

1 人類の出現
最も古い人類は，約700万年から600万年前のアフリカに現れた猿人である。

①最古の人類：約700万年から600万年前のアフリカに現れた猿人。

②後ろあし（足）で立って歩いた→前あし（手）で道具を使った。

2 旧石器時代
打製石器を使い，狩りや採集をしながら移動し，生活していた。

①250万年ほど前から，氷期と間氷期をくり返す氷河時代になった。

②原人：200万年ほど前に出現。石を打ち欠いてするどい刃を持つ打製石器を作り，動物をとらえたり，猛獣から身を守ったりした。

③やがて人類は，火や言葉を使えるようになった。

④新人（ホモ・サピエンス）：20万年ほど前，アフリカに現れ，世界中に広がった。現在の人類の直接の祖先に当たる。

⑤石器時代：狩りや採集を行って移動しながら生活し，打製石器を使っていた時代。

3 新石器時代
磨製石器や土器を作り，定住して農耕や牧畜を始めた。

①1万年ほど前，氷期が終わって気温が上がり，海水面が上昇し始めた→魚や貝，木の実など食料が増え，弓・矢で小動物をとらえた。

②定住し，麦や粟，稲などを栽培する農耕や，牛や羊などを飼う牧畜も行うようになった。

③磨製石器：表面をみがいた石器。おの，ナイフなどとして使用。

④土器：食物を煮ることができるようになった。

⑤新石器時代：土器や磨製石器を使い，農耕や牧畜を始めた時代。

② 古代文明のおこりと発展

ここに注目！

1 文明のおこり
古代文明は
どこで
おこったの？

2 エジプト文明
エジプト文明は
いつ，どこで
おこったの？

3 メソポタミア文明
メソポタミア
文明の特色は
何かな？

4 インダス文明
インダス文明の
特色は何かな？

? 古代の文明は，どのような地域でおこり，どのような特色を持っていたのかな？

1 文明のおこり ▶ 古代文明は，アフリカとアジアの大河のほとりでおこった。

①農耕や牧畜の発達→集団で生活し，食料を計画的に生産・貯蔵。

②集団を率いる富める者と支配される貧しい者との区別，集団間の争いが生まれた→強い集団が弱い集団を支配し国へと成長。

③国を支配し，政治や戦争を指揮する王，有力者の貴族，商人や職人などが現れる。

④青銅器や鉄器などの道具，貨幣，文字，法律を発明。

⑤都市が造られ，都市を中心に文明が発達。

⑥四大文明：エジプト文明・メソポタミア文明・インダス文明・中国文明

2 エジプト文明 ▶ 紀元前3000年ごろ，ナイル川のほとりにおこった。

①エジプト文明の特色

時代	紀元前3000年ごろに統一王国
大河	ナイル川
特色	巨大な神殿やピラミッド（ギザの三大ピラミッド） 天文学が発達→太陽暦
文字	象形文字

②ナイル川：世界最長の川で，全長は約6700km。ナイル川が毎年はんらんし，養分の多い土を残すため，農耕が発達した。
→「エジプトはナイルのたまもの」（古代ギリシャ人の言葉）。

③ピラミッド：王の墓とされる。最大のピラミッドの底辺は約230m。

④太陽暦：地球が太陽の回りを一周する時間を1年とする暦。ナイル川がはんらんする時期を知るためにつくられたと考えられている。

⑤象形文字：太陽，月，人間の体，植物や動物など，物の形を基に作られた文字をいう。エジプトの象形文字は解読されている。

みんなでチャレンジ (1)古代の文明はどのような場所におこったか，教科書p.23⑤を参考に考えましょう。

解答例
・アフリカとアジアの大河のほとりでおこった。
・温帯や乾燥帯などの中緯度地域でおこってた（熱帯や寒帯などではない）。

チェック 古代に文明がおこった地域を二つ挙げましょう。

解答例

・ナイル川のほとり(エジプト)

・チグリス川とユーフラテス川にはさまれた地域(メソポタミア)

・インダス川のほとり

トライ エジプト文明・メソポタミア文明・インダス文明に共通する点は何か，20字程度で説明しましょう。

解答例 大河のほとりにおこり，文字を用いた。

---

3 メソポタミア文明 ▶ 紀元前3000年ごろ，チグリス川とユーフラテス川にはさまれた地域におこった。

① メソポタミア文明の特色

時代	紀元前3000年ごろ～
大河	チグリス川，ユーフラテス川
特色	城壁と**神殿**を持つ**都市国家** **太陰暦** **60進法**，１週間を七日とする
文字	**くさび形文字**

② チグリス川・ユーフラテス川：**チグリス川は全長約1850km，ユーフラテス川は全長約2800km**。トルコからシリア，イラクなどを通り，ペルシャ湾に注ぐ。

③ 都市国家：都市が一つの国家を形成したもので，このころの都市国家は，神殿や王宮を中心に，王や神官，職人などさまざまな身分の人が集まってつくられた。また，周辺の農村部をふくむことが多い。

④ 太陰暦：月の運行(満ち欠け)を基につくられた暦。太陰暦では１年が354日となってしまうため，閏月をいれて調整した。

⑤ 60進法：60秒で１分，60分で１時間というように，60を基礎にして位を上げる数え方。

⑥ くさび形文字：ねん土板に先をとがらせた葦を押しつけ，その向きや数などの組み合わせで文字を作った。その形がくさび(▼)に見えることからくさび形文字とよばれる。この文字は解読されている。

⑦ オリエント：エジプトやメソポタミアをふくむ地域。この地域で栄えた人々によって**アルファベット**が発明され，**鉄器**が広く使われるようになった。

4 インダス文明 ▶ 紀元前2500年ごろ，インダス川のほとりにおこった。

① インダス文明の特色

時代	紀元前2500年ごろ～
大河	インダス川
特色	計画的に整備された道路や水路を持つ**都市**
文字	**インダス文字**(未解読の象形文字)

② インダス川：インダス川は全長約3180km。チベット高原からヒマラヤ山脈の西をまわりこむように流れ，アラビア海に注ぐ。

③ 都市：**モヘンジョ・ダロ**遺跡には，レンガを使った大浴場，穀物倉庫などの公共施設，碁盤の目状に整備された道路などが残されている。

④ 紀元前1500年ごろ，この地域に中央アジアから**アーリヤ人**が進出。

アーリヤ人の身分制度▶アーリヤ人の社会は，神官を頂点に，武士，農民・商人，隷属民という四つの身分に分けられていた。この身分制度は形を少しずつ変えながら現代のインド社会に伝えられ，カースト制度と呼ばれている。

③ 中国文明の発展

ここに注目！

❶ 中国文明の発生
中国文明は
いつごろおこり
どんな特色が
あるのかな？

❷ 秦の中国統一
中国を統一した
秦の王はだれ？
どんなことを
したの？

❸ 漢の成立
漢の時代には
どんな変化が
起きたのかな？

？ 古代の中国では，どのような文明がおこったのかな？

❶ 中国文明の発生 黄河・長江流域で農耕文明が生まれ，黄河流域では殷がおこった

①中国文明の特色

時代	約1万年前から農耕文明
大河	黄河(中・下流域→粟)，長江(下流域→稲)
殷(いん)	紀元前16世紀ごろ，黄河流域に成立
特色	優(すぐ)れた青銅器
文字	甲骨文字(漢字の基(もと))

②紀元前11世紀：周が殷をほろぼす。

③紀元前8世紀：周がおとろえ戦乱の時代に→春秋・戦国時代。

④鉄製の兵器や農具(鉄器)が普及(ふきゅう)→農業や商業が発達。

⑤孔子(こうし)(前551?〜前479)：家族の道徳が社会の基本，「仁」と「礼」を基本とする政治を説く→儒学(じゅがく)(儒教(じゅきょう))。

❷ 秦の中国統一 秦の王は始皇帝を名乗り，中央集権的な国を造ろうとした。

①紀元前221年，秦(しん)が中国を統一→紀元前206年滅亡。

②秦王が，初めて「皇帝」を名乗る→始皇帝(しこうてい)。

③始皇帝の政治：長さ・容積・重さの基準，文字，貨幣(かへい)を統一。

④万里の長城(ばんりのちょうじょう)：北方の遊牧民の侵入を防ぐため。

❸ 漢の成立 漢は朝鮮半島や中央アジアも支配下にする大帝国となり，西方との交流が活発になった。

①紀元前202年に中国を統一した漢(かん)は，朝鮮半島に楽浪郡(らくろう)を設け，中央アジアも支配下におく大帝国となった。

②シルクロード(絹の道)：中国と西方を結ぶ。

中国→西方：絹織物。　西方→中国：馬・ぶどう・仏教。

③漢の時代の文化：儒学が国の教え。良質な紙の発明。

 読み取る (2)現在のイランの範囲(はんい)に，教科書p.25❻では何という国があるか答えましょう。

解答例

パルティア王国

 チェック 古代の中国でおこった国の名前を挙げましょう。

解答例

殷(紀元前16世紀ごろ〜)
周(紀元前11世紀〜)
秦(紀元前221年〜)
漢(紀元前202年〜)

トライ 中国文明の特色を，(1)金属器，(2)文字の面からそれぞれ30字程度で説明しましょう。

解答例

(1)殷では優れた青銅器が造られ，春秋・戦国時代には鉄器が広まった。
(2)殷では，現在の漢字の基になる甲骨文字が使われた。

ギリシャ・ローマの文明

●教科書 p.26〜27

ここに注目！

 ギリシャの都市国家

ギリシャでは
どのような社会が
造られたの？

2 ヘレニズム

ヘレニズムの文化は
どんな影響を
あたえたの？

3 ローマ帝国

ローマ帝国は
どのように
発展したの？

？ ギリシャ・ローマの文明にはどのような特色があるのかな？

見方・考え方 地中海沿岸の様子がどのように変化したか〜

解答例 古代ギリシャ人は東地中海で交易を行い、アレクサンドロス大王の時代にはマケドニアが東地中海をまとめたが、ローマは地中海沿岸の全てを支配下にしている。

 チェック ギリシャ文明とローマ文明の具体的な例を〜

解答例

[ギリシャ文明]パルテノン神殿、哲学

[ローマ文明]水道橋、コロッセオ

 トライ ギリシャ・ローマ文明が後のヨーロッパにあたえた影響〜

解答例

[ギリシャ]民主政、芸術、哲学などが大きな影響をあたえた。

[ローマ]法律や暦がヨーロッパで長く使われた。

---

1 ギリシャの都市国家　**古代ギリシャでは、都市国家（ポリス）が造られ、アテネでは民主政が行われた。**

①ポリス：紀元前8世紀ごろから、アテネ、スパルタに代表されるポリス（都市国家）が造られた。

②民主政：市民が話し合い、国の方針を決める政治。アテネでは、成年男子の市民全員が参加する民会で、方針が決定された。

 まとめる **解答例**

王政：国王が主権を持ち、政治を行う体制。

帝政：皇帝が主権を持つ政治体制で、王政と変わらない。

共和政：皇帝や国王のような君主が存在せず、多数の人々の考えによって政治が行われる体制。

③ギリシャ文明：パルテノン神殿はアテネの守護神をまつる→建築様式や彫刻は後のヨーロッパに影響。

　・演劇・彫刻・文学などの芸術、哲学・数学などの学問が発達。

2 ヘレニズム　**ギリシャの文明が東方に広まった。**

①アレクサンドロス大王（前356〜前323）：ギリシャ北方のマケドニアの王。ギリシャ、ペルシャを征服し、インダス川まで遠征。

②大王の遠征→ギリシャ文明が東方に広まる→ヘレニズム。

③ヘレニズムの文化：インド・中国・日本の文化に影響。

3 ローマ帝国　**都市国家だったローマが、地中海沿岸地域を支配する帝国に成長した。**

①紀元前8世紀：イタリア半島中部に都市国家ローマが成立する。

②紀元前6世紀：王政を廃し、貴族が率いる共和政の国になる。

③紀元前30年：地中海沿岸地域を統一する。

　同じころ、皇帝が支配する帝政に変わる→ローマ帝国の成立。

④ローマの文化：道路網（街道）の整備、水道・浴場・闘技場（コロッセオ）などの施設の建築、法律や暦→後のヨーロッパに大きな影響。

⑤ 宗教のおこりと三大宗教

ここに注目！

1 宗教のおこり
宗教はなぜ生まれたの？

2 仏教のおこり
仏教は，どこで，だれがおこしたの？

3 キリスト教のおこり
キリスト教は，どこで，だれがおこしたの？

4 イスラム教のおこり
イスラム教は，どこで，だれがおこしたの？

？ 三大宗教は，どのような地域でおこり，どのような特色を持っていたのかな？

---

1 宗教のおこり 　自然の働きに人間をこえる力を感じ，神について考えるようになったことから宗教が成立。

①自分や一族の成功や発展を願い，神に祈る。

　→神の教えを説く者が現れ，儀式・聖典が整えられ宗教が成立。

2 仏教のおこり 　インドで釈迦が仏教の開祖となった。

時代	紀元前5世紀ごろ，インド
開祖	シャカ(釈迦)
聖典	仏教には数多くの聖典(仏典)がある
教え	修行を積み，さとりを開けば安らぎを得られる
分布	東アジア，東南アジアなど

3 キリスト教のおこり 　西アジアのパレスチナ地方で，イエスがキリスト教の開祖となった。

時代	紀元前後，西アジアのパレスチナ地方
開祖	イエス
聖典	「聖書(新約聖書)」
教え	ユダヤ教が基。人は罪を負っているが神の愛を受けられる
分布	ヨーロッパ，南北アメリカ，アフリカ，オセアニアなど

4 イスラム教のおこり 　西アジアのアラビア半島で，ムハンマドがイスラム教を開いた。

時代	7世紀*，西アジアのアラビア半島
開祖	ムハンマド
聖典	「コーラン」
教え	生活，政治，経済活動など全てをアラーに従うこと
分布	西アジア，北アフリカ，中央アジア，東南アジア

*ムハンマドが生まれたのは6世紀だが，イスラム教がおこったのは7世紀。

読み取る　解答例

(1)Ⓐ仏教
　Ⓑキリスト教
　Ⓒイスラム教
(2)「キリスト教と仏教は，おこった場所では，現在あまり信仰されていない。」「東南アジアでは，三大宗教がいずれも信仰されている。」など

チェック 三大宗教がおこった時期と場所を，それぞれ本文からぬき出しましょう。

解答例

[仏教]「紀元前5世紀ごろのインドに〜
[キリスト教]「西アジアのパレスチナ地方では〜紀元前後にこの地方に生まれたイエスは〜」
[イスラム教]「6世紀*のアラビア半島に生まれたムハンマドは〜」

トライ 三大宗教がおこった地域の特色を〜

解答例 　古代から国が造られ，さまざまな人々が集まっていた。

2節 # 日本列島の誕生と大陸との交流

☑ 日本の社会は，大陸とのつながりの下で，どのように変化したのでしょうか。

① ## 旧石器時代と縄文時代の暮らし

●教科書 p.30〜31

ここに注目！

1 旧石器時代の暮らし
旧石器時代には
どんなことが
あったのかな？

2 縄文時代の暮らし
縄文時代の人々は
どんな道具を使って
生活していたの？

? 日本列島に住み始めた人々は，どのような生活をしていたのかな？

考える　解答例
日本列島が大陸と陸続きだったころに，列島に移動した動物を追って，人々が移り住んできた。

読み取る　解答例
おおむね見て分かるが，縄文土器は中央やや左，石器は中央やや右，貝塚は中央やや右下に見える。また，左に火が見えるが，これは土器を焼成している様子である。

チェック　解答例
縄文土器，石器，貝塚，たて穴住居，土偶など

トライ　解答例
気温が上がって食料が豊富になり，集団で定住するようになった。

1 旧石器時代の暮らし　大陸と陸続きだった日本列島に，人々が移り住んだ。

①氷河時代には海面が今より低く，日本列島は大陸と陸続きだった。
　→マンモス・ナウマンゾウ・オオツノジカなどが住んでいた。
　→動物を追って大陸から人々が移り住んだ。
②氷河時代の終わり（1万年ほど前）→海面上昇→日本列島の誕生。
③旧石器時代の人々の生活

道具	打製石器→やりなど
食料	動物の狩り，植物を採集
生活	食べ物を求め，移動しながら生活

④岩宿遺跡（群馬県）：旧石器時代の代表的な遺跡。

2 縄文時代の暮らし　集団で定住し，縄文土器を作り，狩りや漁，採集を中心に暮らしていた。

①縄文時代の人々の生活

土器	縄文土器：厚手，黒褐色，縄目のような文様
食料	鹿・鳥などのけもの，木の実，魚や貝など
住居	たて穴住居：地面をほり下げて柱を立て，屋根をかけた住居
生活	集団で定住，海に近い場所では貝塚
文化	抜歯や屈葬の習慣 土偶：祈りのため

2 弥生時代の暮らしと邪馬台国

ここに注目！

1 弥生時代の始まり
どうして
人々の生活が
変わったの？

2 国々の成立
むらから国へと
どのように
発展したのかな？

3 邪馬台国
邪馬台国とは
どんな国
だったのかな？

？ 稲作が始まって，社会はどのように変化したのかな？

1 弥生時代の始まり

大陸から伝わった稲作などが，人々の生活を大きく変えた。

①弥生時代の人々の生活

土器	<u>弥生土器</u>：薄手でかため，<u>赤褐色</u>
食料	<u>稲作</u>：朝鮮半島から九州北部に伝わる
建物	<u>高床倉庫</u>：床を高くして，ねずみや湿気を防ぐ たて穴住居
生活	水田の近くに<u>むら</u>を造る。集団で<u>稲作</u>を行う
道具	<u>青銅器</u>：銅鏡，銅鐸，銅剣，銅矛（主に祭り用） <u>鉄器</u>：武器，工具，農具

2 国々の成立

稲作が盛んになると，いくつかのむらをまとめる王が現れ，小さな国々ができた。

①<u>むら</u>を造り<u>稲作</u>→集団作業→指導し，人々を従える有力者。

②各地にいくつかのむらをまとめる<u>王</u>→小さな国々の成立。

③「<u>漢書</u>」地理志：紀元前1世紀ごろの<u>倭</u>（日本）の様子。

・<u>100</u>余りの国があり，<u>楽浪郡</u>を通じ漢の皇帝に使いを送る国も。

④「<u>後漢書</u>」東夷伝：1世紀中ごろ，<u>奴国</u>の王が漢に使いを送り，皇帝から金印を授けられる→「<u>漢委奴国王</u>」（福岡県で発見）。

3 邪馬台国

3世紀，卑弥呼が女王として30ほどの倭の国々をまとめていた。

①3世紀の中国：<u>魏・蜀・呉</u>が争う（<u>三国時代</u>）。

②「<u>三国志</u>」魏書（<u>魏志倭人伝</u>）：<u>邪馬台国</u>の<u>卑弥呼</u>が，女王になって倭の30ほどの国々をまとめる。

③卑弥呼が魏に<u>朝貢</u>し，「<u>親魏倭王</u>」の称号と，金印，銅鏡を授かる。

・朝貢：中国の皇帝にみつぎ物をおくり，王として認めてもらう。

④邪馬台国の位置：<u>近畿</u>（奈良盆地）説と<u>九州</u>説。

 見方・考え方 ⑴教科書p.32 **1** から次のものを探しましょう。

⑵教科書p.32 **1** と教科書p.31 **4** とを比べて，変わった点を挙げましょう。

解答例

⑴
[弥生土器]むらの左手前で土器作り。
[高床倉庫]むらの左中央，右，右上の柵の外。
⑵むらの規模が大きくなり，柵などで囲まれている。水田がある。

チェック 弥生時代に大陸から伝わったものを二つ挙げましょう。

解答例

稲作，青銅器，鉄器

トライ 弥生時代になって社会はどのように変わったか，大陸の影響に着目して説明しましょう。

解答例 稲作中心の生活となり，むらがまとまって国ができた。中国に使いを送る国もあった。

③ 大王の時代

ここに注目！

❶ 大和政権の発展

大和政権は
どのようにして
発展したの？

❷ 古墳時代の文化

古墳から
どんなことが
分かるの？

❸ 中国・朝鮮半島との交流

どんなものが
日本に
伝わってきたの？

？ 大和政権はどのように勢力を広げ，中国や朝鮮半島とどんな交流をしたのかな？

みんなで チャレンジ

(1)教科書p.34 **❸** から，前方後円墳がどの地域に集中しているか読み取りましょう。

(2)教科書p.35 **❸** と教科書p.35 **❾** から，当時の大和政権の勢力がどこまでおよんでいたと考えられるか，グループで話し合いましょう。

解答例

(1)奈良県・大阪府を中心とする近畿地方，北関東(群馬県南部から埼玉県，茨城県)，瀬戸内海沿岸，北九州

(2)近畿地方を中心に，北関東から九州地方にかけての範囲におよんでいた。一方，東北地方の北部にはほとんどおよんでいない。

---

❶ 大和政権の発展 ▶ 3世紀後半，奈良盆地を中心とする地域に現れ，5世紀後半までに各地に勢力を広げた。

①**大和政権**：3世紀後半，奈良盆地を中心とする地域に成立。

強大な力を持つ王と有力豪族たちから成る。

②**前方後円墳**：王や豪族の墓(古墳)。規模から王や豪族の勢力を推測できる。

③奈良盆地を中心とする地域から全国へ。

→大和政権の勢力が全国におよんでいったことを示す。

④**大王**：5世紀後半までに九州地方から東北地方南部までの豪族を従えた大和政権の王は，大王とよばれた。

⑤**古墳時代**：3世紀後半から6世紀末ごろまで。

❷ 古墳時代の文化 ▶ 古墳の分布や出土物などから，大和政権の勢力範囲や古墳時代の社会の様子を推測できる。

①古墳の構造

・**石室**：棺を収めた部屋。前方後円墳では後円部に造られた。

・表面：石がしきつめられることが多かった。

・**埴輪**：古墳の上に並べられた。人・家・馬・船などをかたどったもの，円筒形など，種類が多い。

・**副葬品**：石室や棺の中に納められたもの。

初めは銅鏡・玉などの祭りの道具。

→後に鉄製の武器，馬具，かんむりなど。

②人々は神を祭り，信仰するようになった。

・人々の生活から生まれた信仰。

人間の力をこえた自然の力 ⎫
農業に欠かせない自然の力 ⎭ →自然の中に神を感じ，神を祭る。

・人々のまとまりを強めるための信仰。

大王や有力な豪族は，一族を守る神を信仰。

③主な古墳と特色

古墳名	所在地	特色
大仙古墳	大阪府	世界最大級。仁徳陵古墳ともいう
稲荷山古墳	埼玉県	ワカタケル大王の名を刻んだ鉄剣が出土
江田船山古墳	熊本県	ワカタケル大王の名を刻んだ鉄刀が出土

＊大仙古墳は5世紀，稲荷山古墳と江田船山古墳は5世紀後半。

＊刃が両側についているものを剣，片方だけについているものを刀という。

3 中国・朝鮮半島との交流　**朝鮮半島からの渡来人によって，技術・漢字・仏教などが伝わった。**

①5～6世紀の中国：南朝と北朝に分かれて対立→南北朝時代。

②5～6世紀の朝鮮半島：高句麗・百済・新羅が勢力を争う。半島南部の伽耶地域(任那)には小さな国々が分立。

③中国との交流：大和政権の王たち(倭の五王)は，たびたび南朝に朝貢(→p.15)。

　・倭の五王：讃・珍・済・興・武(ワカタケル大王)。

　・目的：国内での地位をより確かなものにすること。

　　　　　朝鮮半島の国々に対して有利な立場に立つこと。

④朝鮮半島との交流：伽耶地域や百済との関係が深い。

　・伽耶地域から鉄(延べ板)を輸入。

　・百済を助け，高句麗や新羅と戦う→「好太王(広開土王)碑」。

⑤中国・朝鮮半島から伝わった文化：朝鮮半島から，一族で移り住んだ渡来人によって，中国や朝鮮の文化・技術がもたらされた。

　・土器を作る技術：高温で焼き，黒っぽくかたい土器(須恵器)を作る技術。

　・かまどを使う生活。

　・漢字，儒学(→p.11)。

　・仏教(→p.13)：6世紀半ば，百済から伝えられる。

⑥大和政権は渡来人を盛んに採用。

　・書類の作成，財政の管理などを担当。

多くの渡来人が，大陸の進んだ技術や文化などを，日本列島に伝えました。

見方・考え方 この時代に渡来人が伝え，今も日本にあるものを挙げましょう。

解答例 漢字・儒学・仏教など

チェック 渡来人が大陸から伝えたものを三つ挙げましょう。

解答例 漢字，儒学，仏教，高温で土器を作る技術，かまどなど

トライ 大和政権と大陸との交流について，次の語句を使って説明しましょう。[朝貢／渡来人]

解答例 大和政権は中国の南朝に朝貢することで，地位を確かなものにするとともに，朝鮮半島に国々に対して有利な立場に立とうとした。一方，朝鮮半島から日本列島に移り住む渡来人が増え，漢字・仏教などの文化や，土器を作る技術などが伝わった。

3節 古代国家の歩みと東アジア世界

☑ 東アジアでの交流の中で，なぜ律令国家が成立し，変化していったのでしょうか。

① 聖徳太子の政治改革

●教科書 p.36〜37

ここに注目！

1 朝鮮半島の動乱と隋の中国統一	**2** 聖徳太子と蘇我氏	**3** 飛鳥文化
朝鮮や中国でどんなことがあったのだろう？	聖徳太子はどんな政治をしたの？	飛鳥文化の特徴は何だろう？

? 聖徳太子や蘇我氏は，どのような国づくりを目指したのかな？

蘇我氏▶蘇我氏は，仏教を積極的に取り入れることを主張して物部氏と対立したがこれを破り，勢力を強めた。

読み取る 解答例
(1)用明天皇
(2)おじとめい
(3)聖徳太子から見て，蘇我馬子は大おじであり，妻の父でもある。

チェック 解答例
・冠位十二階の制度
・十七条の憲法の制定
・遣隋使の派遣

トライ 聖徳太子や蘇我氏の政治のねらいを，次の語句を使って説明しましょう。
[大王(天皇)／中国]

解答例 中国や朝鮮の制度や文化に学び，大王を中心とする政治の仕組みを作ろうとした。

---

1 朝鮮半島の動乱と隋の中国統一 ▶ **朝鮮半島では新羅や百済が勢力を強め，中国では隋が南北朝を統一した。**

①朝鮮半島：新羅・百済が勢力を強め，新羅が大和政権と深い交流があった伽耶地域の国々をほろぼす。

②中国：隋が南北朝に分かれていた中国を統一し，強大な帝国に。
　・律令(法律)を整え，役人の組織を充実させる。
　・人々を戸籍に登録→税・兵役を負担させる。

2 聖徳太子と蘇我氏 ▶ **聖徳太子は蘇我氏と協力し，大王を中心とする政治の仕組みづくりをすすめた。**

①大和政権内では有力豪族が勢力争い→渡来人と結んだ蘇我氏が台頭。

②推古天皇即位(593年)→聖徳太子(厩戸皇子)が蘇我馬子と協力。

③聖徳太子の政治：大王(天皇)を中心とする政治の仕組みを作る。
　・冠位十二階の制度：家柄にとらわれず才能や功績で役人にする。
　・十七条の憲法：天皇の命令に従うなど，役人の心構えを示す。
　・遣隋使：隋の制度や文化を取り入れるため，小野妹子らを派遣。

3 飛鳥文化 ▶ **飛鳥地方を中心に栄えた日本で最初の仏教文化。**

背景	聖徳太子や蘇我氏が，仏教を重んじた
特色	日本で最初の仏教文化
建築	法隆寺
仏像	釈迦三尊像(法隆寺)，弥勒菩薩像(広隆寺)など

❷ 東アジアの緊張と律令国家への歩み

ここに注目！

■ 唐の成立と東アジアの緊張	❷ 大化の改新	❸ 白村江の戦いと壬申の乱
唐は日本にどのような影響をあたえたの？	大化の改新を進めたのはだれなのかな？	東アジアの中で日本はどのような国づくりを目指したの？

？ 東アジアの国々との関係の中で，日本はどのような改革を進めたのかな？

■ 唐の成立と東アジアの緊張　唐が中国を統一すると，日本は遣唐使を送り，唐の制度や文化を取り入れた。

①7世紀初め，隋がほろび，唐が中国を統一する。

・律令に基づく支配の仕組みを隋から引きつぎ，強大な帝国に。

　→7世紀中ごろには，唐の勢力は中央アジアにまでおよんだ。

・唐が高句麗に攻め入り，百済や新羅，倭では緊張が高まった。

・倭（日本）は唐の制度や文化を取り入れるため，遣唐使を送った。

　→9世紀末に停止される（→p.27）までに，十数回送られた。

❷ 大化の改新　中大兄皇子，中臣鎌足らは蘇我氏をほろぼし，新しい支配の仕組みづくりを始めた。

①強大な唐の誕生→日本の国内を一つにまとめることが重要。

②朝廷（天皇，豪族，貴族から成る政府）の情勢

・蘇我氏が独断的政治→これに対する不満が高まる。

③645年，中大兄皇子が，中臣鎌足（藤原鎌足）らと蘇我蝦夷・入鹿親子をほろぼし，改革（大化の改新）を始める。

④大化の改新

・改革の目的：豪族の力を弱め，天皇家に権力を集中させ，新しい支配の仕組みを作ること。

・遣唐使とともに中国に渡っていた留学生や僧が協力した。

・政治の中心を難波（大阪府）に移す。

・土地と人々を，国家が直接支配する→公地・公民。

　→土地と人々は，各地の豪族が支配していた。

　→土地と人々を支配することは，権力をにぎるために重要。

・朝廷や地方の組織を，天皇中心に改める。

・日本で最初の元号「大化」を定める→「大化の改新」。

チェック　大化の改新後に起こった，国外・国内の重要な出来事を，本文から一つずつぬき出しましょう。

解答例

［国外］

・「唐が新羅と手を結んで百済をほろぼす」

・「663年，中大兄皇子らは〜大敗しました（白村江の戦い）。」など

［国内］

・「初めて全国の戸籍を作る」

・「壬申の乱」

・天武天皇の死後は〜藤原京を完成させました。」など

3 白村江の戦いと壬申の乱

東アジアの緊張が高まる中，国内では改革が進められた。

①東アジアの情勢：**唐**が新羅と組んで，**百済**をほろぼす。
　→日本は百済と深い交流があったため(→p.17)，援助する。
②**白村江の戦い**(はくすきのえ)(はくそんこう)(663年)：大軍を送るが，唐・新羅の連合軍に大敗。
　→唐・新羅の侵攻に備え，百済からわたってきた人たちの知識を利用して城を築く。
　・**山城**(やまじろ)：西日本各地に土塁(どるい)と石垣(いしがき)で築く(大野城(おおのじょう)など)。
　・**水城**(みずき)：堤(つつみ)と水堀(みずほり)で大宰府(だざいふ)を守る。
③唐と新羅は**高句麗**もほろぼすが，やがて両国は対立。
④**天智天皇**(てんじ)：中大兄皇子(なかのおおえの)が即位。
　・政治の中心を**大津**(おおつ)(滋賀県)に移す。　┐→天皇に権力を集中。
　・初めて全国の**戸籍**(こせき)を作る。　　　　┘
⑤**壬申の乱**(じんしん)：天智天皇の死後，天皇の子と弟が争った。
⑥**天武天皇**(てんむ)：天智天皇の弟で，壬申の乱に勝って即位した。
　・天智天皇を受けつぎ，天皇に権力を集中させる改革を進めた。
　・中国にならい，**律令**(りつりょう)，都，歴史書を作るように命じた。
　・政治の中心を飛鳥地方(あすか)にもどした。
　・日本最初の銅銭「**富本銭**(ふほんせん)」を造らせた→どれくらい流通かは不明。
⑦**持統天皇**(じとう)：天武天皇の皇后。天武天皇が始めた改革を推(お)し進めた。
　・律令の作成を引き続き行った。
　・本格的な都として**藤原京**(ふじわらきょう)を完成させた(中国の都にならい，碁盤(ごばん)の目のように区画された都)。
　・このころ，国号が「日本」と定められる。

▼都の移り変わり

年代	都	都を移した天皇
7世紀前半	飛鳥地方・難波宮(なにわのみや)	
667〜672	大津宮(おおつのみや)	天智天皇
672	飛鳥地方	天武天皇
694〜710	藤原京	持統天皇
710〜784	平城京(へいじょう)(へいぜい)(→p.22)	元明天皇(げんめい)
(741〜742)	恭仁京(くにきょう)	聖武天皇(しょうむ)(→p.25)
(745)	紫香楽宮(しがらきのみや)	聖武天皇
(744〜755)	難波宮	聖武天皇
784〜794	長岡京(ながおかきょう)(→p.26)	桓武天皇(かんむ)(→p.26)
794〜1869	平安京(へいあんきょう)(→p.26)	桓武天皇

考える 大野城や水城を造った目的を，教科書p.38〜39**1 4**や，本文に示された当時の日本の状況(じょうきょう)に着目して考えましょう。

解答例 白村江の戦いに敗れたことで，唐や新羅が日本に侵攻してくるかもしれないと考えたから。

トライ (1)天智天皇，(2)天武天皇が行ったことを，それぞれ30字程度で説明しましょう。

解答例

(1)天智天皇
　大津に政治の中心を移し，初めて全国の戸籍を作るなど，改革を進めた。
(2)天武天皇
　律令や都，歴史書を作るよう命じ，政治の中心を飛鳥地方にもどした。

③ 律令国家の成立と平城京

ここに注目！

① 大宝律令	② 平城京	③ 地方の仕組み
律令国家では どのように 政治が行われたの？	平城京が 造られたのは なぜだろう？	地方の政治は どのように 行われたの？

？ 律令国家はどのようにしてできあがり，その仕組みはどのようなものだったのかな？

① 大宝律令 ▶ 多くの役所で，皇族や豪族たちが貴族や役人となって政治を行った。

①**大宝律令**：701年成立。唐の律令にならって作られる。

・**律**：刑罰の決まり。

・**令**：政治を行ううえでのさまざまな決まり。

②**律令国家**：律令に基づいて政治を行う国家。

③律令による役所の仕組み（中央）（→教科書p.41**⑥**）

・**太政官**：天皇の指示で政治を行う，律令国家（政府）の最高機関。

太政大臣：太政官をまとめる最高位の役職。

左大臣，右大臣：太政官に置かれた役職で，政務を統括した。

大納言：太政官に置かれた役職で，大宝律令では定員4名。

・**神祇官**：祭りの儀式を担当した機関。実際には太政官の命令によって動いた。

・五衛府：都や天皇の警備。

・八省：太政官の下に，中務省，式部省など8つの省が置かれ，実務を分担した。

・役所では，天皇から位と給料をあたえられて貴族となった豪族や皇族が働いた。さらに，多くの人々が役人として，彼らの下で働いた。

④**遣唐使**：唐の制度や文化を取り入れた。

・この頃の遣唐使船（→教科書p.40**④**）は，東シナ海を横断する航路を採ったが，遭難することも多かった。

・**阿倍仲麻呂**（698～770）：717年，遣唐使とともに留学生として中国に渡り，唐の皇帝に仕えるなど活躍した。753年，帰国しようとしたが遭難して唐にもどり，唐で死去した。

✓チェック 律令とはどのようなものか，本文からそれぞれぬき出しましょう。

解答例

[律]
・「刑罰の決まり」
[令]
・「政治を行ううえでのさまざまな決まり」

遣唐使船▶1隻に百数十人が乗り組み，2隻から4隻で船団を組んで航行した。

▲唐の時代の長安　教科書の平城京や平安京の復元模型（→教科書p.40■，教科書p.46■）と比べてみよう。

（→教科書p.40■，教科書p.46■）

2 平城京　　　　　　律令国家の新しい都として平城京が造られた。

①平城京遷都（都を移すこと）の詔（天皇の命令）が出る。

→710年，平城京が造られ，遷都する。

→平安京遷都（→p.26）までを奈良時代という。

②平城京：唐の都，長安にならって造られた。

・北側に平城宮が置かれた→天皇の住居や役所。

・住人は約10万人で，そのうち約１万人が役所に勤めていた。

・平城京の中央を南北に朱雀大路が通る。道はばは約70m。

・平城宮から南に向かい，朱雀大路の左側を左京，右側を右京という。

・左京，右京には，それぞれ市（東市，西市）が設けられた。

③和同開珎：708年に発行された貨幣。銀製と銅製があり，銀製は畿内が中心だが，銅製は東北から九州まで全国各地で出土する。

3 地方の仕組み　　　全国を五畿七道に分け，国ごとに国府を置いて地方を治めた。

①律令による地方の仕組み

国	大宝律令では全国に国が設けられ，国府と呼ばれる役所を置いて，都から国司を派遣した
郡	国はさらにいくつかの郡に区切られ，それぞれの郡には郡司が置かれた
里	郡の下に置かれた。50戸を１里とし，里長を置いた
国司	国司は郡司たちを指揮して，人々を治めた。平安時代になると，国司に任命されても代理人を派遣するような者も現れた（→p.28）
郡司	郡司にはその地方の豪族が任命された→郡司は，次第に地方を治める実権をにぎるようになっていった
大宰府	大宰府は九州地方の政治や，外交・防衛を担当→朝鮮半島や中国との外交の窓口として重要な役割
多賀城	東北地方の政治や軍事を担当した

②五畿七道：都を中心にして，地方を治めるための道路を整備する→道路に沿った国々のまとまりを「道」という。

・五畿（畿内）：大和・山城・河内・摂津・和泉。

・七道：東山道・東海道・北陸道・山陽道・山陰道・南海道・西海道。

③道路の整備：都と地方を結ぶ広い道路を整備→都（天皇）を頂点とする国づくりのために必要。

・駅：道路を行き来する役人のため。乗りつぎ用の馬を用意。

トライ　律令国家が全国を支配した仕組みを，次の語句を使って説明しましょう。
［太政官／国・郡］

解答例　天皇の指示で政治を行う太政官が設置され，その下に八つの省（八省）が置かれて実務を分担した。また，地方は国・郡に区切られ，都から国司を派遣して，地方の人々を治めた。

4 奈良時代の人々の暮らし

ここに注目！

1 人々の身分と負担

人々は
どのような負担を
負わされたの？

2 土地の私有と荘園

荘園は
どのようにして
生まれたのかな？

？ 律令国家の下で，人々はどのような暮らしをしていたの？

1 人々の身分と負担　律令国家の下で，人々はさまざまな負担を課されていた。

①戸籍：人々は良民と賤民という身分に分けられ，6年ごとに作られる戸籍に登録された。

・良民：農民や職人など。

・賤民：良民より低い身分とされ，役所の雑役などに使われた者や，奴婢（奴隷）などがいた。

②班田収授法：戸籍に登録された6歳以上の人々に，性別や身分に応じて口分田をあたえ，その人が死ぬと返させた。

・口分田：良民の男子には2段（約24アール），女子には男子の3分の2，私有の賤民の場合，男女それぞれ良民の3分の1を支給。

③人々の負担：人々は口分田の面積に応じて租を収めるなど，さまざまな負担を課せられた。

税	内容	用途
租	稲（収穫量の約3％）	地方の財源
調	絹，糸，真綿，布または特産物	朝廷の運営
庸	布（労役10日のかわり）	朝廷の運営
雑徭	地方での労役（年間60日まで）	
兵役	食料・武器を自分で負担して訓練　一部は，都で1年または防人を3年	

＊租は6歳以上の男女。

＊調・庸・雑徭・兵役は21〜60歳の男子（正丁）の場合。老丁（61〜65歳男子）は正丁の2分の1，少丁（17〜20歳男子）は4分の1。兵役は老丁・少丁に，庸は少丁には課せられなかった。

＊調・庸は自ら都に運ばなければならなかった。

＊防人：唐や新羅に対する防衛のため，九州北部に送られた。

見方・考え方

教科書p.42 **1**〜**4**から，貴族と一般の人々の生活のちがいを読み取りましょう。また，なぜそのようなちがいが生じたか，本文から考えましょう。

解答例

[ちがい]

　貴族は広い大きな家に住み，豪華な食事をしているが，東国の村の家は小さく，たて穴住居も見える。また，食事も貧しい。

[理由]

　一般の人々はさまざまな負担を課せられていたのに対し，貴族は負担を免除され，高い給料を得ていた。

④貴族：調・庸・兵役などを免除され，高い給料や土地をあたえられた。貴族の特権は，その子どもに引きつがれた。

読み取る

Ⓐ「佐渡国｜雑太郡｜石田郷曽祢里戸｜丈部得麻呂｜調｜布壹端」

→「佐渡国の雑太郡石田郷曽祢里戸の丈部得麻呂が調として納めた布一反」と読み取れる。

Ⓑ「周防国｜大嶋郡｜美敢郷｜凡海阿耶男｜御調｜塩二斗」

→「周防国の大嶋郡美敢郷の凡海阿耶男が調として収めた塩二斗」と読み取れる。なお，Ⓑは木簡に書かれたもの。

(1)教科書p.43**7**のⒶⒷはどこから運ばれたか，教科書の巻末3を参考に読み取りましょう。

Ⓐは佐渡国，現在の新潟県佐渡島から運ばれた。

Ⓑは周防国，現在の山口県から運ばれた。なお，大嶋郡は現在の周防大島町。瀬戸内海に浮かぶ大小の島々からなる。

(2)教科書p.43**7**のⒶⒷは何のために書かれたか，考えましょう。

→だれが何を税として納めたか，まちがいのないように管理するためと考えられる。

2 土地の私有と荘園 ▶ **口分田の不足を補おうと土地の私有を認めたことが，荘園が生まれるきっかけとなった。**

①口分田の不足：8世紀に入るころには口分田が不足してきた。

・重い負担からのがれるために口分田を捨て，逃亡する農民が増えたことで口分田が荒れてきた。

・人口が増加した。

②対策：朝廷は口分田を増やすため，開墾計画を立てたり，人々に開墾をすすめたりした。

・**三世一身法**(723年)：新しく用水路などの施設を造って開墾した場合は親子3代にわたって，すでにある施設を使って開墾した場合は本人1代に限ってその土地の私有を認めた。

→期限が近づくと再び荒れてしまうことが多かった。

・**墾田永年私財法**(743年)：租を納めることを条件に，開墾した土地をいつまでも**私有地**とすることを認めた。

→身分に応じて私有できる面積に制限があった。

③影響：貴族や大寺院，郡司などが農民を使って開墾したり，農民が開墾した土地を買い取ったりして，私有地を広げた。

④**荘園**：貴族や寺院の私有地は**荘園**と呼ばれるようになった。

→朝廷(政府)が土地を所有し，直接農民にあたえて耕作させ，税を課すという**公地・公民**の原則がくずれていった。

木簡▶文字を書いた木札のこと。都に運ぶ調や庸に荷札として取り付けたほか，役所などで，当時貴重だった紙のかわりに記録用に使われた。長さ15〜30cmの短冊形が基本。

チェック　奈良時代の人々に課された税や負担を，本文からぬき出しましょう。

解答例　「租」「調」「庸」「労役」「兵役」「防人」

トライ　墾田永年私財法が制定された背景と結果を，それぞれ30字程度で説明しましょう。

解答例

[背景]

三世一身法で開墾をすすめ，口分田不足を改善しようとしたが失敗した。

[結果]

開墾地を永久に私有することを認めたため，公地・公民の原則がくずれた。

5 天平文化

ここに注目！

1 天平文化
この時代
外国とはどんな
交流があったの？

2 奈良時代の仏教
人々は
仏教に何を
求めたのかな？

3 歴史書と万葉集
なぜ，
歴史書や万葉集が
作られたの？

? 奈良時代の文化は，どのような特色を持っていたのかな？

---

1 天平文化 ▶ 遣唐使を通じて，唐の文化や，西アジア・インドの文化も伝わった。

①天平文化：遣唐使を通じて伝えられた唐の文化の強い影響を受けた，聖武天皇のころに栄えた文化。

・唐を通じて，西アジアやインドの文化が伝わる→東大寺の正倉院宝物(螺鈿紫檀五絃琵琶，瑠璃杯など)→国際色豊か。

・建築，仏像，絵画，天皇や貴族の服装などにも唐などの影響。

建築	東大寺法華堂，正倉院宝庫，唐招提寺
仏像	阿修羅像(興福寺)，鑑真像(唐招提寺)，大仏(東大寺)
絵画	鳥毛立女屛風(正倉院)

2 奈良時代の仏教 ▶ 仏教の力によって，国家を守ろうとした。

①聖武天皇と光明皇后：唐の皇帝にならって，仏教の力により，伝染病や災害などの不安から国家を守ろうと考えた。

・都に東大寺と大仏を，国ごとに国分寺と国分尼寺を建てさせた。
・僧や尼を保護し，仏教の力で国家を守るように命じた。

②行基：一般の人々に仏教を布教して歩いた。

③鑑真：招かれて中国から来日し，正式な教えを伝えた。

3 歴史書と万葉集 ▶ 歴史や文化でも，国の形を整えようと考えた。

①天皇中心の国家の仕組みが整う→日本の国のおこりや，天皇が治めることの由来を説明しようとする動きが起こる。

②「古事記」「日本書紀」：国の成り立ちから推古天皇や持統天皇までの天皇の歴史を，神話や伝承，記録を基にまとめた。

③「風土記」：国ごとに，自然・産物・伝承などをまとめさせた。

④「万葉集」：8世紀後半，大伴家持(718?〜785)がまとめたとされる和歌集。天皇や貴族のほか，防人や農民の歌約4500首を収録。

集める (1)教科書p.44〜45 1〜4と関係する国や地域，都市を，教科書p.45 6から探しましょう。

(2)教科書p.44〜45 1〜4から天平文化の特色を考えましょう。

解答例

(1)1 トルファン(中央アジア)，2 インド，3 4 ペルシャ

(2)唐の影響が強く，また，唐を通じて西アジアやインドの影響も受けた文化。

 チェック 天平文化について，代表的な建築，彫刻，歴史書・文学を〜

解答例
左の本文を参照。

トライ 天平文化の特色を，飛鳥文化との共通点に着目して，20字程度で説明しましょう。

解答例 仏教文化だけでなく，国際色が豊かな文化。

6 平安京と律令国家の変化

ここに注目！

1 平安京	**2** 律令国家の変化	**3** 新しい仏教の動き	**4** 東アジアの変化
なぜ，都を移したの？	律令国家はどのように変化したのかな？	新しい仏教はどのように伝わったのかな？	唐との関係はどのように変わっていったの？

？ 平安京に都が移り，政治や社会はどのように変わったのかな？

見方・考え方 地図帳で現在の京都市中心部の地図を調べ，どのような平安京の名残があるか，探しましょう。

解答例 碁盤の目状の道路や，「三条」「四条」のような地名などに，名残が見られる。

---

1 平安京 　　**桓武天皇は，政治を立て直すために都を平安京に移した。**

①桓武天皇は，784年に都を長岡京に移し，次いで794年，平安京に移した→鎌倉幕府が成立するまでを平安時代という。

・背景：天皇が仏教を重んじたため僧の発言力が強まり，貴族との間で勢力争いが激しくなったり，僧が政治に口出ししたりするようになった。

　→桓武天皇は，政治を立て直すために都を移し，奈良の大寺院が新しい都に移ることを許可しなかった。

2 律令国家の変化 　　**律令の決まりどうりに税を取り立てられなくなり，班田収授法が行われなくなった。**

①平安時代になると，律令に基づいて朝廷が国の政治を行い，地方を治める律令国家の仕組みが，うまく働かなくなってきた。

②支配の仕組みの立て直し

・国司に対する監督を強める→地方の統治を立て直す。

・東アジアでの戦争のおそれが小さくなった→人々の負担を軽くするため，東北地方や九州地方を除いて一般の人の兵役をやめる。

・戸籍に基づいた班田の期間をこれまでより長くする（＝負担を変えない）。

③社会の実態

・重い税からのがれるため，戸籍に登録された土地からはなれる人，戸籍をいつわる人が多くなった→律令の決まりどおりに税を取り立てることができなくなる→班田収授法が行われなくなる。

・朝廷は，東北地方で支配に従おうとしない人々を蝦夷と呼んだ。
　→坂上田村麻呂を征夷大将軍にして，東北地方に派遣。朝廷の勢力のおよぶ範囲は広がったが，蝦夷は律令国家の支配への抵抗を続けた。

3 新しい仏教の動き

最澄と空海が，唐にわたって，仏教の新しい教えを日本へ伝えた。

①遣唐使に従って唐にわたった最澄と空海が新しい仏教の教えを日本に伝えた→貴族の間で広く信仰されるようになった。

	最澄	空海
唐にわたった期間	804〜805年	804〜806年
開いた宗派	天台宗	真言宗
建てた寺院	延暦寺	金剛峯寺
寺院の場所	比叡山(滋賀県・京都府)	高野山(和歌山県)

・最澄は，奈良時代以来の教えを守る僧たちと論争するなど，新しい教えを広めることに努めた。

・山奥に建てた寺で，学問や厳しい修行を行った。

・天台宗・真言宗の寺院では，健康や繁栄を祈る祈とう(→教科書p.47 ⑦)が行われた。

4 東アジアの変化

9世紀，唐の勢力がおとろえ，日本からの遣唐使も派遣されなくなった。

①唐の情勢：国内で反乱が続き，勢力がおとろえる。

・8世紀中ごろに反乱が起こり，唐の勢力がおとろえ始める。

→9世紀になると急速におとろえる。

・9世紀末，大規模な農民反乱が起こる。

・907年，唐が滅亡する。

②唐のおとろえにともない，遣唐使が派遣される間隔が空くようになった。

③894年，遣唐使に任命された菅原道真は，唐のおとろえと往復の危険とを理由に派遣の延期を進言し，認められた。

→これ以降，遣唐使の派遣は計画されなくなった。

空海と朝廷▶朝廷と親しくなった空海は，嵯峨天皇(桓武天皇の子)から寺院(京都の東寺)をあたえられた。

遣唐使の派遣▶遣唐使は，630年の第1回から838年の最後の遣唐使まで十数回実施された。

考える 教科書p.46 ③のように，戸籍をいつわって，女子を多く記したのはなぜか，教科書p.42の本文を参考に考えましょう。

解答例 男子には，調・庸や兵役が課せられたが，女子には課せられなかったから。

チェック 桓武天皇が行ったことを，本文からぬき出しましょう。

解答例 「都を長岡京(京都府)に移し，次いで794年に平安京(京都市)に移しました。」

トライ 平安時代初めに朝廷が行ったことを，次の語句を使って説明しましょう。[律令国家／東北地方]

解答例 国司に対する監督を強化するなど，律令国家を立て直そうとした。また，東北地方や九州地方以外で一般の人の兵役をやめる一方，蝦夷をおさえて朝廷の勢力を広げるため，坂上田村麻呂を東北地方に派遣した。

⑦ 摂関政治の時代

ここに注目！

1 藤原氏と摂関政治
摂関政治とは
どんな政治なの？

2 新しい税と国司の変化
朝廷と国司の関係は
どのように変化
したのかな？

？ 平安時代の政治は，どのような特色を持っていたのかな？

💡 **考える** 藤原氏は，なぜ教科書p.48**1**のような邸宅を建てることができたのか，本文から考えましょう。

解答例 藤原氏は太政官の役職の多くを独占し，その地位に応じた給料を得ていたから。

☑ **チェック** 摂政・関白とはどのような職か，本文から抜き出しましょう。

解答例
［摂政］「幼い天皇のかわりに政治を行う」
［関白］「成長した天皇を補佐する」

✒ **トライ** 藤原氏がどのようにして政治の実権をにぎったか，説明しましょう。

解答例 娘を天皇のきさきにし，生まれた子を次の天皇に立てることで勢力をのばし，摂政や関白になった。

---

1 藤原氏と摂関政治
藤原氏は，娘を天皇のきさきとし，摂政や関白となって政治の実権をにぎった。

①藤原氏は，娘を天皇のきさきとし，自らは摂政や関白の職に就き，ほかの貴族たちを退けて，政治の実権をにぎった→摂関政治。

②藤原道長：道長と子の頼通のころが摂関政治の全盛期。

🔍 **読み取る** 教科書p.49**5**から，次のことを読み取りましょう。
　(1)教科書p.48**3**の「威子」は，だれの，娘で，どの天皇の皇后になったでしょうか。
　(2)教科書p.49**4**の「天皇のきさき」と「前の天皇のきさき」はだれでしょうか。また，道長とはどのような関係にあるでしょうか。

解答例
(1)威子は藤原道長の娘で，後一条天皇の皇后である。
(2)「天皇」は「御堂関白記」十三日の記述から三条天皇であることが分かる。したがって，「天皇のきさき」は妍子，「前の天皇」は一条天皇で，そのきさきは彰子（いずれも道長の娘）である。

2 新しい税と国司の変化
律令国家の仕組みがくずれていく中で，国司は権限を強めていった。

①班田収授法が行われなくなった（→p.26）ことの影響
　・私有地（田）を集め（→p.24「墾田永年私財法」），郡司に逆らう人々が現れる。
　・朝廷は租・調・庸を律令に基づいて取り立てることができなくなった→耕している田の面積に応じて，税として米を納めさせる。
　・戸籍に登録して税を課す律令国家の仕組みがくずれた。

②朝廷は，税の取り立ての権限などを国司にあたえ，まかせる→国司が取り立てた税を朝廷の収入として確保。

③国司の変化
　・取り立てた税の一部を自分のものにする国司。
　・任命されても代理人を送り，収入だけを得る国司。
　　→国司になって利益を得ようと，天皇や有力貴族におくり物。

8 国風文化

ここに注目！

1 唐の滅亡と宋の商人
東アジアの国々との関係はどうなったのかな？

2 国風文化
どうして国風文化が生まれたのかな？

3 浄土信仰
なぜ，浄土信仰が広まったの？

? 平安時代の貴族の文化は，どのような特色を持っていたのかな？

---

1 唐の滅亡と宋の商人 ▶ 日本は，宋や高麗と貿易を行った。

①中国：唐の滅亡後，小国に分かれたが，宋が中国を統一した(960年)。
②朝鮮：高麗がおこり，新羅をほろぼした(918年)。
③日本の対応：宋や高麗と正式な国交は結ばなかったが貿易は行った。
④日宋貿易：大宰府で行う。絹織物，香料，薬品などを輸入。

2 国風文化 ▶ 唐との関係が変化し，日本人の感情に合った文化が生み出された。

①平安時代初めごろ：貴族は漢文の詩を作るなど唐風の文化を好む。
　→唐がおとろえ，唐の文化の影響が弱まる。
②国風文化：唐の文化を基にしながら，日本の風土や生活，日本人の感情に合った文化が生み出される→摂関政治のころに最も栄える。
　・仮名文字：漢字を変形。仮名文字で書かれた文学作品も生まれる。
　　→物語：「竹取物語」，和歌集：「古今和歌集」(紀貫之)
　・女流文学：藤原氏から出た天皇のきさきたちの周りに集められた才能や教養のある女性が物語，日記，随筆などを書いた。
　　→物語：「源氏物語」(紫式部)，随筆：「枕草子」(清少納言)。
　・服装：唐風から独自のものへ変化した。
　・寝殿造：建物を廊下で結び，広い庭や池のある貴族の住宅。

3 浄土信仰 ▶ 社会が変化し，人々の不安な気持ちが高まり，浄土信仰が広まった。

①浄土信仰：念仏(「南無阿弥陀仏」)を唱えて阿弥陀如来にすがり，死後，極楽浄土に生まれ変わることを願う。
　・背景：社会が変化し，人々の間に不安な気持ちが高まった。
　　→浄土信仰は地方にも広まった。各地に阿弥陀堂が建てられた。
②平等院鳳凰堂：藤原頼通が宇治に造らせた阿弥陀堂。
③阿弥陀如来像：平等院鳳凰堂の阿弥陀如来像は日本独特の形。

🔍 **読み取る** 教科書p.51 **4** にえがかれている貴族の服装の特徴を，本文を参考に読み取り，まとめましょう。

解答例 男女とも，ゆったりとしたものになっている。この絵の女性の服装は女房装束(十二単)，男性は束帯という。

☑ **チェック** 国風文化の具体例を，本文からぬき出しましょう。

解答例
・「仮名文字」
・「それまで唐風だった～独自のものになりました」
・「寝殿造」
など

✎ **トライ** 国風文化の特色を，天平文化と比べて，30字程度で説明しましょう。

解答例 唐風の天平文化に対し，仮名文字や独自の服装など，日本に合った文化。

絵巻物から古代の人々の姿をとらえよう ●教科書 p.52〜53

(1) 人々がかぶっている帽子に注目しよう。えがかれている帽子には大きく次の三つがある。

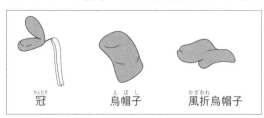

冠　　烏帽子　　風折烏帽子

　冠は貴族や武士が正装のときに，烏帽子は貴族が日常的に使用した。風折烏帽子は身分の低い役人や庶民が利用した。あらためて絵巻を見てみると，色の付いた服を着ている人は，冠や烏帽子をかぶっている人が多く，比較的身分の高い人たちであることが分かる。

(2) 「扇を持っている人」：左ページの上，赤い柱の影の茶色の服を着た人物。右ページの

右奥，緑色の服を着た人物など。

「弓矢を持っている人」：左ページ中央の壁の前に1人，右ページの中央に3人いる。

「女の人」：左ページ中央，薄茶色の服を着ている。右ページの弓矢を持った人の後ろに2人の女性が見える。

「子ども」：幼い子どもは見えないが，左ページ下の赤い服の人物と右ページ右上の後ろ向きの人物は，着ている服（水干という）から，女性ではなく元服前の少年と思われる。

(3)③けんかをする2人の子ども。

②そこにかけつける，おそらく子どもの父親。

④わが子をかばい，相手の子をけとばしている（ように見える）父親。

①わが子の手を引き，連れ帰る，おそらく子どもの母親。

基礎・基本のまとめ **古代までの学習をふり返ろう** ●教科書 p.58〜59

❶❶シルクロード：中国と中央アジアなど西方を結ぶ交易路。中国から西方へ絹織物が運ばれたことから名付けられた。

❷ギリシャ・ローマの文明：ギリシャでは芸術や学問が発達し，特にアテネでは民主政が行われた。ローマでは，道路や水道，闘技場などの大規模な施設が建設された。これらのギリシャ・ローマの文明は，後のヨーロッパに大きな影響をあたえた。

❸大和政権：3世紀後半，奈良盆地を中心とする地域に成立した，大王と有力な豪族たちとから成る勢力（政権）。

❹渡来人：朝鮮半島から，日本列島に一族で移り住んだ人々。大和政権は，技術，仏教，漢字などを伝えた渡来人を積極的に採用した。

❺遣唐使：7世紀から9世紀にかけて，中国の

唐に送られた使節で，中国の制度や文化を日本にもたらした。

❻大化の改新：中大兄皇子を中心に，蘇我氏をたおし，天皇中心の国家をつくるために行った改革。公地・公民の実現を目指した。

❼大宝律令：701年，唐の律令にならって制定された。律令に基づいて政治が行われる国を律令国家といい，大宝律令によって，律令国家としての日本の仕組みが整えられた。

❽墾田永年私財法：口分田の不足の解消を目的に定められた。開墾した土地の私有を認めたため，盛んに開墾が行われたが，荘園と呼ばれる私有地が拡大し，公地・公民の原則がくずれていくきっかけとなった。

❾摂関政治：藤原氏が行った政治。藤原氏は娘を天皇のきさきにすることで天皇家と結び付

き，幼い天皇の代わりに政治を行う摂政や，成長した天皇を補佐する関白の職に就き，ほかの貴族たちを退けて政治の実権をにぎった。

❿国風文化：唐がおとろえ，中国の影響が少なくなったことを背景に，９世紀の末ごろから盛んとなった，日本の風土や生活，日本人の感情に合った文化。仮名文字が作られ，「竹取物語」「古今和歌集」「源氏物語」「枕草子」などの文学作品がつくられ，貴族は日本独特の建築様式である寝殿造の邸宅に住んだ。

2 A：稲作　B：ローマ帝国　C：新羅
　　D：天平文化　E：浄土信仰

3(1)邪馬台国の卑弥呼が魏に朝貢し，「親魏倭王」の称号をあたえられたから。

(2)聖徳太子は，中国や朝鮮に学びながら大王(天皇)を中心とする国づくりを進め，遣隋使を送り，隋の制度や文化を取り入れようとした。また，聖徳太子は仏教や儒学を重んじ，その考え方を取り入れて政治を行ったため，日本で最初の仏教文化といわれる飛鳥文化が栄えた。

(3)儒学，漢字，土器(須恵器)を作る技術，かまどを使う生活

4(1)ア：天皇　イ：太政大臣　ウ：大宰府
　　エ：郡

(2)律令国家

(3)オ：唐　カ：新羅　キ：白村江

探究のステップ

①古代文明は，大きな川に沿った地域で生まれたこと，文字を発明したことなどが共通している。また，地域によって作物は異なるが農耕が発達していたことも共通している。そのため，熱帯や寒帯など自然条件の厳しい地域ではなく，温帯や乾燥帯で生まれている。

宗教は，古代文明が生まれた地域や近い地域でおこっている。こうした地域には多くの人が集まり，他地域との交流もあり，身分制社会がつくられていたことなどが，宗教が生まれる背景にあったと考えられる。

②大陸から稲作が日本にもたらされたことの影響は非常に大きい。人々は水田の近くに集落を作り，共同で農作業をするようになった。その中から指導者が生まれ，大きくなった集落はむらとなり，むら同士の争いの中から国が生まれ，やがて大和政権の成立へとつながっていく。その間，青銅器や鉄器，仏教や儒学，漢字などが伝えられる一方，日本からもたびたび使者が送られて交流を深めた。

③律令を基に公地・公民の原則で国を治める考え方は，天皇を中心とする国づくりを考える人々にとって手本となった。そのため，遣唐使などによって唐の制度を取り入れ，律令国家をめざした。同じように，朝鮮半島の国々も中国との深いつながりの中で発展し，ときには国同士が争うこともあった。

探究課題

奈良盆地を中心とする地域に成立した大和政権は，大王と有力な豪族から成るものだった。大和政権は，朝鮮半島の国々や中国と交流し，新しい制度や文化を学びながら，律令に基づく，天皇を中心とする国家をつくり上げた。

まとめの活動 ## 古代日本のキーパーソンはだれだろう

●教科書 p.60〜61

【この時代の特色】 古代は，エジプト，メソポタミア，インド，中国で文明が生まれ，発達した時代である。日本では，長く縄文時代が続いたが，大陸から稲作が伝わったことをきっかけに，社会が大きく変化した。その中で成立した大和政権は，中国に学んだ律令による国づくり，すなわち天皇を中心とする律令国家を目指した。そして，平城京や平安京を都として全国を支配する体制をきずいた，また，文化の面でも発展した時代であった。

❶ 人類の進化と古代文明について，次の問いに答えなさい。

問1　次の①～②の文中の空欄(くうらん)に当てはまる語句を書きなさい。

①(a　　　　　　)石器を使い，(b　　　　　　)や(c　　　　　　)を行って，移動しながら生活していた時代を(d　　　　　　)という。

②土を焼いて作った(e　　　　　　)や，表面をみがいた(f　　　　　　)石器を使い，(g　　　　　　)や牧畜(ぼくちく)を始めた時代を(h　　　　　　)という。

問2　次の古代文明に関係の深い語句を，それぞれ語群から選び，記号を書きなさい。

①エジプト文明　　②メソポタミア文明　　③インダス文明　　④中国文明

【語群】　ア　太陽暦(たいようれき)　　　イ　太陰暦(たいいんれき)　　　ウ　甲骨(こうこつ)文字　　エ　くさび形文字

　　　　　オ　インダス川　　カ　ナイル川　　キ　黄河(こうが)ホワンホー　　ク　モヘンジョ・ダロ

①(　　　　)(　　　　)　　②(　　　　)(　　　　)　　③(　　　　)(　　　　)

④(　　　　)(　　　　)

❷ 古代日本の人々の暮らしの移り変わりについて，次の問いに答えなさい。

A　この時代の人々は，水田の近くにむらを造り，共同で農作業を行った。集落には，a 高床(たかゆか)の住居や b 校倉造(あぜくらづくり)の倉庫が建てられ，多くのむらが堀(ほり)や柵(さく)などで囲われていた。

B　この時代の人々は，主に狩りや狩猟によって食料を得ていた。海に近いむらの遺跡(いせき)などで発掘(はっくつ)される c 貝塚(かいづか)は，当時の人々の食生活を知る貴重な手がかりである。

C　この時代の人々は，d 邪馬台国(やまたいこく)の支配の下(もと)で暮らしていた。この国の王の中には，中国の南朝に朝貢(ちょうこう)する者もいた。e 須恵器(すえき)を作る技術が伝わったのもこの時代である。

問1　A～Cの文はどの時代について述べたものか，それぞれについて書き，さらに，年代の古い順に並びかえて，記号で答えなさい。

A(　　　　　　)時代　　B(　　　　　　)時代　　C(　　　　　　)時代

古い順　(　　　　　　)→(　　　　　　)→(　　　　　　)

問2　A～Cの文中の下線部について，正しければ○印をつけ，誤っていれば正しく書き直しなさい。

a (　　　　　　)　　b (　　　　　　)　　c (　　　　　　)

d (　　　　　　)　　e (　　　　　　)

❶ 解答

問1 ①a 打製
　　　b・c 狩り・採集
　　　d 旧石器時代
　　②e 土器
　　　f 磨製
　　　g 農耕
　　　h 新石器時代

問2 ① ア・カ
　　② イ・エ
　　③ オ・ク
　　④ ウ・キ

ココがポイント！

問1 打製石器は石を打ち欠いてするどい刃を付けた石器，磨製石器は表面をみがいた石器のことで，旧石器時代と新石器時代を分けるポイントである。さらに，狩りや採集が主だった生活から農耕や牧畜を行うようになったことも重要なポイントである。なお，新石器時代には，用途に応じて，打製石器と磨製石器を使い分けていた。

問2 古代文明には，大河の流域で生まれ，文字を使っていたという共通点がある。それぞれの文明について，位置や川の名前を地図で確認し，どのような特徴があるのか整理しよう。

❷ 解答

問1 A 弥生
　　B 縄文
　　C 古墳
　　古い順
　　　B → A → C

問2 a たて穴住居
　　b 高床の倉庫
　　c ○
　　d 大和政権
　　e ○

ココがポイント！

問1 縄文時代には狩りや狩猟によって食料を得ていたが，大陸から稲作が伝わり，弥生時代が始まった。各地にむらが造られ，その中から現れた指導者が，いくつかのむらをまとめる王となり，国が形成された。各地の国々は，たがいに争うこともあったが，やがて大和政権にまとまっていった。その大王や豪族の墓として造られたのが古墳で，古墳が盛んに造られた時代を古墳時代と呼ぶ。また，大和政権の王たち（倭の五王）が中国の南朝に朝貢したことが，中国の歴史書に記されている。

問2 米作りは人々の生活を大きく変えた。水田を作りやすい低地にむらを造り，共同作業で収穫した米を高床倉庫に保管した。人々の住まいは，縄文時代と同じくたて穴住居がほとんどであった。

　邪馬台国は弥生時代に存在した国。中国の南朝（宋）に倭の五王が朝貢したのは古墳時代なので，正しくは大和政権だと分かる。なお，邪馬台国の卑弥呼が朝貢したのは，三国時代の魏である。

　須恵器は，高温で焼いた黒っぽくかたい土器で，その製作技術は，古墳時代に，渡来人によって伝えられた。

❸　次の自己紹介の文を読んで，あとの問いに答えなさい。

A　私は_a天皇を助け，中国や朝鮮に学びながら，仏教や儒学（じゅがく）の考え方を取り入れ，大王（おおきみ・だいおう）を中心とする政治の仕組みを作ろうと努力した。

B　私は蘇我（そが）氏をほろぼし，公地・公民を目指して改革を始めた。後に即位して天皇となり，天皇の下（もと）に権力を集中するための改革をさらに進めた。

C　私は貴族と僧の争いによって混乱した政治を立て直すために_b794年に都を移した。そして，役所を整理したり，蝦夷（えみし）の抵抗をおさえたりして，支配の立て直しに努めた。

問1　A～Cの自己紹介をしている人物はだれか，それぞれ漢字で書きなさい。

A（　　　　　　）
B（　　　　　　）
C（　　　　　　）

問2　下線部 a，b について，a は天皇の名前を，b は新しい都の名前を，それぞれ書きなさい。

a（　　　　　　）　　b（　　　　　　）

問3　A～Cの人物に最も関係の深いことがらや人物を，下の語群からそれぞれ二つずつ選び，記号で答えなさい。

【語群】　ア　坂上田村麻呂（さかのうえのたむらまろ）　イ　小野妹子（おののいもこ）　ウ　中臣鎌足（なかとみのかまたり）　エ　菅原道真（すがわらのみちざね）
　　　　　オ　冠位十二階　カ　遣唐使（けんとうし）　キ　平安時代（へいあん）　ク　大化の改新

A（　　　）（　　　）
B（　　　）（　　　）
C（　　　）（　　　）

❹　次のA～Cについて，最も関係の深いものをそれぞれの語群から一つずつ選び，記号で答えなさい。

A　飛鳥（あすか）文化　　B　天平（てんぴょう）文化　　C　国風（こくふう）文化

【語群Ⅰ】
ア　広隆寺弥勒菩薩像（こうりゅうじみろくぼさつ）　イ　平等院鳳凰堂阿弥陀如来像（びょうどういんほうおうどうあみだにょらい）　ウ　興福寺阿修羅像（こうふくじあしゅら）

【語群Ⅱ】
エ　寝殿造（しんでんづくり）　オ　東大寺正倉院（とうだいじしょうそういん）　カ　法隆寺（ほうりゅうじ）

【語群Ⅲ】
キ　聖武天皇（しょうむ）　ク　蘇我馬子（そがのうまこ）　ケ　藤原道長（ふじわらのみちなが）

A　Ⅰ（　　　　　）　　Ⅱ（　　　　　　　）　　Ⅲ（　　　　　　　）
B　Ⅰ（　　　　　）　　Ⅱ（　　　　　　　）　　Ⅲ（　　　　　　　）
C　Ⅰ（　　　　　）　　Ⅱ（　　　　　　　）　　Ⅲ（　　　　　　　）

❸ 解答

問1　A　聖徳太子
　　　B　中大兄皇子
　　　　　（天智天皇）
　　　C　桓武天皇
問2　a　推古天皇
　　　b　平安京
問3　A　イ・オ
　　　B　ウ・ク
　　　C　ア・キ

ココがポイント！

問1　Aは「仏教や儒学の考え方を取り入れ」がヒントになる。Bは「蘇我氏をほろぼし」と「公地・公民」がヒントである。Cは「政治の混乱を立て直す」と役所の整理や蝦夷対策などの政策がヒントになる。

問2　それぞれの人物と関わりの深い人物や，どのようなことを行ったのか，整理しておこう。bについて，桓武天皇は784年に長岡京に都を移し，さらに794年に平安京に移している。

問3　桓武天皇が，794年に平安京に都を移してからの時代を平安時代という。

❹ 解答

A　Ⅰ　ア
　　Ⅱ　カ
　　Ⅲ　ク
B　Ⅰ　ウ
　　Ⅱ　オ
　　Ⅲ　キ
C　Ⅰ　イ
　　Ⅱ　エ
　　Ⅲ　ケ

ココがポイント！

A　飛鳥文化は，聖徳太子が蘇我馬子と協力して，仏教や儒学の考え方を取り入れた改革を進めた時代の文化。改革の影響を受けて，日本最初の本格的な仏教文化として栄えた。代表的な仏像は広隆寺弥勒菩薩像，法隆寺釈迦三尊像などである。法隆寺は飛鳥文化を代表する，現存する世界最古の木造建築である。

B　天平文化は，聖武天皇のころの文化である。遣唐使を通じて伝えられた唐の文化や，聖武天皇が仏教を重んじたことから，国際色が豊かで仏教の影響も強い文化である。代表的な仏像には，興福寺阿修羅像，東大寺大仏（盧舎那仏），唐招提寺の鑑真像などがある。建築では，東大寺の正倉院，唐招提寺金堂などが有名である。

C　国風文化は，藤原道長による摂関政治が栄えたころの文化である。唐の影響が少なくなり，日本の風土や生活，感情に合った文化が生み出された。寝殿造は日本人の貴族の邸宅の建築様式である。仮名文字が作られ，「源氏物語」「古今和歌集」などの文学作品が生まれた。

1節 武士の政権の成立

☑ なぜ武士は政権を立て，社会を動かすなどの力を持つようになったのでしょうか。

① 武士の成長

●教科書 p.64〜65

ここに注目！

1 武士の登場
武士は
いつごろ
生まれたのかな？

2 武士団の形成
武士団は
どんなはたらきを
したのかな？

3 荘園・公領での武士の役割
武士の登場で
どんな変化が
あらわれたの？

？ 武士はどのように成長したのかな？

🔍 **読み取る**

(1)教科書p.64**1**のⒶとⒷのどちらが都の武士で，どちらが地方の武士か考えましょう。
(2)教科書p.64**1**のⒶとⒷの武士は，それぞれどのような仕事をしているか読み取りましょう。

解答例

(1)都の武士はⒷ
　地方の武士はⒶ
(2)Ⓐ：館の門前で警護（左）をしたり，主人の供（中央，木につないだ馬の前）をしたりしている。
　Ⓑ：牛車に従う騎馬の武士は，牛車に乗っている身分の高い人物（皇族や貴族）の警護をしている。左上や左下でひざまずくは武士は，牛車の出むかえ。

---

1 武士の登場　武士は，10世紀ごろから，都や地方で成長し始めた。

①武士とは→もともとは弓矢や馬などの戦いの技術に優れた都の武官や地方の豪族たち。
　平安時代の10世紀ごろ，都や地方で武士が成長し始めた。

②都の武士
　・朝廷の役人になり，天皇の住まいや役所の警備，犯罪の取りしまりに当たった（→教科書p.64 **1**, p.66 **2**）。
　・藤原氏などの貴族に仕え，屋敷の警備などに当たった。

③武士の成長
　・都の武士が地方の役職に就く，地方の武士が都に上り朝廷に仕える
　　→都と地方を行き来しながら，社会的地位を高めていった。

2 武士団の形成　武士は，大きな反乱や戦乱をしずめて，力を認められた。

①武士団：地方の武士は，一族や家来を従えて武士団を形成するほどに成長した。
　・棟梁：一族の長として武士団を統率した。
　・惣領：武士団の長。
　・家の子：惣領の分家など。惣領の下で武士団を形成した。
　・郎党：配下の武士。
　・下人：もとは武士などの下で働いていた農民などで，武士団が生まれてから下級の武士となったもの。
②武士団の中でも，天皇の子孫である源氏と平氏は特に有力。

◀武士による反乱・戦乱

○ 平将門の最大勢力範囲
→ 藤原純友の進路
✕ 前九年合戦・後三年合戦の主な戦場

平泉
多賀城
常陸国府
平安京
大宰府

③武士どうしの争いと反乱

・平将門の乱(939〜40)：北関東で起きた平氏一族内の争いから，平将門が起こした反乱。

・藤原純友の乱(939〜41)：海賊討伐のために都から伊予国(愛媛県)に派遣され，土着した藤原純友が起こした反乱。

→反乱をしずめた武士の力が朝廷にも認められ，影響力を強めた。

・前九年合戦(1051〜62)・後三年合戦(1083〜87)：東北地方で起きた武士の争い。前者は源頼義・義家父子が，後者は義家が争いをしずめたことから，源氏が東日本に勢力を広げた。

・奥州藤原氏：平泉を拠点に東北地方に勢力を築く。

・瀬戸内海の海賊をしずめた平氏は，西日本に勢力を広げた。

| **3** 荘園・公領での武士の役割 | ▶ | 武士は，年貢の取り立てを任されるなどして，地方の社会の中心になっていった。 |

荘園

【開発者】地方の役人・僧・武士など	→ 土地(荘園)を寄付	【領主】都の皇族・貴族寺社
	← 朝廷への税の免除など保護	
	→ 年貢を集めて，納める	
	← 荘園を支配する権利を認める	

公領

| 国司 | → 犯罪の取りしまりや年貢の取り立てを任せる | 武士 |

・11世紀の後半には特に武士が力をつけ，荘園や公領に館を築いて地方の社会の中心となっていった。

チェック 武士が関わった戦いを，本文からぬき出しましょう。

解答例
・「北関東では平将門が，瀬戸内地方では藤原純友が，それぞれ周辺の武士団を率いて大きな反乱を起こしました。」
・「前九年合戦」
・「後三年合戦」

トライ 武士はどのように成長していったか，きっかけとなる出来事に着目して説明しましょう。

解答例 一族で武士団を形成するようになった武士は，平将門の乱や藤原純友の乱の平定などを通じて成長していった。

2 院政から武士の政権へ

ここに注目！

1 院政と武士

院政の時代に
武士の立場は
どうなったかな？

2 平清盛の政権

平清盛は
どんなことをした
人なの？

? 武士はどのようにして政治の実権をにぎったのかな？

---

1 院政と武士 ▶ 活躍の場をあたえられた武士は，政治のうえで大きな力を持つようになった。

①院政：天皇の位をゆずった<u>上皇</u>が中心となって行う政治を<u>院政</u>という。

②院政が始められた背景

・11世紀後半，摂関政治で栄えた<u>藤原氏</u>(→p.28)などの貴族の下には<u>荘園</u>が集まった(→p.37)。

・藤原氏との関係がうすい<u>後三条天皇</u>は，荘園の増加をおさえ，天皇みずからが政治を行うこと（天皇親政）に努めた。

・後三条天皇の子である<u>白河天皇</u>は，1086年，自分の子孫を確実に天皇の位に就けるために位をゆずり，上皇となっても政治を動かした。

③院政の展開

・院政では，身分の低い貴族や武士にも<u>活躍</u>の場があたえられた。

・上皇の下には多くの<u>荘園</u>が集まった。

・上皇は寺社を保護したので，寺社は荘園を持ち，<u>僧兵</u>（武装した僧）を使って勢力を広げた。

・院政は，<u>白河上皇，鳥羽上皇，後白河上皇</u>の三代にわたって行われた時期が最も強い影響力を持った。

④二つの内乱と武士

・鳥羽上皇の死後，天皇と上皇，貴族どうしの対立が激しくなり，内乱に発展した→<u>保元の乱</u>(1156年)・<u>平治の乱</u>(1159年)。

・内乱では，武士どうしの戦いで朝廷内の対立が解決されたため，武士の政治のうえでの力が大きくなった。

⑤保元の乱：<u>後白河天皇</u>と，その即位に反対していた<u>崇徳上皇</u>との対立が鳥羽上皇の死をきっかけに激しくなり，さらに摂関家の継承をめぐる藤原氏の内紛なども加わり，それぞれが武士を集めて内乱となった→後白河天皇に味方した<u>平清盛</u>・<u>源義朝</u>が勝利。

出家して僧になった上皇は，法皇と呼ばれます。

	保元の乱(1156年)				平治の乱(1159年)	
	天皇家	貴族	平氏	源氏	貴族	源氏 平氏
勝者	後白河天皇(弟)	藤原忠通(兄)	平清盛(おい)	源義朝(長男)	藤原道憲	平重盛 平清盛
敗者	崇徳上皇(兄)	藤原頼長(弟)	平忠正(おじ)	源為朝(八男) 源為義(父)	藤原信頼	源義朝 源義平 源頼朝

◀保元の乱と平治の乱の対立関係

・経過：後白河天皇方が崇徳上皇方を攻撃して破り，崇徳上皇は讃岐に流され，源為義や平忠正らは処刑された。
・影響：摂関家の力が弱まり，武士の影響力が強まった。

⑥平治の乱：保元の乱に勝ったのち，上皇となって院政を始めた後白河上皇の家臣(近臣という)どうしの対立から起きた内乱。
・経過：藤原信頼が源義朝と結んで藤原通憲(信西)を自殺させたが，平清盛に敗れた。
・影響：平清盛が武家の棟梁として力を強めた。

2 平清盛の政権　平清盛は，武士として初めて太政大臣となり，日本で最初の武士の政権を成立させた。

①平清盛は，後白河上皇の院政を助け，武士として初めて太政大臣となる(1167年)→平氏政権の成立。
②平清盛の政権：日本で初めての武士の政権。
・清盛など平氏一族は高い位に就き，多くの荘園や公領を支配した。
・特に瀬戸内海の航路や港(兵庫)を整備し，日宋貿易を行った。
・清盛は娘を天皇のきさきにして，朝廷の実権をにぎった。
③平氏への反発：「平氏の一族でない者は，人でない」(→教科書p.67 ⑤)
・朝廷の政治を平氏が思うように動かしたことに対し，貴族や寺社が反発。地方の武士の間にも平氏への不満が高まる。
④源平の戦い
・1179年：清盛が後白河上皇を別荘に閉じこめ，多くの貴族を解任。
・1180年：後白河上皇の子が，諸国に平氏追討の命令を出す→源頼朝(伊豆)や源義仲(木曽)らが兵を挙げる。
　この年，頼朝が鎌倉で侍所(→p.40)を設置する。
・1181年：平清盛が死去する。
・1184年：源義経が，一ノ谷の戦い(兵庫県)で平氏を破る。
・1185年：義経が，壇ノ浦の戦い(山口県)で，平氏をほろぼす。

☑ チェック　平清盛が行ったことを，本文からぬき出しましょう。

解答例

・「後白河上皇の院政を助け，武士として初めて太政大臣になりました。」
・「日宋貿易の利益に着目し，航路や兵庫(兵庫県神戸市)の港を整備しました。」
・「娘を天皇のきさきにして権力を強め，朝廷の政治の実権をにぎりました。」

✎ トライ　平氏の政治の特徴について，摂関政治と共通する点と異なる点をそれぞれ説明しましょう。

解答例

[共通点]
・朝廷での高い位に就いて政治を動かした。
・娘を天皇のきさきにして実権をにぎった。
[異なる点]
・武家の棟梁として武力を背景にしていた。
・日宋貿易の利益に注目し，航路や港を整備した。

③ 鎌倉幕府の成立と執権政治

●教科書 p.68〜69

ここに注目！

1 鎌倉幕府の始まり

源頼朝は
どんなことをした
人なの？

2 執権政治

執権と将軍は
どんな関係
だったの？

？ 鎌倉を中心とした武士の政権は，どのような特色を持っていたのかな？

読み取る 教科書p.68 **1** と **2** から，鎌倉がどのような地形か読み取りましょう。

解答例 鎌倉は海に面して開かれているが，残る三方は連なる山に囲まれている。鎌倉に出入りするためには，船を利用するか，山を開いて作られた「切り通し」と呼ばれるせまい道を使うしかなかった。

---

1 鎌倉幕府の始まり

源頼朝は，本格的な武士の政権である鎌倉幕府を開いた。

①鎌倉幕府成立の過程

・平氏滅亡後，源頼朝と，その弟の源義経が対立するようになる。

・1185年，頼朝が義経をとらえることを口実に，国ごとに守護と地頭を置くことを朝廷に認めさせる→鎌倉幕府の成立（鎌倉時代の始まり）。

・1187年，義経は平泉の藤原秀衡をたより，奥州にのがれる。

・1189年，義経が秀衡の子泰衡に討たれると，頼朝は泰衡を攻めほろぼし，東日本を幕府の支配下に置いた。

・1192年，頼朝が征夷大将軍に任命される（この年を鎌倉幕府成立の年とする考え方もあり，かつては一般的だった）。

②鎌倉幕府の仕組み：簡素なものであることが特色。

【中央】

・侍所：御家人の統率や軍事・警察を担当。最初に作られた。

・政所：幕府の財政に関することを担当。

・問注所：裁判を担当。

＊「執権・評定衆」（→教科書p.69 **4**）：評定衆は，執権政治が始まってから設けられた。

【地方】

・守護：国ごとに置かれ，軍事・警察を担当。

・地頭：荘園や公領ごとに置かれ，現地を管理する。

・六波羅探題：京都の警備，朝廷の監視，西日本の武士の統率。

＊六波羅探題は，承久の乱後に設けられた。

---

③将軍と御家人の関係：御恩と奉公の関係で結ばれた。

・御家人：将軍に忠誠をちかった武士。

・将軍は，御家人に対して，以前から所有していた領地を保護したり，新しい領地をあたえたりした（御恩）。

・御家人は将軍から命じられたとおり，天皇の住まいや鎌倉の幕府の警備をし，戦いが起こったときには命をかけて戦った（奉公）。

2 執権政治 ▶ 執権は，将軍にかわって鎌倉幕府の政治を主導した。

①頼朝の死後，幕府の実権は，有力な御家人であり，頼朝の妻政子の父である北条時政がにぎった。

②北条時政が就いた地位を執権と呼び，執権を中心に有力な御家人の話し合いで行う政治を執権政治という。

③以後北条氏が執権の地位を独占した。

④承久の乱：朝廷が幕府から実権を取り戻そうとして失敗した内乱。

・後鳥羽上皇は，源実朝が暗殺され，源氏の将軍が途絶えると，幕府をたおし，実権を朝廷に取り戻す好機と考えた→1221年，全国に北条氏をたおせとの命令を出し，兵を挙げたが，東国の武士は幕府に忠誠をちかい，上皇の軍を破った（→教科書p.69 **7**）。

・結果：後鳥羽上皇は隠岐に流され，京都には六波羅探題が設置されて，朝廷の監視，京都の警備，西日本の武士の統率に当たった→幕府の支配が西日本にもおよんだ。

⑤御成敗式目（貞永式目）：1232年，執権北条泰時が定めた武士の法律。

・武士社会で行われていた慣習を法としてまとめた。

・朝廷の律令とは別に定められた法で，武士の社会に適用された。

・武士独自の法を持ったことは，武士が政治を進めていくうえで自信となった。

・以後，御成敗式目は武士の法律の見本となった。

🔍 **読み取る** （1）教科書p.69 **6** から，承久の乱後に守護が交代したり，新たに地頭が任命されたりした国がどこに多く分布しているか，読み取りましょう。

（2）（1）から，承久の乱後に幕府の勢力がどうなったか，考えましょう。

解答例

（1）畿内から山陽道，山陰道など西日本に多く分布している。

理由は，承久の乱で上皇方についた武士の多くが，畿内や西日本の武士だったため，彼らの領地が没収され，新たに地頭が任命されたからである。

（2）幕府の勢力が全国的におよぶことになった。

✓ **チェック** 教科書p.69 **4** と教科書p.41 **6** とを比べて，異なる点を挙げましょう。

解答例 律令による役所では，天皇の下に太政官などが置かれ，その下に，中央には八省が，地方には国や郡が置かれる仕組みであるが，鎌倉幕府では，将軍の下に中央と地方の役所が置かれ，数も少なく簡素である。

📝 **トライ** 律令国家と比べた鎌倉幕府の政治の仕組みの特徴を説明しましょう。

解答例 律令国家の政府は，多くの貴族が太政大臣や左大臣などの役職に就いて天皇の政治を支える形になっており，役所の仕組みも複雑であったが，鎌倉幕府の政治の仕組みは簡素で，また，軍事に関係する役所が多い。

④ 武士と民衆の生活

ここに注目！

1 地頭の支配	**2** 武士の生活	**3** 農業と商業の発達
地頭はどんな力を持っていたの？	武士はどんな生活を送っていたの？	鎌倉時代になって何が変わったのかな？

？ 鎌倉時代の武士や民衆は，どのような暮らしをしていたのかな？

チェック 鎌倉時代の武士はどのような生活をしていたのか，本文から二つぬき出しましょう。

解答例
・「武士は，常に馬や弓矢の武芸によって，心身をきたえていました。武士の住まいでは馬が飼われ，乗馬の訓練が行われました。」
・「武士の一族は，長である惣領を中心にまとまり，団結していました。」

トライ 鎌倉時代の民衆の生活について，次の語句を使って説明しましょう。
[二毛作／定期市]

解答例 農村では米と麦の二毛作が行われるようになり，手工業も盛んとなった。交通の便利な所では定期市が開かれた。

地頭と領主の争い▶下地中分のほか，荘園の管理をすべて地頭に任せ，一定の年貢を納めさせる解決法も採られた。

---

1 地頭の支配 ▶ 地頭は，荘園や公領の領主と争いながら，彼らと並ぶ力を持つようになった。

見方・考え方 (1)武士の館は，広い土地にいくつもの建物が建つ貴族の邸宅とは異なり，主人が住む母屋，馬小屋などわずかの建物しかない。(2)門の上には弓矢やたてを備えたやぐらが設けられ，館の周囲は濠で囲まれている。左にえがかれている竹は，弓や矢の材料としても使われた。門の前や庭には従者がひかえている。

①地頭となった武士は，土地の支配権や年貢をめぐり，荘園や公領の領主と争うようになった→幕府が裁定。
②下地中分：土地の半分を地頭にあたえて争いを収めた。

2 武士の生活 ▶ 武士は惣領を中心に団結し，武芸や乗馬の訓練をしていた。

①武士は，日常の生活の中で，馬や弓矢の武芸の訓練にはげみ(「弓馬の道」)，名誉を重んじ恥をきらう態度や武士らしい心構え(「武士の道」)を育てていった。
②一族の長である惣領の下で団結して生活した。
③惣領の土地は，女子も加えて分割相続された。

3 農業と商業の発達 ▶ 鎌倉時代には，農業の技術が進化し，手工業も盛んになって商業が発達した。

①農業の発展：牛や馬の利用，鉄製の農具，草や木を焼いた灰を肥料とすること，米と麦の二毛作などが広まり，農作物の収穫が増えた。
②手工業の発展：農具を造る鍛冶屋，染物を行う紺屋などの手工業者が村に住み着いた→農具や染物が商品として売られるようになる。
③定期市：寺社の門前や交通の便利な所に，定期市(月に３回ぐらい)が開かれるようになった→町が生まれる。
④貨幣の利用：市での売り買い，年貢の納入などで，中国(宋)から輸入した銭(宋銭)が使われるようになった。

5 鎌倉時代の文化と宗教

ここに注目！

1 鎌倉文化

平安時代の文化と
どこがちがうの？

2 鎌倉仏教

新しい仏教は
だれに
受け入れられたの？

? 鎌倉時代の文化や宗教は，どのような特色を持っていたのかな？

1 鎌倉文化 　鎌倉文化には，写実的で力強いという特色がある。

①特色：宋の文化や武士の好みを反映した，写実的で力強い文化。

②担い手と中心地：貴族中心→武士にも広まる。京都と鎌倉が中心。

③建築：東大寺南大門→宋の建築様式を取り入れて再建。

④彫刻：金剛力士像（東大寺南大門）→運慶らが制作。

⑤文学：「新古今和歌集」後鳥羽上皇の命令で編集された和歌集。
　「方丈記」鴨長明が書いた随筆。人生のはかなさを記す。
　「平家物語」平氏の興亡をえがく。琵琶法師が歌い，広めた。
　「徒然草」兼好法師が書いた随筆。民衆の姿を伝える。

⑥絵画：「平治物語絵巻」平治の乱を題材とした絵巻物。（→教科書p.66 **1**）

2 鎌倉仏教 　鎌倉仏教は，武士や民衆の心をとらえた。

①鎌倉仏教：成長した民衆や武士の心のよりどころとしておこった，
　分かりやすく，難しい修行を必要としない仏教。

	浄土宗	浄土真宗	時宗	日蓮宗	臨済宗	曹洞宗
開祖	法然	親鸞	一遍	日蓮	栄西	道元
特色	念仏を唱えれば極楽浄土に生まれ変われる	阿弥陀如来の救いを信じる	念仏の札を配り，念仏踊りで広める	法華経の題目を唱えれば救われる	座禅によって自分の力でさとりを開く（禅宗）＊幕府は禅宗（特に臨済宗）を保護	
主な信者	貴族武士民衆	民衆地方の武士	民衆地方の武士	関東の武士商工業者	貴族幕府の有力者	地方の武士（北陸中心）

②神仏習合：仏と神は，本来は，一つのものであるとする考え方。

③神道：日本の民族信仰から生まれた神を重んじる考え方が生まれる。

見方・考え方 教科書p.72 **1** の金剛力士像と教科書p.50 **2** とを比べて，ちがいを読み取りましょう。

解答例 おだやかで，左右の均整が取れた阿弥陀如来像に対して，金剛力士像はダイナミックな動きがあり，筋肉や体つきが写実的である。

見方・考え方 **解答例**
(1)武士や民衆が多く見られる。
(2)平安時代までの仏教と比べて分かりやすく，難しい修行が不要だったため。

チェック 鎌倉文化の中心地を本文から二つ〜

解答例 鎌倉，京都

トライ 鎌倉時代の文化の特色を20字程度〜

解答例 武士の好みを反映した，写実的で力強い文化。

2節 ユーラシアの動きと武士の政治の展開

☑ 東アジアでの交流が進み，産業や文化が発達する中で，日本ではなぜ多くの戦乱が起こったのでしょうか。

① モンゴル帝国とユーラシア世界

●教科書 p.74～75

ここに注目！

1 遊牧民の生活	**2 モンゴル帝国の拡大**	**3 ユーラシア世界の形成**
アジア内陸部にはどんな人たちがいたの？	モンゴル帝国はだれが建てたのかな？	モンゴル帝国によって，世界はどうなったの？

? モンゴル帝国の拡大によって，ユーラシア全体にどんな変化が見られたのかな？

集める 解答例

省略（モンゴルを中心に，日本を除く東アジア諸国，ベトナム，ミャンマー，ロシア・ウズベキスタン・ウクライナなど旧ソ連諸国，イラン，イラクなど，多数）

チェック 解答例

「モンゴル帝国は，各地の他民族の宗教や言語を認め，陸上だけでなく海上の交通路も整え，広く交流を進めました。」

トライ 解答例

モンゴル帝国の支配によって，陸上や海上の交通路が整備され，東西の貿易などの交流が盛んになり，ユーラシア世界が一つにまとまるようになった。

1 遊牧民の生活 **アジア内陸部では，高い移動力と軍事力を持った遊牧民が生活していた。**

①遊牧民：草原地帯で，羊や馬の飼育や狩りをしながら，水や草を求めて移動しながら生活→馬のあつかいに慣れ，高い移動力と軍事力。

・多くの部族に分かれ，協力して国を造ったり，分裂したりしていた。

2 モンゴル帝国の拡大 **チンギス・ハンが遊牧民を統一し，モンゴル帝国を建設した。**

①チンギス・ハン：1206年，遊牧民の勢力を統一してモンゴル帝国を建設し，初代のハン（皇帝）となる。

・チンギス・ハンとその子孫は，中国西部，西アジア，東ヨーロッパへ領土を広げ，ユーラシア大陸の東西にまたがる大帝国を建設。

②フビライ・ハン：第5代皇帝。元という国名をつけ，高麗を従えた後，宋をほろぼした。

3 ユーラシア世界の形成 **モンゴル帝国の拡大により，ユーラシア大陸の東西にまたがる一つの世界が形成された。**

①モンゴル帝国の支配：各地の民族の宗教や言語を認め，陸上・海上の交通路を整備して，交流を進めた→ユーラシア世界の形成。

・元から：陶磁器，火薬（ヨーロッパへ）。

・西方から：キリスト教宣教師，ヨーロッパの商人やムスリム商人。

②東アジアへの影響：高麗では，綿の栽培，金属活字を使った印刷。日本とは僧の往来など。

③マルコ・ポーロ：「世界の記述」で日本を「黄金の国ジパング」と紹介。

2 モンゴルの襲来

ここに注目！

1 二度の襲来
日本は元軍と
どのように
戦ったのかな？

2 鎌倉幕府の滅亡
鎌倉幕府滅亡の
背景には
何があったの？

？ モンゴルの襲来はどのようなもので，日本にどのような影響をあたえたのかな？

---

1 二度の襲来 ▶ 幕府と御家人が一体となり，暴風雨の助けもあってモンゴル（元）の襲来をしりぞけた。

①元の襲来：高麗を従えたフビライ・ハンは，日本を従えようと使者を送った→執権北条時宗は無視。

②**文永の役**（1274年）：対馬・壱岐をおそい，博多湾岸に上陸。

・集団戦法，火薬武器（てつはう）で幕府軍を苦しめるが，短期間のうちに力を見せつける目的だったこと，高麗との対立から撤退。

③幕府の対策：二度目の襲来に備え，海岸に石の防壁を造らせた。

④**弘安の役**（1281年）：防壁や御家人の活躍で上陸できずにいるうちに暴風雨にあい，大きな損害を受けて引きあげた。

⑤**元寇**：二度の襲来の総称。

2 鎌倉幕府の滅亡 ▶ 御家人の幕府への反感や新しい武士が成長してきたことなどを背景に幕府は滅亡した。

①御家人の生活：領地の分割相続がくり返された結果土地が減り，生活が苦しくなる→借金を重ね，土地を手放す者も出る。

②幕府の対策：御家人の借金を取り消し，土地を取り返させる徳政令を出す（→教科書p.77 **7**）→効果は一時的。

③北条氏への反感：元の襲来に備えるために，北条氏の一族に権力を集中させるようになった→御家人から反感。

④**悪党**の登場：経済が発展した近畿地方を中心に，荘園の領主や幕府の命令に従わず，武力を使って年貢をうばう武士が現れた。

⑤幕府の滅亡

・後醍醐天皇は政治の実権を朝廷に取りもどすため，幕府をたおそうとした→一度は隠岐（島根県）に流されるが，脱出して幕府をたおすことを呼びかける。

・楠木正成などの武士や悪党，有力御家人の足利尊氏・新田義貞らが後醍醐天皇に味方→1333年，鎌倉幕府がほろぼされる。

読み取る **解答例**

［服装］元軍は比較的身軽な鎧兜。御家人は重い大鎧である。

［武器］元軍：てつはう，やり，短い弓など。
御家人：長い弓など。

［戦い方］元軍は集団で戦っているが，御家人は単独である。

チェック モンゴルの襲来が成功しなかった〜

解答例 「元と高麗との対立」「石の防壁」「御家人の活躍」「暴風雨」

トライ 鎌倉時代後期の御家人と幕府との関係の変化を，次の語句を使って説明しましょう。
［徳政令／北条氏］

解答例 苦しくなった御家人の生活を救うために幕府は徳政令を出したが，効果は一時的だった。また，幕府が北条氏に権力を集中させたことへの御家人の不満が高まった。

③ 南北朝の動乱と室町幕府

ここに注目！

1 南北二つの朝廷
朝廷は，
なぜ二つに
分かれたの？

2 守護大名と地方の動き
地方では
どんなことが
起こったの？

3 室町幕府の支配の確立
足利義満は
どんなことを
したの？

？ 鎌倉幕府がほろんだ後，政治や社会はどのように変化していったのかな？

 考える
教科書p.78 **2** から，後醍醐天皇の政治が当時の人々にどのように受け取られたか，考えましょう。

解答例 当時の人々は，都の秩序が乱れ，自分勝手な行動がやまないのは，政治がきちんと行われていないからだと考えていたことが，資料から読み取れる。

チェック **解答例**
[共通点] 中央に侍所・政所・問注所，地方に守護・地頭を置いた。
[異なる点] 執権はなく，管領が置かれた。また，鎌倉府を置き，関東などを支配した。

トライ 鎌倉幕府と比べた室町幕府の仕組みの特徴を，40字程度で説明しましょう。

解答例 執権が存在せず，将軍を補佐する管領が置かれ，京都や全国各地に守護大名がいた。

---

1 南北二つの朝廷 　建武の新政に失敗した後醍醐天皇は南朝を，足利尊氏が北朝を立て，対立した。

①建武の新政：後醍醐天皇が始めた，天皇中心の新しい政治。
・貴族を重視する政策→武士の不満が高まる→足利尊氏が挙兵。
②南北朝時代：京都（北朝）と吉野（南朝）に二つの朝廷が生まれる。
・北朝：足利尊氏が京都に新たな天皇を立てた。
・南朝：建武の新政に失敗し，吉野にのがれた後醍醐天皇が立てた。
→北朝・南朝は全国の武士に呼びかけ，約60年間，争いが続いた。
③室町幕府：1338年，足利尊氏が征夷大将軍に任命され，京都に開く
→室町時代：足利氏の将軍が中心とする幕府が京都に置かれた時代。

2 守護大名と地方の動き 　地方では，国内の武士をまとめて力をつけた守護大名が台頭した。

①守護：軍事費を取り立てるなど強い権限を室町幕府からあたえられた→領地の拡大，国内の武士を自分の家来にするなどして力をつけた。
・力をつけた守護は，守護大名と呼ばれるようになった→城や館を築き，守護大名に対抗する武士も現れた。
②鎌倉府：関東を支配する地方機関で，足利氏一族が鎌倉公方になった→独立した勢いを持つようなり，京都の幕府と対立するように。

3 室町幕府の支配の確立 　足利義満は南北朝を統一し，室町幕府による全国の支配権を確立した。

①南北朝の統一：1392年，足利義満が南北朝を統一→室町幕府の強化。
②管領：将軍の補佐役。細川氏などの有力な守護大名が任命された
→管領など幕府の役職に就いた守護大名は，領国の支配は家来に任せ，常に京都にいるようになった。
③室町幕府の収入：土倉や酒屋を保護するかわりに取り立てた税，関所を設けて取り立てた通行税などの収入を得た。
・土倉・酒屋：京都でお金の貸し付けなどを行っていた。

④ 東アジアとの交流

ここに注目！

1 日明貿易
日明貿易は
どのように
始まったの？

2 朝鮮との貿易
日本と朝鮮は
どんな
関係だったの？

3 琉球王国の成立
琉球王国は
何によって
栄えたのかな？

4 アイヌ民族の交易活動
アイヌ民族の
交易の相手は
だれだったの？

？ 明や朝鮮との交流は，日本にどのような影響をあたえたのかな？

---

1 日明貿易
足利義満は，倭寇を禁じ，勘合を使った正式な日明貿易を始めた。

①倭寇：西日本の武士や商人，漁民の中に，集団で船をおそったり，大陸沿岸をあらす者が現れ，倭寇と呼ばれた。

→1368年に成立した明は，外国との貿易を朝貢による交易のみに制限するとともに，室町幕府に倭寇の禁止を求めた。

・幕府の対応：足利義満は倭寇を禁止し，明との正式な貿易を始めた。

②日明貿易：正式な貿易船であることを示すため，明が発行した勘合を用いたので，勘合貿易とも呼ぶ。

③日本の輸出品：刀・銅・硫黄・漆器など。

④日本の輸入品：銅銭・生糸・絹織物・書画・陶磁器など。

2 朝鮮との貿易
日本は朝鮮と国交を結び，貿易を行った。

①1392年，李成桂が高麗をほろぼし，朝鮮国を建てた→ハングルという文字を作るなど，独自の文化が発展。

②朝鮮との貿易：銅や硫黄を輸出し，綿織物・仏教の経典などを輸入。

3 琉球王国の成立
琉球王国は，日本，中国，朝鮮半島，東南アジアを結ぶ中継貿易で栄えた。

①城を根拠地とする按司と呼ばれる豪族たちが，山北・中山・山南に分かれ争う→1429年，中山の尚氏が沖縄島を統一→琉球王国。

②琉球王国は，日本，中国，朝鮮半島，東南アジアを結び，産物をやりとりする中継貿易で栄えた（→教科書p.81 **3**）。

4 アイヌ民族の交易活動
アイヌの人々は，本州・樺太(サハリン)・ユーラシア大陸の人々と交易していた。

①蝦夷地に住むアイヌ民族は，本州・樺太・ユーラシア大陸と交易。

→15世紀，蝦夷地南部に本州から移住(和人)。館を築き，交易をめぐりアイヌ民族と衝突→コシャマインの戦い(アイヌ民族が敗れる)。

読み取る 教科書p.80 **1** のどちらが倭寇〜

解答例 右が倭寇。服装から判断できる。

考える 琉球の文化はどのような特色〜

解答例 中国や朝鮮，東南アジアの影響を受けている。

チェック 日明貿易で勘合が使われた理由を本文からぬき出しましょう。

解答例 「正式な貿易船に，明からあたえられた〜始めました。」

トライ 明や朝鮮と日本との交流について，輸出入品に着目して，それぞれ30字程度で説明〜

解答例

[明]日本の刀や銅，明の銅銭や陶磁器など，たがいの特産品を貿易品とした。

[朝鮮]銅や硫黄などを輸出し，綿織物や仏教の経典などを輸入した。

⑤ 産業の発達と民衆の生活

ここに注目！

① 農業の改良と手工業の発展
農業は鎌倉時代からどう変わったの？

② 商業の発展と都市の成長
都市にはどんな人たちが集まったのかな？

③ 村の自治
村ではどんなことが起こったの？

？ 室町時代の産業はどのように発達し，民衆の生活にどんな変化をもたらしたのかな？

 読み取る **解答例**

(1) 女性は田植えを，男性は苗を運んでいる。
(2) 踊りやおはやし。豊作を祈り，田植えをする女性たちをはげますため。

 チェック
室町時代になって農業と商業はどのように発達したか，具体例を一つずつ挙げましょう。

解答例

[農業] 水車，堆肥，麻・桑・藍・茶の栽培など。
[商業] 銭の使用の普及，運送業・倉庫業の活動，座の形成など。

 トライ
産業の発達にともなう村の変化について，次の語句を使って説明しましょう。
[惣／自治／土一揆]

解答例 村では惣が作られ，農民たちは自治を行った。村々が集まり土一揆を起こすこともあった。

---

① 農業の改良と手工業の発展
農業技術の改良が進み，収穫が増えた。手工業が発展し，各地に特産物が生まれた。

① 農業技術の進歩：かんがい用の水車，牛馬のふんの堆肥。ききんに強い農作物や新しい品種の栽培など→収穫の増加。
・二毛作（→p.42）や麻・桑・藍・茶の栽培が広がった。
② 手工業の発展：織物・陶器・紙・酒・油などの特産物が各地で生産。
・西陣や博多の絹織物←→桑（蚕の飼育に必要），藍（染料）。
③ 鉱業：金・銀・砂鉄などの採掘が進む。

② 商業の発展と都市の成長
馬借や問が活躍し，座がつくられた。裕福な商工業者が増え，自治を行う都市も生まれた。

① 定期市が各地に生まれ，開かれる日数も増えた。
→取り引きには銭（宋銭・明銭）が使用されることが多くなった。
② 馬借（運送業）や問（運送業をかねた倉庫業者）が活躍した。
③ 座：土倉や酒屋（→p.46），商人や手工業者が作った同業者の団体→武士・貴族・寺社に税を納めるかわりに保護を受け，営業を独占する権利を認められた。
④ 都市の発展：港，寺社の門前，定期市が開かれる所などで都市が発達。
・京都では町衆により，博多，堺でも自治が行われた。

③ 村の自治
農民は惣を作って団結し，村の自治を行った。

① 惣：有力農民を中心に作られた，村の自治組織→農業用水路の建設と管理，森林の管理などについて，村のおきてを定めた。
・惣によって団結を固めた農民は，荘園領主や守護大名にも抵抗するようになり，多くの村が結び付き，年貢を減らす交渉などをした。
② 土一揆：土倉や酒屋などをおそい，借金の帳消しなどを求めた行動。15世紀に入り，近畿地方を中心に広がった。

6 応仁の乱と戦国大名

●教科書 p.84〜85

ここに注目！

1 応仁の乱
応仁の乱は
なぜ起こったの？

2 社会の変化と戦国大名の登場
戦国時代は
どんな世の中
だったの？

3 戦国大名の支配の在り方
戦国大名は
どうやって
国を支配したの？

? 応仁の乱によって，社会はどのように変化していったのかな？

---

1 応仁の乱 ▶ 将軍のあとつぎをめぐる問題から，応仁の乱が起こった。

①応仁の乱(1467〜77年)：第8代将軍足利義政のあとつぎをめぐる対立に，有力な守護大名の対立が加わり，京都で起きた戦乱→全国に広がり，支配の仕組みなど社会を大きく変えるきっかけとなった。

②将軍のあとつぎ問題

・義政に子がなかったため，弟の足利義視を養子とする。

・翌年，義政と妻日野富子との間に足利義尚が生まれる。

→将軍のあとつぎをめぐり，義視と日野富子が対立する。

→1467年，東軍・西軍に分かれ，京都で応仁の乱が起こる。

③西軍：足利義尚，日野富子，山名持豊(宗全，元侍所長官)。

④東軍：足利義視，細川勝元(管領)。

・有力な守護大名も東軍・西軍に分かれ戦った。

・義政は戦乱を収められず，戦乱は長引いた。

2 社会の変化と戦国大名の登場 ▶ 家臣が主人をたおす下剋上が広まり，各地に戦国大名が登場し，たがいに争った。

①共通の目的を達成するために団結することを一揆という。

・山城国一揆(1485〜93年)：国内の武士と農民が一体となり，守護大名を追いはらって自治を行った。

・一向一揆：浄土真宗の信仰で結び付いた武士や農民たちによる一揆。

・加賀の一向一揆(1488〜1580年)：守護大名をたおして，約100年にわたり，加賀国で自治を行った。

②社会の変化：応仁の乱によって将軍は権力を失い，京都を中心とするわずかな地域を支配するだけになった。

・天皇や貴族，寺社の領地は各地の武士にうばわれた。

③下剋上：将軍を頂点とする支配の仕組みが大きく揺らいだ結果，実力をたくわえた家来が主人に打ち勝つ下剋上の状況が広がった。

見方・考え方

教科書p.84**1**と，教科書p.66**1**や教科書p.76**1**とを比べて，戦い方のちがいを読み取りましょう。

解答例 平治の乱や元軍との戦いでは，騎馬の武士中心の戦いだが，応仁の乱では，徒歩で，兜をかぶらないなど軽装の足軽が活躍している。

「相続争い」▶室町時代に入ると，分割相続(→p.45)ではなく，長男が領地や地位を引きつぐ単独相続が多くなった。そのため，将軍家や守護大名家ではあとつぎをめぐる争いがしばしば起こった。

「無間地獄」(→ 教科書p.84 **3**) ▶八つある地獄の中で最もつらいとされる地獄。大悪をおかした者が落とされ，絶え間のない苦しみを受ける。

（→教科書p.85◢◣）

（→教科書p.85◢）

<table>
<tr><td>☑ チェック</td><td>応仁の乱の後，社会はどのように変化したか，本文からぬき出しましょう。</td></tr>
</table>

☑ チェック	応仁の乱の後，社会はどのように変化したか，本文からぬき出しましょう。

解答例 「権力を失った将軍は，京都を中心とするわずかな地域を支配するだけになり～戦国大名が各地に登場しました。」

✎ トライ	戦国大名はどのように国を支配したか，次の語句を使って説明しましょう。 [城下町／分国法]

解答例 交通の便利な平地に城を築き，城の周辺に家来や商工業者を集めて城下町を造った。そして，独自の分国法を定め，武士や民衆の行動を取りしまった。

応仁の乱後，幕府が力を失い，各地で<u>戦国大名</u>（だいみょう）が<u>活躍</u>（かつやく）した時代を<u>戦国時代</u>と呼ぶ。

④<u>戦国大名</u>：守護大名よりも強い権力で国を統一して支配した。守護大名，その家来，在地の領主など，出身はさまざまである。

❸ 戦国大名の支配の在り方 ▶ 戦国大名は城下町を築き，分国法を定めるなどして，独自に国を支配した。

①<u>戦国大名</u>は，戦争に備えて強力な軍隊を作り，荘園領主の支配を認めず，国内の支配体制の強化や農業や商業の発展に努めた。

②敵から攻められにくいことから山に築いていた城を平地に移し，城下町を造ったり，商工業を盛（さか）んにする政策を進めた。

③<u>城下町</u>：城の周辺に家来を集め，商工業者を呼び寄せた。

④<u>分国法</u>：戦国大名が，武士や民衆の行動を取りしまるために，独自に制定した法令。

🔍 **読み取る** (2)<u>朝倉氏</u>（あさくら）：本拠のある<u>一乗谷</u>（いちじょうだに）に家臣を集め，支配を強めることをねらっている。<u>武田氏</u>（たけだ）：家臣どうしの争いをなくすこと，家臣が勝手に他国と結ぶことを禁止し，家臣の支配を強めることをねらっている。

⑤農業：大規模な用水路の建設など。

⑥商工業：<u>座</u>（ざ）の<u>廃止</u>（はいし）（新しい商工業者を呼び寄せるため），交通路や<u>市場</u>（いち／ば）の整備など。

⑦鉱業：新しい鉱山の開発→<u>石見</u>（いわみ）銀山→中国に輸出され世界で流通。

▶**主な戦国大名** （→教科書p.85◢◣）

☐は守護大名より下の地位から戦国大名になった者。また，教科書p.85◢で示されている南部（なんぶ）氏・秋田（あきた）氏は陸奥国の在地領主出身，最上（もがみ）氏は幕府の地方役人出身である。

なお，北条氏は，鎌倉幕府の執権をつとめた北条氏とは直接の関係はない。また，上杉謙信（けんしん）は越後国守護代長尾（ながお）氏の出身である。

戦国大名	出自	分国法
伊達（だて）氏	陸奥国の在地領主	塵芥集（じんかいしゅう）
北条（ほうじょう）氏	将軍の家臣（？）	早雲寺殿二十一箇条（そううんじどのにじゅういっかじょう）
織田（おだ）氏	尾張国守護代の家臣	
朝倉（あさくら）氏	越前国守護代	朝倉孝景条々（あさくらたかかげじょうじょう）
浅井（あざい）氏	近江国の在住家臣	
三好（みよし）氏	管領細川氏の家臣	新加制式（しんかせいしき）
尼子（あまご）氏	出雲国守護代	
毛利（もうり）氏	安芸国の在地領主	
長宗我部（ちょうそかべ）氏	土佐国の在地領主	長宗我部氏掟書（ちょうそかべしおきてがき）
龍造寺（りゅうぞうじ）氏	肥前国の在地領主	
佐竹（さたけ）氏	常陸国守護	
上杉（うえすぎ）氏	越後国守護	
武田（たけだ）氏	甲斐国守護	甲州法度之次第（こうしゅうはっとのしだい）
今川（いまがわ）氏	駿河国守護	今川仮名目録（いまがわかなもくろく）
山名（やまな）氏	但馬国守護	
大友（おおとも）氏	豊後国守護	
島津（しまづ）氏	薩摩国守護	

7 室町文化とその広がり

こ こ に 注 目 ！

1 室町文化
室町文化は
今の文化とどんな
関わりがあるの？

2 民衆への文化の広がり
室町文化は
どのように
広がったのだろうか？

? 室町時代の文化は，どのような特色を持っていたのかな？

1 室町文化

貴族の文化と武士の文化が混じり合った室町文化は，現在の生活にも伝えられている。

①室町文化：貴族の文化と禅宗の影響を受けた武士の文化が混合した文化。15世紀後半からは，より質素で落ち着いた文化が発展した。

②金閣：足利義満が京都北山に建てた→北山文化。

③茶の湯：宋から禅宗とともに伝わった茶の習慣が，茶の湯として流行。

④連歌：和歌から発展。複数の人が歌をつないでいく。

⑤生け花：茶の湯や連歌の会では花がかざられた。

⑥能：観阿弥・世阿弥の親子が，猿楽にほかの芸能の要素を取り入れて能を大成した。

⑦猿楽・田楽：平安時代ごろには見られる芸能で，田楽は祭礼の神事，猿楽はこっけいさを主とした芸能といわれている。

⑧書院造：室町文化を代表する建築様式。床の間，障子など，現代の和風建築に受けつがれている。

⑨水墨画：墨一色で自然を表現する絵画の技法。雪舟が中国の明で学び，帰国後に大成した。

⑩庭園：禅宗の寺では，枯山水（水を使わず自然を表現）などの庭園が，河原者と呼ばれる人々によって造られた。

⑪銀閣：足利義政が京都東山に建てた→東山文化。

2 民衆への文化の広がり

経済的成長を背景に，文化が民衆や地方に広がった。

①経済的に成長した民衆にも文化が広がった。

②能・狂言：狂言は風刺性が強く，民衆の生活や感情をよく表した。

③風流おどり：仮装や歌に工夫をこらし，町をねり歩いた。

④御伽草子：絵入りの物語。子どもの教育が盛んとなり，読まれた。

⑤足利学校：守護大名上杉氏に保護され，広く国内から人材が集まり，儒学を学んだ。

見方・考え方 教科書p.87 **5** や教科書p.87 **6** の部屋から，現在の私たちの生活に見られるものを挙げましょう。

解答例
5障子，ふすま，たたみ，床の間，ちがい棚
6生け花，ふすま
＊**5**のように，部屋全体にしきつめるのは室町時代に始まったたたみの使い方である。
6のように座るところだけにたたみをしく使い方は平安時代から見られる（→教科書p.51 **4**）。

 チェック 室町文化の中から，現代に伝わるものを挙げましょう。

解答例 茶の湯，生け花，能，書院造など。

トライ **解答例**
1 2貴族の文化と武士の文化が混じり合っている。
4 9支配者だけでなく民衆にも文化が広がっている。

*たたみ，のれん，商店のたな，
小袖を着た女性はほかにも
あるので，探してみよう。

中世の学習をふり返ろう

基礎・基本のまとめ　●教科書 p.94〜95

1 ❶院政：天皇の位をゆずった上皇が中心と
なって行う政治のこと。

❷守護・地頭：幕府将軍から任命される役で，
守護は国ごとに軍事・警察を担当し，地頭は
荘園や公領を管理・支配した。

❸御成敗式目：執権北条泰時が，律令とは別に
定めた武士社会独自の法。武士社会の慣例を
基にしたもので，武士の法律の見本となった。

❹定期市：場所を決め，定期的に開かれる市。
鎌倉時代に始まったもので，月3回ほど開か

れていたが，室町時代には開かれる場所も回
数も多くなった。

❺モンゴル帝国：13世紀初め，チンギス・ハン
がモンゴル高原の遊牧民の勢力を統一して建
設した帝国で，ユーラシア大陸の東西にまた
がる大帝国となった。

❻南北朝時代：鎌倉幕府がたおれたあとの主導
権争いから，後醍醐天皇が吉野に立てた朝廷
（南朝）と，足利尊氏が京都に立てた朝廷（北朝）
に分かれ，全国の武士も二分して争った時代。

❼**日明貿易(勘合貿易)**：倭寇を禁じる一方で開始された，日本と明との貿易。正式な貿易船は，勘合という証明書をあたえられたことから勘合貿易と呼ぶ。

❽**琉球王国**：三つの勢力に分かれて争っていた沖縄島を統一した尚氏が立てた王国。東アジアや東南アジアを結ぶ中継貿易で栄えた。

❾**惣**：室町時代に，有力な農民を中心に作られた村の自治組織。村の運営や共用資源である森林の管理などに関するおきてが定められた。また，多くの惣(村)が結び付き一揆を起こすこともあった。

❿**戦国大名**：実力で地位に就き，幕府から独立して国を支配した大名。各地で戦国大名が活躍した時代を戦国時代という。

2 A：承久の乱　B：二毛作　C：建武の新政　D：応仁の乱　E：一向一揆

3(1) 琉球王国が，日本や中国，朝鮮半島，東南アジアを結ぶ中継貿易を盛んに行い，貿易品や文化を伝えていたこと。

(2)「友好」：日朝貿易・日明貿易・中継貿易
「対立」：モンゴルの襲来・倭寇

(3)「鎌倉文化」：禅宗　　「室町文化」：水墨画

4(1) ア：執権　イ：御家人　ウ：六波羅探題
エ：地頭

(2) 執権政治

(3) 応仁の乱によって室町幕府の将軍の力が弱

まり，力を強めた守護大名や実力で守護大名にとってかわった者たちが戦国大名と呼ばれ，各地を支配するようになった。

探究のステップ

① 武士は，一族が武士団を作って団結し，内乱をしずめたり，朝廷や貴族どうしの対立から起きた保元の乱，平治の乱でも活躍して，その力を示した。さらに，鎌倉幕府では将軍と御家人が御恩と奉公の関係で強く結ばれ，将軍を頂点とする政治の仕組みを作ったから。

② 鎌倉幕府滅亡後，全国の武士を二分する南北朝の争いが起こり，将軍家の内紛から起きた応仁の乱が戦国大名どうしの争いへと発展した。その背景には，商工業の発展や，中国などとの貿易で富をたくわえた都市の発達が，各地に将軍に対抗できるほどの力を持った勢力を生み出したことなどが考えられる。

探究課題

平安時代の終わりごろから力を見せつけるようになった武士は，武士の政権を打ち立てるまでに成長した。また，産業や貿易の発展を背景に，とりわけ都市では富裕な商工業者が現れた。こうした変化にともない，武士の社会でも，鎌倉時代のような将軍と御家人という主従関係が弱まり，室町時代には各地に将軍から自立して国を支配する守護大名も現れた。そして，戦国大名がたがいに争う戦国時代となっていった。

まとめの活動　**古代との比較から中世の特色を探ろう**　●教科書 p.96〜97

①**政治**：武士政権の誕生。将軍と御家人の主従関係を基本とする政治。守護・地頭による地方支配。守護大名・戦国大名の台頭。

②**国際関係**：モンゴルの襲来。倭寇。日明貿易・日朝貿易。中継貿易。

③**社会・経済**：都市の発達。定期市。貨幣の使用。座の結成。二毛作・堆肥・水車など農業技術の進歩。荘園の事実上の消滅と惣の結成。

各地で特産物の生産。

④**文化**：宋や武士の好みを反映した文化(鎌倉文化)。武士や民衆をとらえた仏教(鎌倉仏教)。貴族の文化と武士の文化が混じり合った文化(室町文化)。金閣に代表される文化(北山文化)。銀閣に代表される文化(東山文化)。民衆への文化の広がり。

❶ 武士の台頭について，次の問いに答えなさい。

問　次の①～④の文中の空欄（くうらん）に当てはまる語句を，漢字で書きなさい。

①武士たちは，（a　　　　　　）を中心に武士団を作り，勢力をきそった。10世紀の中ご
ろには北関東で（b　　　　　　）が，瀬戸内海（せとないかい）地方では（c　　　　　　）が反乱を起こした。

②東北地方では，（a　　　　　　）合戦，後三年合戦（ごさんねんかっせん）をしずめた（b　　　　　　）が勢力を
広げた。また，奥州藤原氏（おうしゅうふじわら）が（c　　　　　　）を拠点（きょてん）に栄えた。

③（a　　　　　　）や公領を現地で管理する（b　　　　　　）に任命された武士の中には，領
主と争い，（c　　　　　　）によって土地の半分をあたえられることもあった。

④12世紀中ごろ，都で（a　　　　　　）と崇徳上皇の対立から（b　　　　　　）が起こった。
この内乱には武士が動員され，（c　　　　　　），源 義朝（みなもとのよしとも）らが味方した勢力が勝利した。

⑤鎌倉（かまくら）幕府の仕組みは簡素であり，中央には御家人（ごけにん）の統率を担当する（a　　　　　　）な
どが，京都には（b　　　　　　）が置かれた。そして，御家人は将軍に忠誠をちかい，
戦いが起これば命をかけて戦ったが，これを（c　　　　　　）という。

❷ 次の資料を読んで，あとの問いに答えなさい。

A　（a　　　　　　）が養子をとることは，律令（りつりょう）では許されていないが，(b　　　　　　)公の
とき以来現在に至るまで，子どものない（　a　）が土地を養子にゆずりあたえる事例は，
武士の（c　　　　　）として数え切れない。

B　領地の質入れ（しちいれ）や売買は，(d　　　　　　)の生活が苦しくなるもとなので，今後は禁止
する。……（　d　）以外の武士や庶民（しょみん）が（　d　）から買った土地については，売買後の
年数に関わりなく，返さなければならない。

問1　資料A・Bの文中の空欄に入る言葉を，漢字で書きなさい。

問2　資料Aはある法律の一部である。何というか，漢字で書きなさい。（　　　　　　）

問3　次のア～ウのうち，資料Aの説明として正しいものを一つ選び，記号で答えなさい。
　　ア　この法律を定めたのは執権（しっけん）の北条時宗（ほうじょうときむね）である。
　　イ　この法律が定められたことにより，律令（りつりょう）は廃止（はいし）された。
　　ウ　この法律は，長く武士の法律の見本となった。　　　　　　（　　　　　　）

問4　資料Bは1297（永仁（えいにん）5）年に幕府が出した命令の一部である。このような命令を何と
呼ぶか，漢字で書きなさい。　　　　　　　　　　　　　　　（　　　　　　）

❶ 解答

問
- ① a：惣領
  - b：平将門
  - c：藤原純友
- ② a：前九年
  - b：源義家
  - c：平泉
- ③ a：荘園
  - b：地頭
  - c：下地中分
- ④ a：後白河天皇
  - b：保元の乱
  - c：平清盛
- ⑤ a：侍所
  - b：六波羅探題
  - c：奉公

ココがポイント！

問1　①・②惣領とは一族の長のことをいう。武士たちは惣領の下で団結して行動した。平将門や藤原純友の乱，前九年合戦などの反乱や争いをしずめることで武士と武士団の力が認められるようになり，なかでも源氏と平氏は武家の棟梁として大きな力を持つようになった。③地頭の支配が強まるのにともない，荘園や公領の領主は下地中分や荘園の管理を全て地頭に任せるなどして，しだいにその力を失っていった。④保元の乱とつづく平治の乱によって，平清盛は政治の実権をにぎり，太政大臣となって，初めての武士の政権を立てた。⑤そして，その平氏を打ち破った源頼朝が，初めての本格的な武家政権である鎌倉幕府を成立させた。鎌倉幕府の仕組みは，中央に侍所，政所，問注所を，地方には守護・地頭と京都に六波羅探題を置くという簡素なもので，将軍と御家人は御恩と奉公によって結ばれていた。

❷ 解答

問1
- a：女性
- b：頼朝
- c：慣習
- d：御家人

問2　御成敗式目（貞永式目）

問3　ウ

問4　徳政令

ココがポイント！

問1　資料Aは御成敗式目の一部である。1232（貞永元）年に出されたので、貞永式目とも呼ぶ。武家社会の慣習を整理し，法律としてまとめたものである。このほかの条文では，守護の職務，武士の領地の権利などが定められている。

資料Bは永仁の徳政令の一部である。借金などに苦しむ御家人を救うために出されたが，効果は一時的で，かえって幕府への反感を強めることにもつながった。

問2　（問1の解説参照）

問3　御成敗式目を定めたのは第3代執権の北条泰時である。泰時は評定衆を定めるなど，執権政治の確立に努めた。時宗は第8代執権で，モンゴルの襲来に対応した執権である。御成敗式目は，朝廷が定めた法律である律令とは別に定められた法律であり，律令が廃止されたわけではない。

問4　（問1の解説参照）

❸ 中世の産業に関する次の文を読んで，あとの問いに答えなさい。

①鎌倉時代の農業では，a 牛や馬が利用され，b 二期作が各地に広まった。室町時代に入ると，c 水車や，d 草や木の灰が肥料として使われるようになり，収穫が増えた。

②鎌倉時代に始まった a 定期市は，室町時代には開かれる回数も場所も多くなった。鎌倉時代に b 明から輸入され，使われるようになった貨幣は，室町時代にはさらに広く使われるようになり，京都などではお金を貸し付ける c 土倉や d 問なども現れた。

③室町時代，交通の盛んなところでは物資を運ぶ a 馬借が活躍した。商人や手工業者は，b 座と呼ばれる同業者の団体を作り，貴族や寺社などから保護され，営業を独占した。また，京都では c 町人と呼ばれる裕福な商工業者によって都市の政治が行われ，彼らの力で d 祇園祭が盛大にもよおされた。

④室町時代，農村では，有力農民を中心に a 結と呼ばれる自治組織が作られ，村の b おきてを定めた。こうして団結を固めた農民は，荘園領主や守護大名と c 年貢を減らす交渉をしたり，借金の帳消しを求める d 一向一揆を起こしたりした。

問 各文の下線部について，正しければ○を，誤っていれば正しい語句を書きなさい。

① a (　　　　　) b (　　　　　) c (　　　　　) d (　　　　　)
② a (　　　　　) b (　　　　　) c (　　　　　) d (　　　　　)
③ a (　　　　　) b (　　　　　) c (　　　　　) d (　　　　　)
④ a (　　　　　) b (　　　　　) c (　　　　　) d (　　　　　)

❹ 次の各文について，最も関係の深い人名や語句を語群から一つずつ選び，記号で答えなさい。

①源平の争いの中で焼けた東大寺南大門が再建されたとき，金剛力士像を作った。
②「南無阿弥陀仏」と念仏を唱えれば，極楽浄土に生まれ変われると説いた。
③座禅によって自分の力でさとりを開こうとする禅宗の一つ，曹洞宗を開いた。
④猿楽や田楽などの芸能から発展し，観阿弥・世阿弥の親子が大成した。
⑤足利義満が，京都北山に建てた建物で，貴族と武士の文化が混じり合った室町文化の特徴をよく表している。

【語群】 ア 運慶 イ 歌舞伎 ウ 金閣 エ 銀閣 オ 親鸞
　　　　 カ 雪舟 キ 道元 ク 能 ケ 法然 コ 栄西

①(　　　　)
②(　　　　)
③(　　　　)
④(　　　　)
⑤(　　　　)

❸ 解答

問　① a：○
　　　 b：二毛作
　　　 c：○
　　　 d：堆肥
　　② a：○
　　　 b：宋：○
　　　 c：○
　　　 d：酒屋
　　③ a：○
　　　 b：○
　　　 c：町衆
　　　 d：○
　　④ a：惣
　　　 b：○
　　　 c：○
　　　 d：土一揆

ココがポイント！

① b：同じ田畑で米と麦を交互に作る二毛作が正しく，二期作は，同じ田畑で同じ作物を年2回栽培する農業である。
　d：草や木の灰が肥料として使われるようになったのは鎌倉時代。牛馬のふんの堆肥が正解。

② b：明銭が使われるのは室町時代。
　d：酒屋が正解。問は運送業をかねた倉庫業者で，馬借と同じく，交通の盛んな所で活動した。

③ c：町衆が正解。町人は都市で商業などを行う民衆を広く言う言葉である。

④ a：村で作られた自治組織は惣である。結は，田植えやかやぶき屋根のふきかえなどを共同で行うことをいう。
　d：一向一揆は浄土真宗（一向宗）の信仰で結び付いた人々が起こした一揆のことである。

❹ 解答

① アケ
② アケ
③ キク
④ クウ
⑤ ウ

ココがポイント！

①・②・③は鎌倉文化，④・⑤は室町文化に関する問題。
①運慶は何人もの仏師（仏像を彫る職人）をまとめ，分業体制で金剛力士像を作った。
②法然が開いた浄土宗に関する文である。法然の弟子の親鸞は，この教えを発展させて浄土真宗を開いた。
③鎌倉時代に，栄西と道元が中国（宋）から禅宗を伝え，栄西が臨済宗，道元が曹洞宗を開いた。鎌倉仏教について，表を使ってまとめておこう。
④能は幕府の保護を受けた。歌舞伎はかぶきおどりから発展したもので，かぶきおどりは安土桃山時代に流行した。
⑤金閣が建てられた京都の北山にちなんで，義満のころの文化を北山文化と呼ぶ。また，銀閣は足利義政が京都の東山に建てた建物で，書院造を代表する建築物である。義政のころの，より質素で落ち着いた文化を，東山文化と呼ぶ。

1節 ヨーロッパ人との出会いと全国統一

☑ ヨーロッパ人との出会いを経て，なぜ戦乱の世が終わりをむかえたのでしょうか。

1 中世ヨーロッパとイスラム世界

●教科書 p.100〜101

ここに注目！

1 中世のヨーロッパ	2 イスラム世界の拡大	3 十字軍
キリスト教はどんな力を持ったのだろう？	イスラム世界は現在の国でいえばどこになるかな？	十字軍はどんな影響をあたえたの？

? 中世のヨーロッパとイスラム世界は，どのような社会だったのかな？

見方・考え方 🔦 **解答例**

(1)アラビア数字，0や小数点を使った数の表し方，麻酔，コーヒーなど。
(2)西アジア，中央アジア，北アフリカなどでは交易範囲とイスラム教の範囲が重なっている。

☑ **チェック** イスラム世界で盛んだった学問や〜

解答例

天文学，医学，化学，細密画，ガラス工芸など

✏ **トライ** 中世のヨーロッパとイスラム世界〜

解答例

　イスラム世界は，ビザンツ帝国から古代ギリシャの学問を受けついで発展させていた。また，各地とのはば広い交流などもあって，独自の豊かな文化を生み出していた。

---

1 中世のヨーロッパ 中世のヨーロッパ社会はキリスト教と深く結び付いていた。

①ローマ帝国が，西ローマ帝国と東ローマ帝国(ビザンツ帝国)に分裂(4世紀)→西ヨーロッパは分裂・抗争の時代へ→中世。

②キリスト教：ビザンツ帝国は正教会，西ヨーロッパはカトリック教会。

③ローマ教皇：カトリック教会の頂点。諸国の王を服従させることも。

2 イスラム世界の拡大 北アフリカからペルシャにいたるイスラム帝国を建設した。

①イスラム帝国：7世紀，アラビア半島に成立→東はペルシャ，西は北アフリカからイベリア半島に至る地域を支配。

②オスマン帝国：13世紀末に成立，15世紀にビザンツ帝国を征服。

③ムガル帝国：16世紀に成立，インドを支配。

④ムスリム(イスラム教徒)の商人：東地中海からアフリカ東岸，インド，東南アジアで活動→アジアの物産をヨーロッパにもたらす。

⑤イスラム世界の文化：古代ギリシャの学問を受けつぎ，発展させる。
・当時の世界最高水準の学問と，独自の様式を持つ豊かな文化。

3 十字軍 十字軍は，アジアの物産やイスラム世界の学問などをヨーロッパにもたらした。

①目的：イスラム勢力に占領されていた聖地エルサレムの奪回。

②経過：ローマ教皇の呼びかけで組織されたが，奪回には失敗。

③影響：中国の紙と火薬，東南アジアの砂糖，イスラム世界の学問をヨーロッパに伝えた。

② ルネサンスと宗教改革

ここに注目！

1 ルネサンス
ルネサンスで大切にされたのはどんなことかな？

2 宗教改革
宗教改革は何を目指したのかな？

3 近世への移り変わり
近世に移り変わるきっかけは何？

？ イスラム世界と接したヨーロッパ社会は，どのように変化したのかな？

---

1 ルネサンス

ルネサンスは，キリスト教を通すのではなく，人間そのものに価値を認め，表現した。

①社会の変動：人の命や生きることの意味について新しい考えを持つ。
- ・14世紀，ペスト(黒死病)の流行。
- ・イスラム世界から古代ギリシャの文化が伝わる。

②ルネサンス(文芸復興)：人間そのものに価値を認め，人のいきいきとした姿を表現する。
- ・14世紀から16世紀にかけて，イタリアから西ヨーロッパ各地へ。
- ・レオナルド・ダ・ビンチ：万能の人と呼ばれる。「モナ・リザ」。
- ・ミケランジェロ：彫刻・絵画。「ダビデ」「天地創造」。
- ・ラファエロ：絵画。「アテネの学堂」。

2 宗教改革

ルターやカルバンは，カトリック教会を批判し，聖書を信仰の中心に置いた。

①きっかけ：ローマ教皇が，大聖堂(サンピエトロ大聖堂)建築資金を集めるために免罪符を売り出す→ルターらが批判→宗教改革へ。
- ・免罪符：「免罪符を買えば，全ての罪が許される」とされた。

②ルターやカルバン：教会の指導ではなく，聖書を理解することこそが信仰の中心であると主張→プロテスタント(抗議する者)。

③宗教改革支持者とカトリック教会支持者が対立→宗教戦争。

④イエズス会：プロテスタントに対抗するカトリック教会側の改革。
- →ザビエル(→p.61)などの宣教師をアジアやアメリカ大陸へ派遣。

3 近世への移り変わり

ルネサンスと宗教改革，大航海時代の始まりによって，ヨーロッパは近世に入った。

①大航海時代←航海術の進歩(羅針盤の実用化)や世界地図の製作で，大西洋横断などの遠洋航海が可能に。

②近世へ：ルネサンス→カトリック教会の権威からの自由。
大航海時代→ヨーロッパ世界の拡大。

見方・考え方 **解答例**

[共通点]古代とルネサンスの絵は写実的で，いきいきとした姿がえがかれている。
[異なる点]中世の絵は三美神が同じポーズで動きがなく，体の形もかくされている。

読み取る **解答例**

(1)ヨーロッパや北アフリカは比較的正確だが，アジアなど，ヨーロッパから遠い地域は不正確である。
(2)当時のヨーロッパ人の知識が反映されているため。

チェック **解答例**

[ルネサンス]「人間そのものに価値を認め，人のいきいきとした姿を表現する」
[宗教改革]「教会の指導に従うのではなく〜信仰の中心を置きました。」

トライ **解答例**

中世までのキリスト教の考え方からある程度自由な，新しい考え方や芸術などが生まれた。

③ ヨーロッパ世界の拡大

●教科書 p.104〜105

ここに注目！

1 大航海時代
どの国が
どこに
進出したの？

2 アメリカ大陸の植民地化
植民地化で
どんなことが
起きたの？

3 オランダの台頭
オランダは
どのように
栄えたの？

? ヨーロッパ人の海外進出によって，世界はどのように変化したのかな？

見方・考え方

(1)大航海時代にアメリカ大陸からもたらされ〜
(2)教科書p.104 **1** のヨーロッパ人の進出した〜

解答例

(1)ジャガイモ，とうもろこし，かぼちゃなど。
(2)アメリカ大陸にキリスト教が広まっている。特に，スペインやポルトガルが植民地とした南アメリカ大陸はカトリックが多い。

チェック **解答例**

「アメリカ大陸」「アフリカ」「インド洋」「東南アジア海域」「フィリピン」など。

トライ 大航海時代のヨーロッパとアメリカ大陸の関係を〜

解答例 ヨーロッパ人は，武力を使ってアメリカ大陸を征服し，先住民を支配して鉱山や農園などで働かせ，植民地を築いた。

---

1 大航海時代　スペインやポルトガルが先がけとなって，アジアやアメリカ大陸に進出した。

①大航海時代：カトリック国のスペイン・ポルトガルの海外進出の目的は，キリスト教を広めること，アジアの香辛料を手に入れること。
　・1488年，ポルトガルがアフリカ南端に到達。
　・1492年，コロンブスが大西洋を横断し，カリブ海の島に到達。
　・1498年，バスコ・ダ・ガマが喜望峰を回り，インドに到達。
　・コロンブスはスペインが，バスコ・ダ・ガマはポルトガルが支援。
②新航路の開拓→インド洋や東南アジアで中継貿易→東アジア進出。

2 アメリカ大陸の植民地化　アメリカ大陸，ヨーロッパ，アフリカを結ぶ大西洋の三角貿易が始まった。

①スペイン：アメリカ大陸のアステカ王国，インカ帝国をほろぼし，先住民を鉱山(ポトシ銀山)や農園(プランテーション)で酷使。
　→鉱山の銀や農園の製品はヨーロッパに運ばれた→生活の変化。
②プランテーション：商品作物(→教科書p.286)の栽培を目的とした大農園。
　・南アメリカでは伝染病や厳しい労働で先住民の人口が激減した。
③三角貿易：労働力不足を補うために始められた大西洋を横断する貿易→アフリカの人々を奴隷としてアメリカ大陸へ連れていった。
④アメリカ大陸は，ヨーロッパの植民地となった。

3 オランダの台頭　17世紀，貿易から富を得たオランダは，ヨーロッパの商業・金融の中心として栄えた。

①マゼラン：スペインの後援を受けたマゼランの船隊が世界一周。
　・「日のしずむことのない帝国」←アメリカ大陸の銀が繁栄を支える。
②オランダ：プロテスタントが多い→カトリック国スペインから独立。
　・東インド会社設立(1602年)→日本などアジアに進出し，貿易。
　　→ヨーロッパの商業や金融の中心として栄える。

4 ヨーロッパ人との出会い

ここに注目！

❶ 鉄砲の伝来
鉄砲によって
何が
変わったのかな？

❷ キリスト教の伝来と広まり
キリスト教は
日本に
広まったの？

❸ 南蛮貿易とキリシタン大名
南蛮貿易の
主な輸出品は
何かな？

？ ヨーロッパ人との出会いによって，日本の社会はどのように変化したのかな？

---

❶ 鉄砲の伝来 　戦い方を変える鉄砲は戦国大名に注目され，全国統一の動きが加速した。

①1543年，日本に鉄砲が伝わる。
・ポルトガル人を乗せた中国人倭寇の船が種子島に流れ着き，伝えた。
②鉄砲は，戦い方や武具，城の造りなどを変えた。
→戦国大名が鉄砲に注目し，各地に広まった。
→堺，国友などで，刀鍛冶が鉄砲を製造する。
→鉄砲を買い入れる経済力がある戦国大名，新しい戦い方を取り入れた戦国大名が有利。
→全国統一の動きが加速。

❷ キリスト教の伝来と広まり 　キリスト教は九州を中心に広まり，17世紀初めには信者が30万人をこえたといわれる。

①1549年，イエズス会(→p.59)の宣教師ザビエルがキリスト教を伝える。
・ザビエル：鹿児島に上陸し，平戸，博多などを経て京都に行く。九州にもどり，豊後府内などで布教活動を行った。
②宣教師の活動：イエズス会の宣教師が来日し，九州を中心に布教活動。
・各地に教会や学校・病院・孤児院などを建設。
③信者の拡大：宣教師の活動の結果，民衆の間にも信仰が広まる。
→17世紀初め，キリスト教信者(キリシタン)が30万人をこえたといわれる。

【ザビエルの肖像】(→教科書p.107❺)
　十字架と組み合わされた「IHS」の文字はイエズス会の紋章である。

見方・考え方 教科書p.106
❶にえがかれている南蛮人について，服装や身長などに着目して，日本人とのちがいを挙げましょう。

解答例 　身長は日本人より高い。服装は，長いマントを着た宣教師，ふくらみを持った短いズボンをはいた貿易商人などさまざまである。

黒田長政　松浦隆信　大村純忠　有馬晴信　小西行長　大友義鎮(宗麟)　高山右近

―― ザビエルの伝道路
● 主な教会
赤字 主なキリシタン大名

▲キリスト教の伝来

チェック ヨーロッパ人によって日本にもたらされたものを三つ挙げましょう。

解答例 鉄砲，キリスト教，火薬，ガラス製品，時計，地球儀，東南アジアの香料など

＊教科書p.113の「南蛮文化」も見てみよう。

トライ ヨーロッパ人の来航による日本社会の変化を説明しましょう。

解答例 キリスト教の信仰が広がった。また，鉄砲によって戦い方などが変化し，全国統一の動きが加速した。

天正遣欧使節▶ローマで大歓迎を受け，教皇とも面会した。しかし，使節が帰国した日本では，豊臣秀吉が宣教師の国外追放を命じるなど，キリシタンへの取りしまりを強化し始めていた（→p.64）。そのため，帰国後の使節は，殉教した者，マカオへ追放された者，キリスト教を捨てた者など厳しい一生を送った。

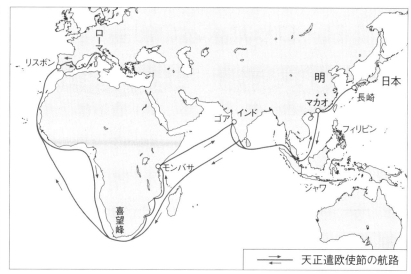

▲天正遣欧使節の航路

❸ 南蛮貿易とキリシタン大名　**南蛮貿易では，日本から大量の銀が持ち出された。**

①**南蛮人**：貿易や布教のために来日した<u>ポルトガル</u>人や<u>スペイン</u>人。

②**南蛮貿易**：南蛮人との間で行われた貿易。

　・背景：①明が倭寇対策として貿易を制限。

　　　　　→南蛮貿易が明との貿易を補う。

　　　　②ポルトガルとスペインは，貿易とキリスト教の布教を一体と考えていた→布教を許可した領主の港に来港し，交易した。

日本の輸入品	<u>生糸</u>・絹織物(明)，<u>香料</u>(東南アジア)，<u>鉄砲</u>・火薬・ガラス製品・時計(ヨーロッパ)
日本の輸出品	<u>銀</u>(当時の日本の銀産出量は全世界の約3分の1)

③**キリシタン大名**：キリスト教徒(キリシタン)となった戦国大名。

　・貿易の利益に着目し，キリシタンとなる者も現れた。

　　大村純忠(肥前・長崎県)：長崎を開港し，後にイエズス会に寄進。

　　大友宗麟(豊後・大分県)：ザビエルを招く。豊後は南蛮貿易の拠点。

④**天正遣欧使節**：1582年，ローマ教皇のもとへ派遣された四人の少年使節(1590年帰国)。

　・キリシタン大名の大友宗麟，大村純忠，有馬晴信(肥前)が，宣教師のすすめに従って派遣。

●教科書 p.108～109

5 織田信長・豊臣秀吉による統一事業

ここに注目！

1 織田信長の統一事業
織田信長は
どうやって全国統一を
進めたの？

2 豊臣秀吉の全国統一
豊臣秀吉は
全国統一の拠点を
どこに置いたの？

3 宣教師の追放
なぜ宣教師を
追放しようと
したのだろう？

？ 織田信長と豊臣秀吉は，どのように全国統一を進めたのかな？

---

1 織田信長の統一事業 ▶ 信長は，武力と経済力の二つの力を使って統一事業を進めた。

①織田信長：尾張（愛知県）の戦国大名（→p.50表）。

②戦国大名との戦い：対立する今川義元（駿河）を桶狭間の戦いで，武田勝頼（甲斐）を長篠の戦いで破る。

③幕府との関係：足利義昭を援助し，第15代将軍にしたが，対立するようになったので京都から追放した（室町幕府の滅亡）。

④仏教勢力との戦い：比叡山延暦寺，一向一揆など，敵対する勢力は武力で従わせた。

⑤経済政策：信長は領内の経済を発展させるための方策を実施した。
- 安土城：都への交通路の要所である安土（琵琶湖沿い）に城と城下町を造った。
- 楽市・楽座：安土城下では，市の税を免除し，特権的な座を廃止。
  →商工業者の自由な活動を保障し，各地から集めようとした。
- 通行料を取り，流通をさまたげていた関所を廃止。

2 豊臣秀吉の全国統一 ▶ 秀吉は大阪城を本拠とし，経済的に重要な都市や鉱山を直接支配した。

①豊臣秀吉：織田信長の家臣で羽柴秀吉と名乗る。信長に背き自害させた（本能寺の変）明智光秀をたおし，信長の後継者となる。
- 大阪城を築き，本拠地とする。
- 天皇から関白（→p.28）に任命され，全国に停戦を命じた。
  →秀吉は朝廷の権威を利用した。

②全国の統一：停戦に応じない九州の島津氏を降伏させ，関東の北条氏をほろぼした。
- 大阪，京都，堺など経済的に重要な都市を直接支配。
- 金山・銀山を直接支配→統一的な金貨を発行。

③安土桃山時代：織田信長，豊臣秀吉の時代。

🔍 **読み取る** 教科書p.108 **1** から，織田・徳川連合軍と武田軍の戦い方のちがいを読み取りましょう。

解答例

[織田・徳川連合軍]
　大量の鉄砲を前面に並べた，鉄砲中心の戦い方。騎馬を防ぐための柵も見える。

[武田軍]
　騎馬の武士を中心に，やりや刀を使った戦い方。

安土桃山時代▶信長が築いた安土城，秀吉が築いた桃山（伏見）城にちなんだもの。

まとめる　信長と秀吉の統一事業を，年表にまとめましょう。

解答例

年	織田信長	豊臣秀吉
1534	（尾張で生まれる）	
1537		（尾張で生まれる）
1554		（信長に仕える）
1559	尾張を統一する	
1560	桶狭間の戦いで今川氏を破る	
1568	足利義昭を立て，京都に入る	
1570	本願寺との戦いを始める	
1571	比叡山延暦寺を焼き打ち	
1573	義昭を追放（室町幕府滅亡）	
1574	伊勢の一向一揆を平定	
1575	長篠の戦いで武田勝頼を破る	
1576	安土城の築城を始める	
1579	安土城が完成	
1580	本願寺と和睦する	
1582	（本能寺の変で自害）	山崎の戦いで明智光秀を破る
1583		大阪城を築く
1585		関白となる
		九州に停戦を命じる
1586		太政大臣となる
1587		島津氏を降伏させ，九州を平定
		バテレン追放令を出す
		関東・東北に停戦を命じる
1590		北条氏をほろぼす
		全国統一

チェック　織田信長と豊臣秀吉の，戦い以外の政策を，それぞれ三つ挙げましょう。

解答例
［信長］
　安土城と城下町の建設，楽市・楽座，関所の廃止
［秀吉］
　大阪城の建設，都市や鉱山の直接支配，統一的な金貨の発行，宣教師の追放

トライ　織田信長や豊臣秀吉が大きな力を持つことができた理由を，経済の面から説明しましょう。

解答例　信長は，城下町を造り，楽市・楽座を実施し，関所を廃止して，商工業者を集めようとした。さらに秀吉は，主要な都市や鉱山を直接支配した。

3 宣教師の追放　秀吉は，スペイン・ポルトガルの軍事力を警戒し，宣教師の国外追放を命じた。

①信長：仏教勢力には厳しい態度をとる一方，キリスト教は優遇。

②秀吉：長崎がイエズス会に寄進されていたことを知る→キリスト教の布教とスペインやポルトガルの軍事力とが結び付いていることを危険視。

・バテレン追放令：1587年，宣教師の国外追放を命じる。

・南蛮貿易は禁止されなかった→キリスト教の布教は南蛮貿易と強く結び付いていたため（→p.62），追放令は不徹底。

⑥ 兵農分離と秀吉の対外政策

1 太閤検地と刀狩

太閤検地と刀狩で
社会は
どう変わったの？

2 朝鮮侵略

朝鮮侵略は
日本に
どんな影響があったの？

? 豊臣秀吉の政策で，日本の社会はどのように変化したのかな？

1 太閤検地と刀狩 ▶ 太閤検地と刀狩によって兵農分離が明確となり，近世の社会の仕組みが固まった。

①面積や米の量をはかるためのものさしやますを統一。

・全国の土地が統一的な基準である**石高**で表されるようになった。

・豊臣秀吉が全国で統一的に実施した検地を**太閤検地**という。

→田畑の**面積**や土地のよしあしを調べ，予想される**収穫量**を石高（米の体積)で表す。

・秀吉は，統一基準による検地を全国の大名に命令し，その結果を報告させた。

②太閤検地の結果

・実際に耕作している**百姓**を**検地帳**に登録する。

→百姓は，土地を耕す権利を保障される。

→百姓は，**石高**に基づく**年貢**を納めることを義務付けられる。

・武士は，**石高**で示された**領地**をあたえられた。

→武士は，**石高**に応じた**軍役**を果たした。

・公家や寺社などの**荘園領主**は，土地に対する権利を失った。

→平安時代以来の土地制度が崩壊し，新しい土地制度が確立。

③**刀狩**：一揆を防ぐ目的で，百姓や寺社から刀・弓・やり・鉄砲などの武器を取り上げた(→p.49「一揆」，p.63「一向一揆」)。

④太閤検地と刀狩の意義

・武士と農民の身分の区別が明確となった→**兵農分離**。

→武士・百姓・町人などの身分に対応した職業で生活するという近世の社会の仕組みが固まった。

→この仕組みは江戸時代に引きつがれた。

☑ **チェック** 太閤検地と刀狩はどのような政策か，それぞれ本文からぬき出しましょう。

解答例

[太閤検地]
「田畑の面積や土地のよしあしを調べ，予想される収穫量を，米の体積である石高で表しました。」

[刀狩]
「一揆を防ぐため，百姓や寺社から刀・弓・やり・鉄砲などの武器を取り上げました。」

刀狩令▶1588年に出された刀狩令では，差し出された武器は，京都方広寺大仏の建立に使われるので，来世まで救われることになる，と百姓たちを説得している。

> これが正解，というものではありませんので，自分なりに考えましょう。

みんなで チャレンジ 戦乱の世を終わらせたものは何だろう

解答例

(1)織田信長の政策：戦国大名や仏教勢力を武力で従わせる。鉄砲を積極的に使用。室町幕府を滅亡させる。楽市・楽座の実施。関所の廃止。

豊臣秀吉の政策：各地の大名を平定する。重要な都市や鉱山を直接支配する。太閤検地と刀狩を実施する。朝鮮に出兵する。

(2)「信長の新しい考え方(鉄砲の使用，楽市・楽座など)に基づく政策」

(理由)応仁の乱以来の戦乱の世に新しい考え方を持ちこみ，世の中を動かしたから。

「秀吉による各地の大名の平定」

(理由)戦国大名がたがいに争うことをやめさせることになったから。

「太閤検地と刀狩」

(理由)兵農分離によって，新しい社会の仕組みができたから。

(3)グループ内での話し合いでは，友だちの考えや，自分の考えに対する友人の意見をよく聞くようにしよう。自分の考えを深め，発展させることにつながるかもしれない。

2 朝鮮侵略　**二度にわたる秀吉の朝鮮侵略は，豊臣氏没落の原因となった。**

①朝鮮侵略の背景

・秀吉は，キリスト教を警戒したが，海外との貿易には強い関心。

・秀吉は，商人の東南アジアへの渡航をすすめ，倭寇を取りしまった。

・明の国力がおとろえを見せ始めていた。

②秀吉の対外政策：朝鮮・高山国(台湾)・ルソン(フィリピン)などに服属を求める。

③朝鮮侵略：二度にわたって行われた(文禄の役・慶長の役)。

・文禄の役(1592年)：首都漢城(ソウル)を占領し，朝鮮北部に進むが，明の援軍と朝鮮民衆の抵抗運動によって苦戦。

・李舜臣が率いる朝鮮水軍は，亀甲船を活用して日本水軍を苦しめた。

・1593年，停戦して明との間で講和交渉が始まったが，不成立。

・慶長の役(1597年)：秀吉は再び派兵したが，日本軍は苦戦。

　→秀吉の病死(1598年)をきっかけに全軍が引きあげた。

④朝鮮侵略の影響

・朝鮮の国土を荒廃させた。

・日本の武士や農民も重い負担に苦しめられた。

・大名間に対立が生まれた→豊臣氏没落の原因。

トライ 太閤検地や刀狩による社会の変化を説明しましょう。

解答例 太閤検地や刀狩といった政策による兵農分離で，武士と農民との身分の区別が明確になった。

7 桃山文化

ここに注目！

1 天下統一と豪壮な文化
桃山文化は
どんな文化なの？

2 芸能と生活文化の展開
どんな動きが
見られたのかな？

3 南蛮文化
どうして
南蛮文化が
生まれたのかな？

？ 安土桃山時代の文化は，どんな特色を持っていたのかな？

1 天下統一と豪壮な文化

桃山文化は，大名や豪商を担い手とする，豪華で壮大な文化。

①背景：全国統一によって社会が安定，商業・南蛮貿易が盛んに。
②担い手：権力や富を手に入れた大名や豪商。
③桃山文化：大名や豪商の豪華な生活を反映した豪壮な文化。一方で，わび茶の質素な風情も好まれた。
・安土城，大阪城などの城は，天守を備え，内部を欄間の彫刻やきらびやかなふすま・屏風などでかざった。
・狩野永徳：金銀やあざやかな色を用いた濃絵で知られる画家。
・千利休：茶の湯を，質素な風情を楽しむわび茶として完成させる。

2 芸能と生活文化の展開

かぶきおどりのように，平和な世の中を楽しむ風潮が広がった。

①平和な世の中を積極的に楽しむ風潮が，人々の間に広まる。
・恋愛を題材にした小歌，三味線に合わせて語る浄瑠璃が流行。
・かぶきおどり：出雲の阿国が始め，京都で人気を集める。
・衣服：木綿が一般化し，色あざやかな小袖が日常着となる。

3 南蛮文化

多くのヨーロッパ人が日本に来航し，南蛮文化が形成された。

①キリスト教の宣教師や商人などのヨーロッパ人が，さまざまな文物を伝えた。

衣食住	パン，カステラ，カルタ，時計，金のくさり，ボタン，帽子，ヨーロッパ風の衣服（マントなど）
学問	天文学，医学
技術	航海術，活版印刷術（ローマ字による印刷：「平家物語」など）

②南蛮文化：ヨーロッパの文化から影響を受けて成立した芸術や風俗。

見方・考え方 教科書 p.113
6 の三つの楽器が似ているのはなぜか，教科書p.81の琉球王国の貿易の特色に着目して考えましょう。

解答例 琉球王国が中国，日本などを結ぶ中継貿易を行なっていたため，中国の三絃が琉球王国に伝わって三線になり，さらにそれが日本に伝わって三味線になったから。

チェック 桃山文化を担ったのはどのような人か，本文からぬき出しましょう。

解答例 「大名」「豪商」

トライ 桃山文化の特色を具体例を挙げて説明しましょう。

解答例 姫路城のような壮大な城や唐獅子図屏風に見られる豪華さを特色とする一方，千利休が大成したわび茶の質素な風情も好まれた。

2節 江戸幕府の成立と対外政策

☑ なぜ江戸幕府の支配は約260年も続いたのでしょうか。

① 江戸幕府の成立と支配の仕組み

●教科書 p.114～115

ここに注目！

1 江戸幕府の成立
関ヶ原の戦いと幕府の成立に関係はあるの？

2 幕藩体制の確立
幕藩体制とはどのような体制なのかな？

3 大名・朝廷の統制
どうやって大名や朝廷を統制したの？

? 江戸幕府は，どのように全国を支配したのかな？

---

1 江戸幕府の成立 ▶ 関ヶ原の戦いに勝って政治の実権をにぎった家康は，征夷大将軍となり幕府を開いた。

①徳川家康：三河出身の戦国大名。豊臣秀吉から最も重要な大名（五大老の一人）として重んじられた。

②石田三成：10代のころから秀吉に仕えた。秀吉の死後，豊臣氏の政権を守ろうとして，家康と対立。

③関ヶ原の戦い（1600年）：石田三成と徳川家康が，それぞれに味方する大名を率い，天下を二分して行われた戦い。

・家康が勝ち，全国支配の実権をにぎった。

④江戸幕府：1603年，家康が征夷大将軍に任命され江戸に幕府を開く→江戸時代。

・秀吉の子の豊臣秀頼が大名として大阪城に。

⑤大阪の陣：家康は大阪城を攻め，豊臣氏をほろぼした。

・大阪冬の陣（1614年），大阪夏の陣（1615年）。

→徳川氏に対抗できる勢力がいなくなり，幕府の基礎が固まる。

2 幕藩体制の確立 ▶ 将軍を中心に，幕府と各地の藩が全国を支配する仕組みを，幕藩体制という。

①幕府：幕府の直接の支配地（幕領）は約400万石。将軍の家臣の領地を合わせると約700万石（全国の石高の約4分の1）であった。

②幕府の直接支配地：

・経済的，政治的に重要な都市：京都，大阪，奈良，長崎など。

・鉱山：佐渡金山，石見銀山→貨幣の発行を独占。

③藩：大名の領地とそれを支配する組織。

関ヶ原の戦い▶西軍（石田三成方）についた大名は，領地を没収されたり減らされる厳しい処分を受けた。一方，家康は味方した大名や家臣に対しては，石高を増やしたり，領地を交通上の重要な土地などに移したりした。

将軍の家臣▶将軍に直接会う（御目見といった）資格のある旗本と，資格のない御家人がいた。旗本は将軍の警護や江戸城の警備，また，町奉行などを務めた。

④**大名**：将軍から1万石以上の領地をあたえられた武士。

⑤**大名の配置**：幕府は，大名を徳川家との関係によって区別し，配置を工夫した。

・**親藩**：徳川家の一族。なかでも，水戸・尾張・紀伊は御三家といわれ，親藩の中でも別格とされた。

・**譜代大名**：古くから徳川家の家臣であった大名。

・**外様大名**：関ヶ原の戦いのころから従うようになった大名。有力な戦国大名だった者も多く，比較的遠い地域に配置された。

⑥**幕藩体制**：幕府と藩が全国の土地と民衆を支配する仕組み。

・幕府は，藩を取りつぶしたり，領地を変えたりする力を持ち，その力を使って，大名の配置を工夫した。

⑦**江戸幕府の仕組み**：鎌倉幕府（→教科書p.69④），室町幕府（→教科書p.79⑧）に比べ複雑で，大名や全国を支配するための工夫がされている。

・**大老**：臨時に置かれた最高位の役職。

・**老中**：幕府の中心となる役職。譜代大名から4～5名が任命され，交代で勤めた。大目付などが老中の下に置かれた。

　大目付：幕政や大名の監督にあたった。
　町奉行：江戸の行政，警察，裁判を担当。
　勘定奉行：幕府の財政，幕領の監督を担当。
　遠国奉行：長崎，佐渡など重要な都市の支配を担当。

・**若年寄**：老中の補佐。若年寄の下には目付が置かれ，旗本を監督した。

・**寺社奉行**：全国の寺社の取りしまり，関東以外の訴訟の処理を担当。町奉行，勘定奉行と合わせて三奉行という。

・**京都所司代**：朝廷や西日本の大名を監視した。

・**大阪城代**：西日本の軍事を担当した。

❸ 大名・朝廷の統制　幕府は，武家諸法度，禁中並公家中諸法度を定め，大名・朝廷を統制した。

①**武家諸法度**：大名を統制するために制定された。

・許可なく城を修理してはいけない。新しく築くことは禁止する。

・大名家どうしが無断で結婚してはいけない。

②**参勤交代**：家光が武家諸法度を改定し，制度として定めた。

・大名は1年おきに領地と江戸を往復すること。

・妻子を人質として江戸の屋敷に住まわせること。

③**禁中並公家中諸法度**：禁中とは宮中のこと。天皇は学問を第一とすることとされた。

みんなでチャレンジ　大名の統制について考えよう

解答例

(1)外様大名は江戸や大阪などから比較的遠い地域に配置されている。譜代大名は重要な都市や五街道（→教科書p.127）などに沿って配置されている。

(2)幕府にとって信頼できる譜代大名を要所に配置し，外様大名は遠ざけたかったから。

チェック　幕藩体制とはどのような仕組みか，本文からぬき出しましょう。

解答例　「将軍を中心として，幕府と藩が全国の土地と民衆を支配する仕組み」

トライ　江戸幕府は大名をどのように統制したか，次の語句を使って説明しましょう。
[配置／法律]

解答例　幕府は大名を譜代，外様などに区別するとともに，幕府にとって望ましい場所に配置した。さらに武家諸法度という法律を定め，大名を統制した。

② さまざまな身分と暮らし

ここに注目！

1 武士と町人
武士は
どんな特権を
持っていたのかな？

2 村と百姓
村はどのように
運営されて
いたのかな？

3 差別された人々
どのような
人々が
差別されたの？

? 江戸幕府は，どのように人々を支配したのかな？

 読み取る 教科書p.116**1** や 教科書p.117**4** には，どのような身分の人がえがかれているか，読み取りましょう。

解答例

1
・町人（この絵に描かれているのは，商店の店先，荷車を押す人など，多くが町人）
・武士（かごとその周辺や右下など）

4
・武士（左奥と手前，年貢納入を見届ける役人）
・百姓（ますではかる者，米俵を運ぶ者など）

---

1 武士と町人 ▶ **支配身分である武士には，名字・帯刀などの特権を持っていた。**

①身分制度：江戸幕府は豊臣秀吉の兵農分離政策（→p.65）を受けつぎ，身分制度を整えた→武士，百姓，町人。

②武士：主君から領地や俸禄（米で支給）をあたえられ，軍事的な義務を果たした。
　・武士の身分は代々伝えられた。
　・特権をあたえられた→名字を名乗る，帯刀。
　・武士の中でも，将軍家を主君とする武士（大名・旗本など）や，その武士の家臣である武士のように，位の上下があった。

③町人：主に都市に住む商工業者を町人と呼ぶ。町人としての身分は同じでも，課せられた義務や権利にちがいがあった。
　・地主・家持：営業税を納め，名主などの町役人として自治を行った。
　・町人の多くは借家人で，日雇い，行商などで生活した。
　・奉公人，弟子：主人の家に住みこみ，独立を目指した。

2 村と百姓 ▶ **村は，本百姓を中心とした自治で運営され，年貢も村全体で責任を負った。**

①百姓：全人口の約85％をしめ，村に住み，自給自足に近い生活。
　・本百姓：土地を持っている百姓。検地帳に登録され年貢を負担し，村の自治に参加した。
　・水のみ百姓：土地を持たない百姓。小作などを行った。

②村の自治：有力な本百姓から選ばれた村役人を中心に自治を行った。
　・庄屋（名主）：村の代表。年貢の納入などに責任を負った。
　・組頭：庄屋を補佐する役。数名が選ばれた。
　・百姓代：年貢やさまざまな負担の割合を決定するときなどに，村民を代表した。数名が選ばれた。

③年貢：村ごとにかけられ，主に米で納入された。

・年貢の納入は村全体の責任とされ，村の自治を利用して取り立てられた。
・四公六民（しこうろくみん）（年貢率40％），五公五民（ごこうごみん）（年貢率50％）などの重い負担を課せられた。
　→このようにして取り立てた年貢が，武士の生活を支えた。
④村や百姓への制約：幕府や藩（はん）は，財政の基礎（きそ）となる年貢を安定して取り立てるため，土地の売買を禁止した。
⑤<u>五人組</u>：年貢の納入，犯罪（はんざい）の防止などに連帯責任を負わせた。
⑥村の生活：村はしきたりや寄合（よりあい）で決めたおきてに従（したが）って運営された。
・林野は村の共有財産（入会地（いりあいち））とされ，村全体で利用した。
・用水路を共同で利用し，田植えなどでも協力した。

3 差別された人々　えた身分やひにん身分とされた人々は，厳しく差別された。

①百姓や町人などの身分とは別に，差別された身分の人々がいた。
・<u>えた身分</u>：農業に従事して年貢を負担，死んだ牛馬の解体，皮革（ひかく）業，犯罪者をとらえたり牢番（ろうばん）など役人の下働きをしていた。
・<u>ひにん身分</u>：役人の下働き，芸能などに従事した。
②差別と差別意識
・えた身分，ひにん身分などの人々はほかの身分の人々から厳しく差別された→村の運営や祭りに参加できないなど。
・幕府や藩は，住む場所や職業，服装などを規制した→これらの身分の人々への差別意識が強まった。

【村の雑学】
[庄屋と名主]　西日本では庄屋，東日本では名主と呼ぶことが多い。
[百姓の負担]　年貢のほかにも，特産物などにかかる税（小物成（こものなり）），河川の土木工事などで働かされる国役（くにやく），街道沿いの村には人足や馬を提供する伝馬役（てんまやく）などの負担が課せられた。
[年貢]　年貢を決める際に，その年の収穫（しゅうかく）量に応じて年貢の負担率を決める検見法と，一定期間の年貢高を固定する定免法（じょうめん）とがあった。定免法は毎年一定の収入を見込めるため，各地の藩が取り入れるようになり，幕府も享保（きょうほう）の改革（→p.80）で定免法を取り入れた。定免法を百姓から見れば，農業技術を改良するなどして収穫を増やせれば，その分多くの米を手にできるという利点があった。
[村八分（むらはちぶ）]　しきたりやおきてを破った者には，葬式（そうしき）と火事以外の一切のつき合いを断つ，村八分と呼ぶ制裁が加えられることもあった。

チェック　町や村はどのように運営されていたか，教科書p.116❸を参考にしながら，本文からそれぞれぬき出しましょう。

解答例
[町]
「町人は，幕府や藩に営業税を納め，町ごとに選ばれた名主などの町役人が自治を行いました。町の運営に参加できるのは，地主や家持に限られていました。」
[村]
「有力な本百姓は，庄屋（名主）や組頭，百姓代などの村役人となり，村の自治を行いました。」

トライ　江戸幕府は百姓をどのように支配したか，次の語句を使って説明しましょう。
[年貢／五人組]

解答例　幕府は五人組の制度を作り，年貢の納入に連帯責任を負わせるなどして，百姓を支配した。

③ 貿易の振興から鎖国へ

ここに注目！

①積極的な貿易政策
徳川家康が
行った貿易を
何というの？

②禁教と貿易統制の強化
どうして
貿易政策が
変わったのかな？

**③島原・天草一揆
と鎖国**
一揆の後，
幕府は何をしたの？

？ 江戸幕府の対外政策は，どのように変化していったのかな？

読み取る 教科書p.118**③**に書かれている地名を，教科書p118**②**から探しましょう。

解答例 朱印状には「日本より安南国に到る商船なり」（自日本到／安南国商船也）と書かれているので，目的地は安南（現在のベトナム）である。
なお，日付は「慶長拾壹丙午八月六日」（ひのえうま）とあるので，慶長11年，すなわち西暦1606年の朱印状と分かる。

チェック 江戸幕府がキリスト教を禁止した理由を，本文からぬき出しましょう。

解答例 「領主への忠義よりも神への信仰を重んじるキリスト教の教えを危険視するようになりました。」

**①積極的な
貿易政策** ▶ **徳川家康は，朱印状を発行し，積極的に朱印船貿易を行った。**

①徳川家康の貿易政策：豊臣秀吉同様，貿易の発展に努めた。

②朱印状：貿易を望む大名や豪商あてに幕府が発行した渡航許可証。
・貿易船の寄港先の国々に船の保護を依頼した。

③朱印船貿易：朱印状を持った船による貿易。
・西日本の大名，京都，堺，長崎などの商人が行った。
・寄港地：ルソン（フィリピン），安南（ベトナム），カンボジア，シャム（タイ）など主に東南アジアの国々→朱印船貿易が活発になる→東南アジアに移住する日本人が現れる。
→各地に日本町ができ，貿易の拠点としてにぎわった。

④ヨーロッパとの貿易：家康は，スペイン，ポルトガルに加え，オランダ，イギリスにも貿易を許可。
・平戸にオランダとイギリスの商館が置かれた。

日本の輸入品	生糸・絹織物（中国産），染料・象牙（東南アジア）
日本の輸出品	銀，刀，工芸品

**②禁教と貿易統制
の強化** ▶ **キリスト教が危険視されるようになり，禁教や貿易統制へと政策が変わった。**

①家康：貿易振興の立場から，キリスト教の布教を黙認していたが，禁教へと政策を転換した。
・理由：キリスト教信者が増加したこと，領主への忠義より神への信仰を重んじるキリスト教の教えを危険視するようになった。
・幕領に禁教令を出し，キリスト教を禁止→翌年，全国へ拡大。

②秀忠：禁教令を強化し，宣教師や信者を処刑。

③家光：日本人の出国と帰国を全て禁止→朱印船貿易の終わり。
・1636年，長崎に出島を築き，ポルトガル人を住まわせる。
・中国船の来航を長崎に限る。

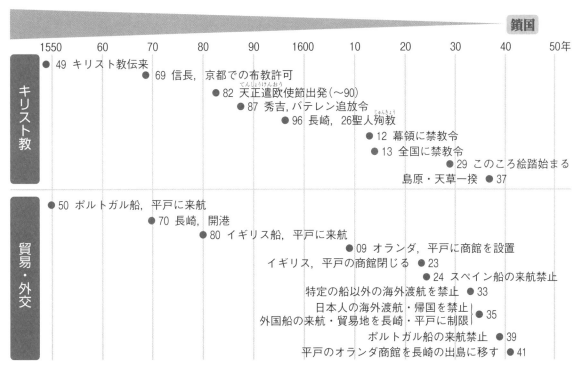

	1550	60	70	80	90	1600	10	20	30	40	50年

キリスト教
- ● 49 キリスト教伝来
- ● 69 信長，京都での布教許可
- ● 82 天正遣欧使節出発(～90)
- ● 87 秀吉，バテレン追放令
- ● 96 長崎，26聖人殉教
- ● 12 幕領に禁教令
- ● 13 全国に禁教令
- ● 29 このころ絵踏始まる
- 島原・天草一揆 ● 37

貿易・外交
- ● 50 ポルトガル船，平戸に来航
- ● 70 長崎，開港
- ● 80 イギリス船，平戸に来航
- ● 09 オランダ，平戸に商館を設置
- イギリス，平戸の商館閉じる ● 23
- ● 24 スペイン船の来航禁止
- 特定の船以外の海外渡航を禁止 ● 33
- 日本人の海外渡航・帰国を禁止 }
- 外国船の来航・貿易地を長崎・平戸に制限 } ● 35
- ポルトガル船の来航禁止 ● 39
- 平戸のオランダ商館を長崎の出島に移す ● 41

▲鎖国体制への歩み

3 島原・天草一揆と鎖国 ／ **島原・天草一揆を鎮圧した幕府は，鎖国体制を築いた。**

①島原・天草一揆：1637年，島原や天草地方の人々が，領主によるキリスト教信者への迫害，厳しい年貢の取り立てに対し起こした一揆。
- ・一揆を起こした人々は天草四郎(益田時貞)を大将とした。
- ・キリスト教徒の多かったこの地方の農民，漁民，キリシタン大名の家臣だった武士などが加わっていた。

②一揆を鎮圧した幕府は，キリスト教の布教を行わない国に貿易を限定し，鎖国体制を築いた。
- ・1639年：ポルトガル船の来航を禁止。
- ・1641年：オランダの商館を平戸から長崎の出島に移す。
  - →交易はオランダと中国の2か国に限られた。
  - →長崎での貿易は幕府が独占した。

③禁教：幕府はキリスト教の禁止を徹底した。
- ・絵踏：キリスト教信者を発見するために，キリストや聖母マリアの像(踏絵)を踏ませた→長崎では正月の行事となる。

④宗門改：仏教徒であることを寺に証明させた(＝キリスト教徒でないことの証明)。
- ・寺は宗門改帳を作成して，記録した。

⑤幕府の禁教・貿易統制・外交独占による体制→鎖国と呼ぶ。

出島(→教科書p.120❶) ▶オランダ商館が移された出島には，商館長をはじめとするオランダ人の宿舎や料理部屋，荷あげ場や倉庫，畑，牛小屋などがあった。出島への陸上からの出入り口は1か所だけで，番人が監視していた。

トライ 江戸幕府が鎖国をした理由を，次の語句を使って説明しましょう。[貿易／キリスト教]

解答例 キリスト教の布教と信仰を禁止し，幕府が貿易と外交を独占するため。

第4章 近世の日本

4 鎖国下の対外関係

ここに注目！

1 四つの窓口
四つの窓口とは
何のことかな？

2 オランダ・中国との貿易
オランダや中国とは
どこで貿易を
したのかな？

3 朝鮮との交際
朝鮮との関係は
どうなったのかな？

？ 江戸時代の日本は，世界とどのように結ばれていたのかな？

 読み取る

(1) 教科書p.120 **1** にえがかれた船はそれぞれどの国のものか，考えましょう。

(2)教科書p.121 **4** の武士たちは何をしているか，読み取りましょう。

解答例

(1)手前はオランダ船。奥は中国船。

(2)商品の確認，帳簿付けなどを行っている。

 チェック

オランダ・中国・朝鮮に対する江戸幕府の「窓口」はどこか，それぞれ挙げましょう。

解答例

[オランダ]長崎
[中国]長崎
[朝鮮]対馬藩

トライ

江戸幕府の，オランダ・中国との関係と，朝鮮との関係のちがいを説明しましょう。

解答例 オランダ・中国とはちがい，朝鮮とは国交を結んだ。

---

1 四つの窓口

> 鎖国体制の下でも，外国に対して，長崎など四つの窓口が開かれていた。

①鎖国体制：日本人の海外渡航は厳しく禁じられたが，外国との貿易などは4か所に窓口を限って行われていた。

・長崎：オランダ(出島)，中国(唐人屋敷)に対する窓口。
・対馬藩：朝鮮(→p.47)に対する窓口。
・薩摩藩：琉球王国(→p.47)に対する窓口。
・松前藩：アイヌ民族(→p.47)に対する窓口。

2 オランダ・中国との貿易

> オランダ・中国とは長崎で貿易を行った。

①オランダ・中国と国交は結ばなかったが，長崎で貿易を行った。

・幕府は長崎に奉行所を置き，貿易を管理した(→教科書p.132 **1**)。

日本の輸入品	生糸・絹織物・薬・香木
日本の輸出品	銀，銅，俵物(いりこ，干しあわび，ふかひれ)

・ヨーロッパの書物は輸入禁止→キリスト教の影響を防ぐため。

②オランダ風説書：幕府が提出を命じた，海外情勢のレポート。

③中国：明がほろび，女真族(満州族)により清が建国される。

・中国人は唐人屋敷に住まわされるようになる。
・幕府は中国人からも情報を聞き取り，風説書を作った。

3 朝鮮との交際

> 朝鮮との国交が回復し，朝鮮通信使が来日するようになった。

①朝鮮との交流：豊臣秀吉の朝鮮侵略(→p.66)以来国交が途絶える。

→朝鮮とのつながりの深い対馬藩の努力で国交が回復。

②朝鮮通信使：将軍の代がわりのとき，祝賀のために派遣された使節。

・通信使一行に加わっていた学者らが各地で日本の学者と交流。

③貿易：対馬藩が窓口となり，釜山の倭館(居留地)に役人を派遣。

輸入品：生糸・絹織物・朝鮮にんじん。　輸出品：銀・銅。

5 琉球王国やアイヌ民族との関係

1 琉球の支配
幕府は琉球王国を
どのように
支配したのかな？

2 アイヌ民族との交易
アイヌ民族との関係は
どのようなもの
だったのだろう？

? 江戸幕府は，琉球王国やアイヌ民族とどのような関係を持ったのかな？

1 琉球の支配

幕府は，琉球王国を異国と位置付け，薩摩藩を通じて支配した。

①1609年，薩摩藩は，幕府の許可を得て，琉球王国を征服した。

②幕府と琉球王国：幕府は，薩摩藩に琉球王国の存続を命じた。
→琉球王国と明や清との関係は変わらず，朝貢貿易も続けられた。
・異国と位置付けられた琉球の人々は，衣服，名前など琉球の生活文化を変えないように命じられた。
・将軍や琉球国王に代がわりがあると，薩摩藩は，将軍にあいさつするための使節（琉球使節）を琉球から江戸に連れていった。

③薩摩藩と琉球王国：薩摩藩は琉球に対する窓口となった。
・薩摩藩は，奄美群島を直接支配し，砂糖や布を納めさせた。
・薩摩藩は，琉球の中継貿易を管理下に置き，大きな利益を得た。
→琉球王国に中継貿易を続けさせるため，明や清に対して，薩摩藩の支配はかくされた。
・輸入品：生糸や薬。　輸出品：銀や海産物。

2 アイヌ民族との交易

松前藩によって，アイヌの人々への経済的な支配が強められていった。

①アイヌ民族：蝦夷地のアイヌ民族は，自然や動物に対する信仰など独自の文化を持ち，漁業や狩猟などで生活していた。
・交易：千島列島，樺太（サハリン），中国東北部の人々と交易。

②幕府とアイヌ民族：幕府は蝦夷地南部を支配する松前藩に，アイヌ民族との交易の独占を認める→アイヌ民族に対する窓口。

③松前藩とアイヌ民族：松前藩は，家臣に土地のかわりにアイヌとの交易権をあたえる→不公平な交易で松前藩と家臣に大きな利益。
→シャクシャインの戦い：不公平な交易への不満から→敗れる。
・交易が和人の商人に任されるようになる→アイヌの人々への経済的支配はさらに厳しくなった。

読み取る　教科書p.122**1**から進貢船（中国に朝貢する船）と薩摩藩の船を探しましょう。

解答例
[進貢船]右端の船。「帰国」と書いたのぼりをかかげている。
[薩摩藩の船]薩摩藩の旗印（丸に十文字）をかかげた和船。左手前に4隻，奥に4隻見える。

チェック　**解答例**
[琉球王国]薩摩藩
[アイヌ民族]松前藩

トライ　江戸幕府の，琉球王国との関係と，アイヌ民族との関係のちがいを説明しましょう。

解答例　幕府は琉球王国を異国と位置付け，中継貿易の利益を得たり，幕府の権威が異国におよんでいることを示したりするために利用した。アイヌ民族に対しては，不公平な交易を行って経済的に支配しようとした。

3節 産業の発達と幕府政治の動き

☑ 産業や文化が発達し，都市が繁栄する中，なぜ幕府は改革をせまられたのでしょう。

1 農業や諸産業の発展

●教科書 p.124〜125

ここに注目！

1 農業の発展
江戸時代に農業はどう発展したのかな？

2 諸産業の発展
農業以外にどんな産業が発展したのかな？

? 江戸時代には，どのような産業が発達したのかな？

🔍 **読み取る** 教科書p.124**2**の備中ぐわには，平くわと比べてどのような利点があるか，形のちがいに着目して考えましょう。

解答例 刃先をくし状にすることで，平くわより深く耕せるようになった。この利点は，田おこしの作業や，新田開発で荒れ地を耕す時に力を発揮した。

農業技術書▶「農業全書」（宮崎安貞）などの農業技術書が，新しい技術を各地に伝えた。

---

1 農業の発展　新田開発や農業技術の進歩で生産力が向上し，商品作物の栽培も盛んになった。

①幕府や藩は年貢を増やすため，用水路の整備，干拓などによって大規模な新田開発を進めた。

②農地面積：16世紀末ごろに比べて，18世紀初めには，約2倍に増加した。

③農業技術の進歩や農業書の出版→生産力が高まった。

④農機具・技術の改良：農作業を効率化させた。
- 備中ぐわ：深く耕せる（→教科書p.124**2**）。
- 千歯こき：脱穀の効率化（→教科書p.124**1**）。
- 唐箕：脱穀したもみともみがらなどをより分ける（→教科書p.124**1**）。
- 肥料：干鰯（いわしを干したもの）など，効果の高い肥料を購入して使うようになった。

⑤商品作物の栽培：商品として売ることを目的として栽培される作物を商品作物という。
- 栽培が盛んになった背景：織物，菜種油しぼりなどの手工業の発達→原材料となる商品作物の栽培が盛んになる。
  　木綿：繊維を糸に加工し，織物の材料になった。
  　菜種：明かり用の油をとり，しぼりかすは肥料に利用された。
  　藍・紅花：染料として使われた。
- 影響：農村に貨幣をもたらした→商品作物の中には，地域の特産物になるものも出てきた。

❷ 諸産業の発展

林業・水産業・鉱業なども発展し，また，各地で特産物が生まれた。

①林業：都市の発展→建築用木材が大量に必要となる。
- **木曽**：ひのき　　・**秋田**：すぎ

②水産業：網を使った漁が全国に広まる。
- **九十九里浜**：**地引き網**による大規模ないわし漁→干鰯に加工。
- **紀伊や土佐**：**捕鯨**やかつお漁。
- **蝦夷地**：にしん漁，こんぶ漁→俵物(→p.74)。

③特産物：各地で，その土地の特色を生かした産業が発達した。
- 塩：**瀬戸内海沿岸**。晴天が多く，海水を干す製塩に向く。
- 酒：**灘**。質のよい水と交通の便にめぐまれていた。
- しょうゆ：**銚子**。水運がよく，原料を入手しやすかった。
- 織物：**京都**(西陣織)，**加賀**(友禅染)。
- 磁器：**有田**。安土桃山時代，朝鮮人陶工が始めた。
- 漆器：**輪島・会津**。16世紀には漆器作りが始まっていた。
- 鋳物：**南部**。質のよい原材料にめぐまれていた。
- 紙：**越前・美濃**。古代から質のよい紙が作られていた。

④鉱業：採掘や製錬の技術が発達。
- 金山：**佐渡**　・銀山：**生野**　・銅山：**足尾**，**別子**

⑤貨幣の鋳造：幕府は貨幣の鋳造を独占し，全国に流通させた。
- 江戸や京都に金座・銀座を設けて貨幣を造った。
  →明銭など中国の貨幣は使われなくなった。
- 金貨：大判，小判，一分金など。
- 銀貨：丁銀，豆板銀など。
- 銅銭：寛永通宝(全国の銭座で鋳造)など。

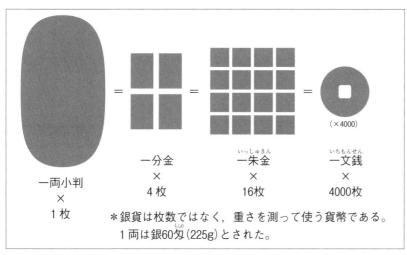

一両小判
×
1枚

＝　一分金
×
4枚

＝　一朱金
×
16枚

＝　一文銭
×
4000枚
(×4000)

＊銀貨は枚数ではなく，重さを測って使う貨幣である。
1両は銀60匁(225g)とされた。

▲江戸時代に使われた貨幣(→教科書p.125❽)

チェック　農業において，新たに導入された技術や方法を三つ挙げましょう。

解答例　備中ぐわ，千歯こき，干鰯(肥料)，農業の書物の出版など

トライ　農業や諸産業はどのように発達したか，次の語句を使って説明しましょう。
[商品作物／特産品]

解答例　農業生産力が高まって余裕が生まれ，商品作物の栽培が盛んになるなどして，各地に特産品が生まれるようになった。

第4章　近世の日本

② 都市の繁栄と交通路の整備

●教科書 p.126～127

●教科書 p.126～127

ここに注目！

① 三都の繁栄
三都とは
どこのことかな？

② 街道の整備
関所は何のために
置かれたの？

③ 海運の発達
どんな航路が
あったの？

？ 江戸時代には，どのような交通路や都市が発達したのかな？

見方・考え方 解答例

[共通点]人口の密集，水運の発達。
[異なる点]江戸は武家地中心だが，大阪は町人地中心であること。

 チェック
江戸時代に整備された街道や航路～

解答例 東海道，中山道，日光道中，南海路，西廻り航路，東廻り航路など

 トライ
街道や航路が整備された目的～

解答例 人口の多い三都間で，年貢やいろいろな商品を運ぶため。

 考える 解答例

江戸時代は，半年などのつけ(かけ売り)が一般的で，支払いのリスクなどから値段も高く設定された(かけね)。越後屋はかけ売りをやめ，現金と引き替えに商品を売るかわりに，値段も安く設定した。

---

1 三都の繁栄 ▶ **江戸・大阪・京都は三都と呼ばれ，目覚ましく発展した。**

①江戸・大阪・京都は三都と呼ばれた。
・江戸：旗本・御家人，大名の江戸屋敷→「将軍のおひざもと」。人口が約100万人(18世紀初めごろ)の大都市。
・大阪：商業の中心地→「天下の台所」。諸藩が蔵屋敷を置き，年貢米や特産物を売りさばく。
・京都：学問・文化の中心地で，手工業も盛ん→西陣織などの高級織物，京焼などの工芸品。
②株仲間：商人が同業者ごとに作った組合。
・幕府や藩に税を納めるかわりに，営業の独占権→大きな利益。
③両替商：東日本では金貨，西日本では銀貨が主に流通→両替が必要。
・三井家，鴻池家→大名に金を貸し付け，藩の財政にも関わる。

2 街道の整備 ▶ **幕府は，江戸を守るために関所を置いて，人々の動きを監視した。**

①幕府は，全国支配のため，主要な道路を整備し，監視した。
・五街道：東海道，中山道，日光道中，奥州道中，甲州道中。
・関所：東海道の箱根，中山道の碓氷などに設けられた。
・宿場：宿泊施設(大名は本陣，庶民は旅籠)や馬が用意された。
・飛脚：手紙や荷物を運んだ。
②寺社の周辺の門前町も参詣人でにぎわった。

3 海運の発達 ▶ **江戸と大阪を結ぶ南海路や，西廻り航路，東廻り航路が発達した。**

①大量の物資や重い荷物は船で運ばれたので，海運業が発達した。
・南海路：大阪から江戸に品物を運んだ。
・西廻り航路，東廻り航路：東北や北陸地方の年貢米を江戸や大阪の蔵屋敷へ運ぶための航路。西廻りは日本海沿岸，東廻りは太平洋沿岸に開かれた航路。

③ 幕府政治の安定と元禄文化

ここに注目！

① 綱吉の政治と 正徳の治
綱吉の時代から特に重んじられる ようになった学問は何かな？

② 元禄文化
元禄文化を担ったのは どんな人々だろう？

？ 徳川綱吉の時代の政治や文化には，どのような特色があったのかな？

① 綱吉の政治と 正徳の治

> 綱吉は，社会の秩序を重視し，儒学，なかでも朱子学を奨励した。

①第5代将軍**徳川綱吉**の時代：幕府の権力が安定→武力を背景に支配 するのではなく，社会の秩序を重視する政策に転換。

・**朱子学**の奨励：儒学の一派で，主従関係や上下関係を重んじる。

・人々に慈悲の心を持たせるため，極端な動物愛護（生類憐み）の政 策を実施した。

・貨幣の質を落としてより多く発行し，収入の不足を補おうとした。 →物価の上昇を招いた。

②**正徳の治**：**新井白石**が，幕府の財政を立て直すため，貨幣の質をも どしたり，長崎貿易を制限（金・銀の海外流出を防ぐ）したりした。

② 元禄文化

> 上方を中心に，経済力をつけた町人を担い手 とする文化が盛んとなった。

①**元禄文化**：17世紀末から18世紀初めにかけて栄えた。

・背景：社会の安定と都市の繁栄。

・担い手：上方を中心とする新興の町人。

・**井原西鶴**：**浮世草子**（小説）。「日本永代蔵」「世間胸算用」。

・**松尾芭蕉**：**俳諧**。自己の内面を表現。「奥の細道」。

・**近松門左衛門**：**人形浄瑠璃**の脚本。「曾根崎心中」。

・**歌舞伎**：庶民の演劇。**坂田藤十郎**（上方），**市川団十郎**（江戸）。

・**装飾画**：俵屋宗達，尾形光琳が大和絵の伝統を生かした装飾画。
尾形光琳は工芸でも優れた作品を残す（→教科書p.129**6**）。

・**浮世絵**：**菱川師宣**。町人の風俗を題材→浮世絵の祖。

・学問：儒学，古典研究，歴史などの学問が盛んになる。
「**大日本史**」：水戸藩主の徳川光圀が編集を始めた。

・風俗：衣服は**木綿**が一般的となる。優美な友禅染が流行した。

・習慣：**年中行事**が広まる（節分の豆まき，ひな祭り，端午の節句， 盆おどりなど）。

読み取る 教科書p.128**1**で， どのような身分の 人たちが見物しているか， 読み取りましょう。

解答例 ほとんどが町 人である。

チェック 元禄文化の具体例 を三つ挙げましょ う。

解答例 浮世草子，俳 諧，人形浄瑠璃，浮世絵， 「風神雷神図屏風」など

トライ 元禄文化の特色を， 文化の担い手に着 目して説明しましょう。

解答例 元禄文化は， 上方を中心に，新興の町 人を担い手として栄えた 文化で，町人の生活や人 情などを題材にしていた。

④ 享保の改革と社会の変化

1 享保の改革

享保の改革は
何のために
行われたのかな？

2 産業の変化と工業の発達

問屋制家内工業と
工場制手工業の
関係は？

3 農村の変化と百姓一揆

農民が百姓一揆を
起こしたのは
なぜなんだろう？

? 徳川吉宗の政治には，どのような特色があったのかな？

見方・考え方

(1)教科書p.131
5のグラフから，百姓一揆や打ちこわしが増加する時期に何があったか読み取りましょう。

(2)教科書p.131**7**のⒶとⒷを比べて，工場制手工業の利点を挙げましょう。

解答例

(1)18世紀後半と19世紀前半はききん，19世紀後半は幕末から明治維新にかけての社会的な変動があった。

(2)織機を1か所に集めることによって，農家を一軒一軒回って製品を集める人手と手間がはぶけ，効率的に生産できる。また，働き手を雇うことで，働き方の管理も容易になった。

---

1 享保の改革　　吉宗は，はば広い分野で改革を実施して，幕府の財政と政治の立て直しに努めた。

①享保の改革：第8代将軍となった徳川吉宗が，幕府の財政を立て直すために行った政治改革。

財政難に対しては…

・**倹約令**：武士に質素・倹約を命じた。

・**有能な人材の取り立て**：能力のある武士には在職中に限って不足分の石高をあたえ（足し高），重要な役職に就けた←幕府の役職は，能力よりも，家の石高や血筋などによって決まっていた。

・**上げ米の制**：大名が参勤交代で江戸に住む期間を1年から半年に短縮するかわりに，1万石につき100石の米を幕府に納めさせた。

・**新田開発**：年貢を増やそうとした。

・新田開発を行った町人には，地主として小作料を取ることを認め，町人の経済力を利用しようとした。

　→幕府の財政は一時的に立ち直った。

法令の整備などの政策としては…

・**公事方御定書**：裁判記録を整理した，裁判の基準となる法律。

・**目安箱**：民衆の意見を聞いた。

・江戸市民のための病院（小石川養生所）の建設。

・防火対策：**町火消し**を組織，広小路や火除け地を設けるなど。

・科学技術などの書物に限り，洋書の輸入を認めた。

2 産業の変化と工業の発達　　問屋制家内工業が工場制手工業へと発展し，近代工業の基礎となった。

①長崎貿易の制限（→p.79，正徳の治）で，木綿・生糸・絹織物の輸入が大幅に減った→国産化が進んだ。

・綿の栽培，養蚕：全国的に普及。

・綿織物業：大阪周辺や尾張など。

・絹織物：桐生，足利などに技術が伝えられる→西陣織と並ぶ製品

②問屋制家内工業：18世紀ごろからみられる。

・問屋：農民に織機や材料費などを前貸し→農民に布を織らせる。
　　　　　　→製品を安く買い取る。

③工場制手工業（マニュファクチュア）：19世紀に入りみられるように。

・工場を建設し，人を雇って，分業で製品を作らせる。

・大商人や地主など，工場を建設する資金や土地を持っている者が始める。
　　　　　　→近代工業が発展する基礎となる。

3 農村の変化と百姓一揆　農民の間での貧富の差の拡大や，年貢が増えたことが，百姓一揆の背景にある。

①農村の変化：農具や肥料を購入する→貨幣が必要となる→自給自足的だった農村に変化（貨幣経済が浸透）。

・商品作物の栽培などで利益を得て豊かになる農民が出る一方で，借金する農民も多くなった→貧富の差の拡大。

・借金を返済できないために，土地を手放し小作人になる者や，都市へ出稼ぎに行く者が現れた。

・土地を買い集めて地主となる者も現れた。

②百姓一揆：農民が，自分たちの要求を認めさせようとして起こした実力行動。

・財政難となった幕府や大名が年貢を増やしたことに対して，農民は百姓一揆で抵抗した。

・多くの村が団結して，領主に年貢の軽減，不正を働く役人の交代などを要求した。

③打ちこわし：都市では，住民が，米を買いしめた商人などをおそう打ちこわしが起こった。

【百姓一揆の雑学】
　農民は，いろいろな手段を使って抵抗したり，要求を認めさせようとしたりした。
[逃散]　耕作を放棄し，他領などに一時的ににげること。
[越訴]　村民の代表（多くは村役人）が，代官を通すなどの正規の手順をふまずに，訴え出ること。
[強訴]　村民が大挙して城下などへおしかけ，直接要求を訴えること。この場合，全村民とか，各戸に人数を割り振ったりして，全村的に参加することが多く，これを惣百姓一揆と呼んでいる。

 読み取る　グラフから変化を読み取ろう

解答例
(1)全体の傾向：突然増加している時期があること。全体に増加傾向にあること。
(2)変化点：発生件数20件の線に注目してみてみると，18世紀後半（天明のききん，寛政の改革）から，20件をこえる年が多くなっている。この時期は幕府政治が行きづまりを見せ始め，人々の不満が高まったころに当たる。

 チェック　徳川吉宗の政策を，本文から三つぬき出しましょう。

解答例　「倹約令」「有能な人材の取り立て」「上げ米の制」「新田開発」「公事方御定書」「目安箱」「町火消し」など

 トライ　享保の改革の財政難に対する政策の内容と結果を説明しましょう。

解答例　倹約令，上げ米の制，新田開発によって，財政は一時的に立ち直った。

⑤ 田沼意次の政治と寛政の改革

ここに注目！

1 田沼意次の時代
田沼意次はどんな政策を進めたのかな？

2 寛政の改革
松平定信はどんな政策を進めたのかな？

3 ロシアの接近
ロシアの接近に幕府はどう対応したの？

？ 田沼意次と松平定信の政治には，どのような特色があったのかな？

みんなでチャレンジ 解答例

(1)[共通点]年貢の増収をはかったこと。
[異なる点]意次は商工業の発展に注目したが，定信は農業中心であった。
(2)新しい産業や工場制手工業がおこり，貧富の差も拡大していた。

チェック 解答例

[意次]「商人に株仲間を作ることをすすめ」「長崎貿易を〜輸出品とした」「蝦夷地の調査〜輸出を拡大した」「印旛沼（千葉県）の干拓〜試みました。」
[定信]「江戸に出てきていた農民を故郷に帰し」「商品作物の〜米の生産をすすめた」「凶作やききんに備えて米をたくわえさせました。」「江戸に昌平坂学問所〜取り立てようとしました。」「倹約令を出す」「旗本や御家人〜帳消しにしました。」「政治批判を禁じた」「出版を厳しく統制した」

トライ 解答例

[意次]蝦夷地を調査し長崎貿易の活発化を図った。
[定信]ロシアから求められた通商を拒否した。

1 田沼意次の時代　田沼意次は，商工業の発展に注目した経済政策を採り，幕府財政の立て直しを試みた。

①田沼意次：老中となり，商工業の発展に注目した経済政策を進めた。
・株仲間(→p.78)の奨励：特権をあたえ，営業税を納めさせた。
・長崎貿易の活発化：銅を専売制にする，俵物(→p.74)の輸出を拡大。
・新田開発による年貢の増収：印旛沼の干拓を試みた。
②意次の失脚：地位や利権を求めてわいろが横行→政治への批判。
・浅間山の大噴火も加わり，天明のききんが全国に広がる→米価が高騰し，各地で百姓一揆・打ちこわしが起こった。

2 寛政の改革　松平定信は，農村の立て直しと政治の引きしめを目指して改革を進めた。

①松平定信：老中として，寛政の改革を進めた。
・人返し：江戸に出稼ぎに来ていた農民を故郷に帰した。
・商品作物の栽培を制限：年貢となる米の生産を重視。
・凶作やききん対策：各村に米をたくわえさせた。
・昌平坂学問所：幕臣などに朱子学を学ばせ，人材を取り立てた。
・倹約令を出す。
・札差(年貢米を金にかえる商人)からの旗本・御家人の借金を帳消しにする(幕臣の生活の安定を図った)。
・政治批判の禁止，出版の統制→人々の不満をまねき，辞職した。

3 ロシアの接近　ロシアによる通商の求めを拒否した幕府は，蝦夷地を調査し，直接の支配地とした。

①ロシアの接近：18世紀半ばごろから，樺太や千島に姿を現す。
・ラクスマン：1792年，根室に来航し，大黒屋光太夫らの漂流民を送り届け，通商を求めた→長崎以外では交渉できないと回答。
・レザノフ：1804年，長崎に来航し，通商を求めた→朝鮮，琉球，オランダ，清以外の国とは関係を持たないとして，交渉を拒否。
②蝦夷地対策：間宮林蔵らに蝦夷地や樺太を調査させ，直接支配。

6 新しい学問と化政文化

ここに注目！

1 国学と蘭学
国学や蘭学は
何を学ぶのかな？

2 化政文化
化政文化を担った
のはだれだろう？

3 教育の広がり
藩校と寺子屋は
どうちがうのかな？

? 社会の変化の中で発展した学問や文化には，どんな特色があったのかな？

1 国学と蘭学 ▶ 日本人の伝統的な考えを研究する国学や，ヨーロッパの学問・文化を学ぶ蘭学が発展した。

①国学：仏教や儒学が伝わる以前の日本人の考え方を研究した。
・本居宣長：「古事記伝」を著し，国学を大成した。
・天皇を尊ぶ思想と結び付き，幕末の尊王攘夷運動に影響をあたえた。
②蘭学：オランダ語でヨーロッパの学問や文化を学んだ。
・前野良沢，杉田玄白：西洋の解剖書を翻訳し，「解体新書」を出版。
・オランダ語の辞書，医学書の翻訳書なども作られた。
・伊能忠敬：ヨーロッパの測量技術を使って全国の海岸線を実測し，
正確な日本地図（「大日本沿海輿地全図」）を作った。

2 化政文化 ▶ 経済的に発展した江戸で，庶民までも担い手とする化政文化が生まれた。

①化政文化：19世紀前半，江戸の庶民をも担い手として発展した文化。
・川柳・狂歌：幕府を批判し，世相を皮肉ったりするものも作られた。
・十返舎一九：「東海道中膝栗毛」（こっけいな道中記）。
・曲亭（滝沢）馬琴：長編小説「南総里見八犬伝」
・俳諧（俳句）：与謝蕪村，小林一茶。
・浮世絵：多色刷りの版画（錦絵）が作られ，大流行した。
　　鈴木春信：錦絵を始めた。
　　東洲斎写楽（役者絵），喜多川歌麿（美人画），
　　葛飾北斎（風景画），歌川広重（風景画）。
②娯楽が盛んになり，歌舞伎，落語，大相撲などが楽しまれた。
③各地への旅行も行われるようになった。

3 教育の広がり ▶ 武士は藩校に，庶民の子どもは寺子屋に通った。

①藩校：人材の育成のために，諸藩が設けた。
②私塾：蘭学（緒方洪庵：適塾，シーボルト：鳴滝塾）や儒学を教授。
③寺子屋：町人や農民の子どもに，実用的な知識を教えた。

読み取る 教科書p.134**1**の
Ⓑ とⒸ とを比べて，
異なる点を挙げましょう。

解答例 Ⓑの解剖図は
臓器の形や位置が写実的
で正確だが，Ⓒの解剖図
は正確ではない。

チェック 化政文化の具体例
を三つ挙げましょ
う。

解答例 川柳・狂歌，
俳諧，錦絵，歌舞伎，大
相撲，落語など。

トライ 元禄文化と比べた
化政文化の特色を，
文化の担い手に着目して
説明しましょう。

解答例 化政文化では，
世相の風刺や娯楽など，
庶民の楽しみとしての文
化が発展した。

第4章 近世の日本

7 外国船の出現と天保の改革

ここに注目！

1 異国船打払令と大塩の乱
外国船の来航で社会にはどんな動きがあったの？

2 天保の改革
天保の改革の目的は何だったのだろう？

3 雄藩の成長
薩摩藩や長州藩ではどんな改革が行われたの？

? 水野忠邦の政治や諸藩の改革には，どのような特色があったのかな？

 読み取る 教科書p.136**3**から，日本に来航した外国船の数や国の変化を読み取りましょう。

解答例 三つの時期に分けて，来航した外国船の推移を見たグラフである。第1期・第2期・第3期として見てみよう。
[数の変化]
　合計の隻数を読み取ると，第1期はおよそ30隻，第2期はおよそ40隻，第3期はおよそ60隻と増加している。
[国の変化]
　第1期はイギリス・ロシアが多く，フランス船は0隻である。第2期にはアメリカ船が急増し，第3期でも最も多い。
＊各時期のはばが異なることに注意しよう。第1期は51年間，第2期は22年間，第3期は2年間である。この点からも，来航する外国船の急増したことがよく分かる。

---

1 異国船打払令と大塩の乱　外国船の接近や天保のききんなどによって，幕府への批判や反乱などが起きた。

①外国船の接近：19世紀になるとロシア(→p.82)に加え，イギリスやアメリカの船が，日本に接近するようになった。

・フェートン号事件：1808年，イギリス軍艦フェートン号がオランダ船を追って長崎港に侵入し，オランダ商館員をとらえ，日本にまきと米，食料を要求した事件。

②異国船打払令：1825年，幕府は沿岸に近づく外国船をただちに撃退するよう命じた。

・モリソン号事件：1837年，漂流民を送り届け，通商を求めて来航したアメリカ商船を，異国船打払令に基づいて砲撃した事件。

・蛮社の獄：蘭学者の渡辺崋山と高野長英が，事件を批判する書物を書いたため，幕府から厳しく処罰された。

③天保のききん(1833～39年)：全国的にききんが続き，百姓一揆や打ちこわしがひんぱんに起こった。

④大塩の乱：1837年，大阪町奉行所の元役人大塩平八郎が起こした反乱→ききんで米が不足していることにつけこみ，大商人が米を買いしめていることへの奉行所の対策が不十分であると抗議した。

・反乱は1日でしずめられたが，奉行所の元役人であった大塩の乱に，幕府は大きな衝撃を受けた。

2 天保の改革　水野忠邦は幕府の権力を回復させるため改革を行なったが，わずか2年で失敗に終わった。

①天保の改革：老中水野忠邦は，幕府の権力を回復させるため，享保の改革・寛政の改革を手本に幕府政治の改革を進めた。

・背景：外国船の接近という対外政策(鎖国)に関わる危機，天保のききんと百姓一揆や打ちこわしの頻発という国内の危機。

・倹約令と出版統制：町人のぜいたく品や派手な風俗を取りしまり，

政治批判や風紀を乱す小説の出版を禁止した。

・経済対策：物価上昇の原因は**株仲間**が営業を独占しているためであるとして，<u>解散</u>を命じた→本当の原因は幕府が**質の悪い貨幣**を造ったためであり，かえって経済は混乱した。

・農村対策：江戸への<u>出稼</u>ぎを禁止し，農民を帰村させた。

・対外政策：<u>異国船打払令を廃止</u>し，寄港した外国船にまきや水をあたえるよう命じた（薪水給与令という）←アヘン戦争（→p.98）で清が敗れたことを知り，方針を転換した。

②<u>上知令</u>：海防を強化するため，江戸・大阪周辺を幕領にしようとしたが，関係する大名・旗本の強い反対にあい，忠邦は失脚した。

→幕府権力のおとろえが表面化した。

3 雄藩の成長 ▶ 薩摩藩や長州藩などは，財政の立て直しや人材登用，軍備の近代化などの改革を進めた。

①<u>藩政改革</u>：諸藩でも，さまざまな改革が進められた。

・財政の立て直し：特産物の生産を奨励し，<u>専売</u>にして，利益を藩の収入とした。

　　薩摩藩＝奄美群島産の黒砂糖，米沢藩＝うるし（漆器の塗料），
　　熊本藩＝はぜ（ろうの原料）など。

・人材の登用：家柄にとらわれず，有能な人材を登用した。

・軍備の拡充：西洋式の軍備を整える藩も現れた。

　　佐賀藩＝反射炉（兵器生産に必要な質のよい鉄を生産するために欠かせない施設）の建造。薩摩藩や幕府も建造した。

②<u>雄藩</u>：改革に成功し，経済力や軍事力を高めた藩のこと。

→幕末に政治を動かす。薩摩藩，長州藩，佐賀藩など。

【高野長英の批判】

　高野長英は，幕府をどのように批判したのか，読み取ってみよう。

「イギリス（正しくはアメリカ。当時，イギリス船を打ちはらったと誤って伝えられていた）は日本にとって敵国ではなく，いわばつきあいのない他人といってよい。その国が，日本の漂流民をあわれみ，わざわざ送り届けに来てくれたのに，何の応対もしないで打ちはらえば，日本は民をあわれまない，仁のない国だと思われてしまう。もし，イギリスが日本は仁をわきまえない国だと怒れば，日本の近海を盛んに航行するイギリス船が，将来の日本の海運の敵となるかもしれない。そんなことが起こらないとしても，いきなり船を打ち払ったりすれば，日本は理性がなく，理屈も通らない野蛮の国だと，不義の国だと言いふらし，日本は礼儀を重んじる国としての名誉を失うことになるだろう。」

（やさしく直したもの）

貨幣の質 ▶ 小判に金が含まれている割合は，正徳小判が84.3％，享保小判が86.8％であったのに対し，天保小判は56.8％だった。

☑チェック　水野忠邦が天保の改革を行った背景を二つ挙げましょう。

解答例

・外国船の接近が多くなってきたこと。
・天保のききんや大塩の乱などによって国内の情勢が不安定になったこと。

✎トライ　天保の改革と，享保・寛政の改革の背景のちがいを説明しましょう。

解答例　天保の改革の背景には，外国船の接近や，大塩の乱といった，国内外の危機がある。

(1) 共通する点：土俵・力士のまわし姿・行司と検査役（現在は勝負審判という）・たくさんの人が観戦していること，など

異なる点：土俵の四方に柱が立っていること（現在はつり下げられている）・検査役が土俵上にいること・観戦している人に女性が見えないこと

(2) 農民，武士，子ども，女房(主婦)などがなまずを退治している。なまずにまたがり，お札をはろうとしている「要石」は地震よけの神様で，鹿島神宮（右上にえがかれている）の境内に置かれた石である。人々は要石に願かけ

し，地震を起こすなまずをおさえてもらおうとした。一方，大工・左官などは地震で家がこわれれば新しい仕事が生まれるので，なまず退治に加わらないとの皮肉がこめられている。

(3) ③は，東洲斎写楽の代表的な役者絵の一つ。三世大谷鬼次は当時人気の歌舞伎役者である。④は，風景画で人気を得た歌川広重の作。「大はしあたけ」の「大はし」は隅田川にかかる新大橋，「あたけ」は対岸一帯についての人々の呼び名である。広重は風景や旅の様子をえがいた「東海道五十三次」などで有名なこと，当時の人々は，こうした錦絵を買い求めていたことなども参考にして話し合おう。

❶楽市・楽座：市の税を免除し，座を廃止すること。商工業者の自由な活動を保障して，城下町などに集めようとした。

❷太閤検地：豊臣秀吉が大名に命じて全国で実施させた検地。ものさしやますを統一し，予想される収穫量を石高で表した。

❸南蛮文化：ヨーロッパ文化，とくにスペイン人・ポルトガル人がもたらした文化の影響を受けて成立した芸術や風俗のこと。

❹五人組：農村を支配するためにつくられた組織。5戸を一組として，年貢の納入，犯罪の防止などに連帯責任を負わせた。

❺鎖国：キリスト教を禁止し，幕府が貿易を統制し，外交を独占した体制のこと。直接の貿易は長崎に限られた。

❻琉球使節：江戸幕府の将軍や琉球国王が代わりしたときに，琉球から江戸に送られた使節。将軍の権威を見せつける意図もあった。

❼享保の改革：第8代将軍徳川吉宗が，財政の

立て直しをめざして行った幕政の改革。倹約令，上げ米の制，新田開発などを実施した。享保の改革は，のちの寛政の改革，天保の改革の手本となった。

❽工場制手工業(マニュファクチュア)：工場を建設し，人を雇って分業で製品を作らせる仕組みのこと。資金を出したのは，主に大商人や地主で，近代工業が発展する基礎となった。

❾田沼意次の政治：老中田沼意次は，商工業の発展に注目し，商人の力を借りて幕府財政を立て直そうとした。しかし，田沼の政治への批判や天明のききんによって田沼は失脚した。

❿化政文化：江戸を中心に，庶民も担い手として発展した文化。川柳や狂歌，十返舎一九らの小説が読まれ，浮世絵では鈴木春信が始めた錦絵が大流行した。

❷ A：桃山文化　B：武家諸法度　C：朝鮮通信使　D：松平定信　E：水野忠邦

❸(1)　検地と刀狩によって，武士(兵)と農民

（農）の身分の区別が明確（分離）となったから。

(2)　商業や手工業が盛んになって都市が発展し，経済力をつけた町人が台頭した。元禄文化は，そうした新興の町人を担い手としていたから。

(3)　農村の貧富の差が直接的に影響をあたえたのは「百姓一揆」である。貧しい農民の中には江戸に出かせぎに出る者も多く，「寛政の改革」「天保の改革」では，彼らを農村に帰す政策が採られているので，間接的な影響があったと考えられる。また，「農村工業の発達」は貧しい農民を雇ったり，貧富の差を拡大するという形で影響し合う関係である。なお，打ちこわしは都市で起きた騒動なので，直接的な関係はないと考えられる。

4 (1)ア：大老　イ：老中　ウ：町奉行
　　　エ：京都所司代

(2)オ：幕領　カ：譜代　キ：外様

(3)江戸幕府は，将軍家との関係によって，大名を親藩・譜代・外様に分け，譜代は主要都市や交通の要地などに，外様は江戸から比較的遠い場所に配置した。また，大名を取りしまる役職を設け，監視する体制を整えた。さらに，老中など幕府の重要な役職には譜代大名を任命し，将軍家を中心として全国の大名を統制する体制を整えた。

探究のステップ

①　ヨーロッパから伝来した鉄砲は戦国大名の

戦い方を大きく変えた。さらに，キリスト教や南蛮貿易との関わりも戦国大名にさまざまな影響をあたえた。戦国大名の関係が変化する中で台頭した織田信長は新しい経済政策を取り入れながら統一事業を進め，それを引きついだ豊臣秀吉によって戦乱の世は終わった。

②　江戸幕府は，全国の大名を統制するために幕府の仕組みや法律（武家諸法度）を整え，大名の配置も工夫して，幕府と藩で全国を支配する幕藩体制を整えた。さらに，貿易や外交，貨幣の発行などは幕府が独占し，諸大名には参勤交代などで経済的な負担をかけることで，経済的にも幕府が優位に立つ体制を作った。

③　社会が安定し，手工業や商業が盛んとなり都市が発展した。また，農村でも商品作物の栽培が盛んとなって，手工業や商業とのつながりが生まれた。一方，幕府の財政は農村からの年貢にたよっていたので，都市の発展すなわち商工業の発展や農村の変化の影響を受け，それに対応するための改革をせまられた。

探究課題

秀吉の兵農分離によって明確な身分制度ができたこと，江戸幕府が諸大名や朝廷，人々を統制するための法制度や仕組みを整えたこと，社会の変化に応じて，享保の改革などの幕府政治の改革を行ったことなどによって，社会は安定した。

まとめの活動 ▶ **近世で最も活躍した身分はどれだろう**　●教科書 p.146〜147

①武士

〈理由1〉全国を統一し，支配した。

〈根拠1〉信長・秀吉・家康による統一事業，江戸幕府の成立，など。

〈理由2〉社会の変化に応じて改革を行った。

〈根拠2〉楽市・楽座，幕府政治の諸改革，など。

②百姓

〈理由〉農業生産を担い，諸産業の発達にも関

わった。

〈根拠〉新田開発，農業技術の進歩，商品作物の栽培，問屋制家内工業への参加，など。

③町人

〈理由〉商業を盛んにし，経済力をつけた。

〈根拠〉問屋制家内工業，工場制手工業，札差の藩財政への関与，元禄文化や化政文化の担い手となった，など。

❶ 次の歴史上の人物の自己紹介文を読んで，あとの問いに答えなさい。

①私は，ローマ教皇が資金集めのために(a　　　　　　)を売り出したことを批判し，ドイツで宗教改革を始めた。私の考えに賛成する人たちは(b　　　　　　)と呼ばれた。

②私が生きた時代は(a　　　　　)と呼ばれ，生き生きとした人間の姿を表現することが追求された。私の彫刻「ダビデ」は古代(b　　　　　　)の彫刻の影響を受けている。

③スペインの支援を受けた私は，(a　　　　　)を横断してカリブ海の島に到達した。しかし，私はそこを(b　　　　　)だと思い込んでいた。1492年のことだ。

④私は，宗教改革で批判された(a　　　　　)を立て直そうとイエズス会に加わり，海外で布教活動を行った。そして(b　　　　　)年，日本にキリスト教を伝えた。

問1 ①〜④の文中の空欄にあてはまる語句を，語群から選び，記号で書きなさい。

【語群】 ア 1543　　イ 1549　　ウ アメリカ　　エ インド　　オ エジプト
　　　　 カ カトリック　キ 勘合符　ク ギリシャ　ケ 大航海時代　コ 大西洋
　　　　 サ 太平洋　シ プロテスタント　ス 免罪符　セ ルネサンス

問2 ①〜④の自己紹介文はだれのものか，それぞれの人物名を書きなさい。

❷ 次の年表を見て，あとの問いに答えなさい。

問1 年表中の①について，織田信長を自害させた武将はだれか，書きなさい。
（　　　　　　　　　）

問2 年表中の②について，この年に始められた，豊臣秀吉が全国で行った事業として当てはまる言葉を漢字4文字で書きなさい。（　　　　　　　　　）

年	出来事
1582	織田信長が本能寺で自害する…①
	豊臣秀吉が最初の（　②　）を行う
1587	秀吉が宣教師の国外追放を命じる…③
1588	秀吉が（　④　）を命じる
1590	秀吉が（　⑤　）氏をほろぼし，全国を統一する
1592	秀吉が朝鮮に攻め入る…（　⑥　）
1597	秀吉が再び朝鮮に攻め入る

問3 年表中の③の命令の背景に，ある都市がイエズス会に寄進されていたことがある。その都市名を書きなさい。
（　　　　　　　　　）

問4 年表中の④について，一揆を防ぐために出されたこの命令の名称を書きなさい。
（　　　　　　　　　）

問5 年表中の⑤について，小田原を本拠地としていたこの戦国大名の氏の名前を書きなさい。
（　　　　　　　　　）氏

問6 年表中の⑥について，秀吉の最初の朝鮮侵略を何と呼ぶか，書きなさい。
（　　　　　　　　　）

❶ 解答

問1　①a：ス
　　　　b：シ
　　　②a：セ
　　　　b：ク
　　　③a：コ
　　　　b：エ
　　　④a：カ
　　　　b：イ
問2　①　ルター
　　　②　ミケランジェロ
　　　③　コロンブス
　　　④　ザビエル

ココがポイント！

問1　①ルターは，ローマ教皇がバチカンの大聖堂建築のための資金集めとして免罪符を売り出したことを批判し，聖書を信仰の中心に置くことを説いた。プロテスタントとは「抗議する者」という意味。

②ミケランジェロはルネサンスを代表する芸術家の一人。「ダビデ」は古代ギリシャやローマの彫刻の影響がみられる，ミケランジェロの代表作。

③コロンブスは西回りでアジアに到達しようとして大西洋を横断し，カリブ海の島にたどり着いた。当時，アメリカ大陸はヨーロッパには知られていなかったので，コロンブスはそこをインドと思い込んでしまった。カリブ海の島々を西インド諸島と呼ぶのはそのためである。

④ザビエルはイエズス会の創立メンバーの一人である。イエズス会はローマ教皇に認められ，スペインやポルトガルなどカトリックを支持する国々の支援を受けて，海外で布教活動を活発に行った。

❷ 解答

問1　明智光秀
問2　太閤検地
問3　長崎
問4　刀狩令
問5　北条
問6　文禄の役

ココがポイント！

問1　織田信長の家臣であった明智光秀は，京都の本能寺にいた織田信長をおそい自害させた。その光秀を討った秀吉は，信長の後継者としての地位をつかんだ。

問2　秀吉は，各地の戦国大名をほろぼしたり，従わせたりしながら全国統一を進めた。そして太閤検地と呼ばれる全国統一の基準で実施された検地と，寺社や百姓から鉄砲や刀を取り上げた刀狩令（問4）とによって兵農分離を進め，近世社会の基礎となる身分制度を整えた。

問3　薩摩の島津氏平定のために九州に行った秀吉は，長崎がイエズス会に寄進されていることを知り，宣教師の国外追放を命じた。一方で南蛮貿易は継続したので，禁教の効果は十分ではなかった。

問4　（問2の解説参照）

問5　北条氏をほろぼし，東北地方を平定して秀吉の全国統一は完成した。

問6　二度の朝鮮侵略は，日本では文禄の役，慶長の役と呼ばれる。

❸ 次の各文の空欄に当てはまる言葉を書きなさい。

① 1600年, (a ＿＿＿＿＿＿＿)の戦いに勝って実権をにぎった(b ＿＿＿＿＿＿)は江戸に幕府を開いた。幕府は大名を, 徳川家の一族である(c ＿＿＿＿＿＿), 古くから徳川氏の家臣だった大名である(d ＿＿＿＿＿＿), (a)のころから将軍家に従うようになった大名である(e ＿＿＿＿＿＿)に分け, 全国に配置した。その際, (c)や(d)は交通の要地, 江戸に近い所などに配置され, (e)は主に江戸から遠い所に配置された。さらに幕府は, (f ＿＿＿＿＿＿)を定めて大名を統制した。このように, 幕府と大名家の藩とで全国を支配する仕組みを(g ＿＿＿＿＿＿)と呼ぶ。

② 幕府や藩は, その財政を百姓から徴収する(a ＿＿＿＿＿＿)にたよっていた。そのため, 村には庄屋(名主)をはじめとする(b ＿＿＿＿＿＿)を置き, さらに(c ＿＿＿＿＿＿)の制度を作り, (a)の納入や犯罪の防止に連帯責任を負わせるなど, 農村を支配する仕組みを整えた。また, 都市においても, 名主などの(d ＿＿＿＿＿＿)が自治を行ったが, そこに参加できるのは地主や家持に限られ, 町の住民の多数をしめる借家人は日雇いや行商で生活していた。

❹ 次の人物について, あとの問いに答えなさい。

①伊能忠敬　②井原西鶴　③尾形光琳　④喜多川歌麿
⑤十返舎一九　⑥杉田玄白　⑦近松門左衛門　⑧菱川師宣
⑨松尾芭蕉　⑩本居宣長

問1 ①〜⑩の人物について, 最も関係の深い語句を語群から選び, 記号で答えなさい。

【語群】　ア　浮世草子　　　イ　奥の細道　　　ウ　解体新書
　　　　　エ　古事記伝　　　オ　大日本沿海輿地全図　カ　東海道中膝栗毛
　　　　　キ　人形浄瑠璃　　ク　ポッピンを吹く女
　　　　　ケ　見返り美人図　コ　八橋蒔絵螺鈿硯箱

①(　　) ②(　　) ③(　　) ④(　　) ⑤(　　)
⑥(　　) ⑦(　　) ⑧(　　) ⑨(　　) ⑩(　　)

問2 ①〜⑩の人物が活躍した時代の文化は大きく二つに分けられる。上方中心の文化を下のaに, 江戸中心の文化をbに書き, ①〜⑩の人物をそれぞれに分類しなさい。

(a ＿＿＿＿＿＿)文化：

(b ＿＿＿＿＿＿)文化：

❸ 解答

① a：関ヶ原
　b：徳川家康
　c：親藩(大名)
　d：譜代(大名)
　e：外様(大名)
　f：武家諸法度
　g：幕藩体制

② a：年貢
　b：村役人
　c：五人組
　d：町役人

ココがポイント！

①1600年，関ヶ原の戦い(a)に勝って，実権をにぎった徳川家康(b)は，1603年に征夷大将軍となり，江戸に幕府を開いた。幕府は，大名を親藩(c)，譜代(d)，外様(e)に分けたが，外様大名の中には，島津氏(薩摩藩)や毛利氏(長州藩)のように，かつては家康と同格だった大名も多く，その配置には細心の注意がはらわれ，さらに，武家諸法度(f)を定めて大名を統制した。こうした幕府と藩によって全国を支配する仕組みを幕藩体制(g)と呼び，この関係は，さまざまな調整を加えながら，幕末まで続いた。

②幕府も藩も財政の基盤は百姓が納める年貢(a)にあった。そのため，村役人(b)を中心に村の自治の仕組みが作られたが，それは五人組(c)に課せられた役割からも分かるように，百姓たちの責任で年貢を納めさせる，支配のための自治であった。これは都市における町役人(d)を中心とする自治においても基本的には変わらない。

❹ 解答

問1　①　オ
　　　②　ア
　　　③　コ
　　　④　ク
　　　⑤　カ
　　　⑥　ウ
　　　⑦　キ
　　　⑧　ケ
　　　⑨　イ
　　　⑩　エ

問2　a：元禄
　　　②，③，⑦，⑧，⑨
　　　b：化政
　　　①，④，⑤，⑥，⑩

ココがポイント！

問1・問2　元禄文化は，新興の町人を担い手とし，上方を中心に栄えた文化である。担い手である町人の好みを反映し，町人の生活や義理と人情を題材とした浮世草子(②井原西鶴)や浄瑠璃の脚本(⑦近松門左衛門)が書かれた。また，尾形光琳(③)は装飾画で，菱川師宣(⑧)は浮世絵で，華やかさや優美さにあふれた作品を残した。松尾芭蕉(⑨)が旅を題材に自己の内面を俳諧に表現した「奥の細道」は後世に強い影響を残した。

　化政文化は江戸を中心に栄えた文化で，庶民も旅を楽しむようになった時代を反映した「東海道中膝栗毛」(⑤十返舎一九)が評判となったように，担い手が庶民まで広がったことが特色である。浮世絵では錦絵(④喜多川歌麿)が大流行した。また，この時代には蘭学(⑥杉田玄白)や国学(⑩本居宣長)が盛んとなった。ヨーロッパの測量技術を学んだ伊能忠敬(①)が製作した日本全図は，蘭学の成果の一つである。

1節 欧米における近代化の進展

☑ なぜ欧米諸国は世界に先がけて発展したのでしょうか。

① イギリスとアメリカの革命

●教科書 p.150〜151

ここに注目！

1 近世ヨーロッパの動向
啓蒙思想はどんな影響をあたえたの？

2 イギリス革命
イギリスの革命はどう展開したの？

3 アメリカの独立革命
アメリカ合衆国はどのように誕生したの？

? イギリスとアメリカの政治はどのように変化して，現代の政治につながっているのかな？

読み取る 教科書p.151**7**の人々は何をしているのか，まだどのような格好をしているか，読み取りましょう。

解答例 アメリカ先住民に変装して，船から積み荷の茶箱を海に投げ捨てている。

社会契約説▶社会は，個人の契約によって成り立っているとする考え。政治権力は，政府や権力者のものではなく，本来は人民一人ひとりが持っているものであって，個々人が自由意志で権力者や政府にゆだねている（契約している）のであるという主張。

---

1 近世ヨーロッパの動向

啓蒙思想は，ヨーロッパの諸革命を後おしすることになった。

①17世紀から18世紀の各国の動向
- **オスマン帝国**：16世紀にはバルカン半島やハンガリーなどを支配したが，次第に領土をうばわれた。
- **オランダ**：海洋国家として繁栄したが，17世紀後半には，海上覇権や植民地をめぐる争いでイギリス・フランスに敗れ，後退した。
- **イギリス**：16世紀末に**東インド会社**を設立して積極的な海外進出を始め，アジアや北アメリカでオランダ・フランスと植民地獲得競争を展開した。
- **フランス**：国王が大きな権力を持っていたフランスは(→p.94)，国王が主導して，イギリス・オランダと争った。

②**啓蒙思想**：国王の権力を制限し，人民の政治参加を主張した思想。
- 啓蒙思想は，国王の権力は神からあたえられたものであるとする**王権神授説**を批判した→市民による革命（イギリス革命，アメリカ独立革命，フランス革命）に大きな影響。
- **ロック**（イギリス）：**社会契約説**の立場から，もし政府が圧政を行ったならば，人民は政府に対する**抵抗権**を持っていると主張した。
- **モンテスキュー**（ジュネーブ出身）：権力がみだりに用いられることを防ぐため，司法・立法・行政の**三権分立**を主張した。
- **ルソー**（フランス）：社会契約説に立ち，国王や教会の専制を厳しく批判して，**人民主権**を主張した。

2 イギリス革命 ▶ ピューリタン革命，名誉革命を経て，立憲君主制が成立し，議会政治が始まった。

① **マグナ・カルタ**：財政難から重税を課そうとした国王に，貴族や聖職者からなる議会が抵抗し，新しい課税をするときは議会の承認を必要とすることを国王に認めさせた→イギリス議会の基礎。

② **ピューリタン革命**：王権神授説を唱える国王が議会と対立し，内戦に発展した革命。

・1640年，国王が議会を招集するが，激しく対立した。

・1642年，国王派と議会派との間で内戦が起こる。

・1649年，<u>クロムウェル</u>が指導する議会派が勝利し，国王を処刑。

・1653年，<u>クロムウェル</u>が独裁体制をしく→国民の反発。

・1660年，クロムウェルの死(1658年)の後，王政復古。

③ <u>名誉革命</u>：議会が主権を持つ<u>立憲君主制</u>が成立。

・1688年，復活した王政で，国王が専制を行ったため，議会が新しい国王を招いた。

・1689年，新しい国王は議会を尊重することを宣言して，正式に王位に就いた→「<u>権利章典</u>」を定めた。

④ <u>立憲君主制</u>：憲法に基づいて君主が政治を行う制度をいう。イギリスでは，立憲君主制の<u>下</u>，<u>議会政治</u>が成立した。

⑤ <u>議会政治</u>：国民から選挙で選ばれた議員から成る議会によって政治が行われる制度。近代的な議会政治は名誉革命を経たイギリスで始まり，各国に広まった。

3 アメリカの独立革命 ▶ アメリカはイギリスからの独立戦争を戦い，合衆国憲法を定め，大統領制を生み出した。

① **植民地アメリカ**：17世紀初め，北アメリカ東海岸にイギリスの13の植民地が成立→植民地には本国議会に代表を送る権利がなかった。

② **独立戦争**：財政が苦しくなったイギリスが，植民地に新たな税をかけた→植民地側の反発「<u>代表なくして課税なし</u>」。

・1775年，植民地側は自治の尊重などを要求したが，イギリスは要求を無視して弾圧したため，<u>独立戦争</u>が起こった。

・1776年，<u>独立宣言</u>発表→1783年，イギリスが独立を承認。

③ **合衆国憲法**：1787年制定。ロックの啓蒙思想などの影響を受けている→<u>人民主権</u>・<u>三権分立</u>を柱とする。

④ <u>大統領制</u>：選挙で選ばれた大統領が政治を行う制度で，アメリカで始まった→初代大統領<u>ワシントン</u>。

⑤ **課題**：独立宣言では「人間はみな平等に創られ」と宣言したが，奴隷制が続けられるなどの課題があった。

ピューリタン▶厳格なプロテスタントである清教徒のこと。議会派にピューリタンが多かったので，こう呼ばれる。

 チェック イギリスとアメリカの政治の仕組みが変わるきっかけになった出来事を，それぞれぬき出しましょう。

解答例

[イギリス]
・「ピューリタン革命」
・「名誉革命」
[アメリカ]
・「アメリカ独立革命」

 トライ 革命後のイギリスとアメリカではどのような政治が行われるようになったか，それぞれ説明しましょう。

解答例

[イギリス]
　君主の権限が議会によって制限される形の立憲君主制を取り入れた議会政治が始まった。
[アメリカ]
　憲法の下，選挙で選ばれた大統領が政治を行う大統領制が生まれた。

② フランス革命

ここに注目！

① フランス革命の始まり

人権宣言はどんな内容なの？

② ナポレオンの時代

ナポレオンは後の時代にどんな影響をあたえたの？

? フランスの政治はどのように変化して，現代の政治につながっているのかな？

読み取る 教科書 p.152 **3** の二つの絵は，どのような状況をえがいているか，3 人の人物に着目して考えましょう。

解答例 聖職者と貴族にしいたげられていた平民が，武器を手に立ち上がろうとしている。

チェック 人権宣言で唱えられた思想をぬき出しましょう。

解答例 「人間としての自由，法と権利における平等，国民主権，私有財産の不可侵」

トライ フランスの政治は，革命の前と後とでどのように変化したか，説明しましょう。

解答例 革命前は国王が全ての権力をにぎる絶対王政だったが，革命後は共和政に変わった。

---

① フランス革命の始まり ▶ **人権宣言は，自由・平等・国民主権などをうたい，世界に大きな影響をあたえた。**

①革命前のフランス：国王が政治権力の全てをにぎる絶対王政の政治が行われ，議会も開かれなかった。

・貧富の差：第一身分(聖職者)・第二身分(貴族)と第三身分(平民)との貧富の差は大きかった→税は第三身分が主に負担。

・戦費の負担→国王が課税を拡大しようと，三つの身分の代表による議会(三部会)を招集(1789年)。

②フランス革命の始まり：三部会に招集された平民議員を中心に，国民議会が作られた→革命はパリだけでなく全国へ。

③人権宣言：国民議会で採択され，発表された宣言で，革命の理念をうたった→人間としての自由・法と権利における平等・国民主権・私有財産の不可侵など。

④外国の干渉と国内の混乱：革命の広がりをおそれた周囲の国々が革命に干渉→戦争となる。

・議会は国王を退位させて(のち処刑)共和政を始め，徴兵制をしいて戦争に備えた→反対もあり国内は混乱し，不安定な政治。

・戦争で活躍したナポレオンが人気を得て権力をにぎる→皇帝の位に就く(1804年)。

② ナポレオンの時代 ▶ **ナポレオンによるヨーロッパ支配は，フランス革命の思想を広めることにつながった。**

①ナポレオン：国内では民法の制定，国外では周辺諸国と戦争。

・民法：人権宣言をふまえた内容で，各国の民法に影響をあたえた。

・戦争：イギリス以外の諸国を破り，ヨーロッパの大部分を支配。
　→イギリスとの貿易禁止に違反したロシアを攻めるが敗北。

②ウィーン会議：革命前の君主制を復活させ，革命運動を弾圧。

③フランス革命の影響：普遍的な人権を理想にかかげたフランス革命は，世界中の抑圧に苦しむ人々に希望をあたえた。

③ ヨーロッパにおける国民意識の高まり

1 「国民」の登場

「国民」の登場とは
どういうことだろう？

2 ヨーロッパと中南米諸国の動向

フランス革命とその後の出来事が
どんな影響をあたえたの？

? ヨーロッパではどのように国民意識が定着し，国家としてまとまっていったかな？

1 「国民」の登場　**革命とナポレオンの時代を経験した人々は，「国民」としての一体感を高めた。**

①19世紀にはヨーロッパ各国で「国民」意識が高まった。

・国民主権と平等の理想が，身分のちがいをこえる意識を持たせた。

・ナポレオンの支配を受けた国々で，外国人に対する反感が「国民」としての一体感を生んだ。

・徴兵制や義務教育の普及によって，人々が同じ経験をし，同じ意識を持つようになった。

・憲法が定められ，議会を通じて政治に参加するようになった。

2 ヨーロッパと中南米諸国の動向　**ヨーロッパ諸国では政党政治が発達し，中南米では多くの国が独立した。**

①フランス：1830年と48年に革命→男子普通選挙が確立。

・選挙で大統領に選ばれたナポレオン3世が皇帝となる→ドイツとの戦争に敗れて退位→共和政に。

②イギリス：強力な海軍力を背景に，各国と通商して繁栄した。

・ロンドンで世界初の万国博覧会を開催した（1851年）。

・男性労働者に選挙権があたえられ，政党政治が発達した。

③ドイツ：プロイセンの主導で統一され，ドイツ帝国が成立した。

・プロイセンの宰相ビスマルク（「鉄血宰相」と呼ばれた）は，オーストリア，フランスとの戦争に勝ち，ドイツの統一を進めた。

・ドイツは強力な陸軍を持ち，産業も急速に発展した。

④イタリア：小国に分裂していたが，「国民」として一つにまとまろうとする運きが強まり，1861年にイタリア王国が成立した。

⑤中南アメリカ：大航海時代以来，スペインとポルトガルが広大な植民地を持っていた。

・自由の考え方が伝わり，メキシコ，ブラジルなど多くの国が独立した。

 読み取る （1）教科書p.154**1**の革命は何を目指していたか，中心の女性に着目して考えましょう。

（2）教科書p.154**2**から，現在のドイツとイタリアが，当時はどのような状況だったか読み取りましょう。

解答例

（1）フランス革命の象徴である三色旗をかかげ，共和政による政治を取り戻そうとしている。

（2）いくつもの小さな国に分かれていた。

チェック 19世紀のヨーロッパ諸国に広まった政治や社会の仕組みを，本文から三つぬき出しましょう。

解答例 「徴兵制」「義務教育」「男子普通選挙」「政党政治」

トライ フランス・イギリス・ドイツ・イタリアから一つ選び，19世紀の動向を簡単に説明しましょう。

解答例 左の①〜④などからまとめよう。

4 **ロシアの拡大とアメリカの発展**

●教科書 p.156〜157

ここに注目！

1 ロシアの拡大

南下政策とは
どんな政策なのかな？

2 アメリカ合衆国の発展

発展したパワーは
どこからきたのかな？

3 南北戦争

南北戦争は
なぜ起きたの？

? ロシアとアメリカは，どのように発展していったのかな？

みんなでチャレンジ 日本来航の背景を考えよう

解答例

(1)ロシア：17世紀
アメリカ：1846年

(2)日本に接近し始めたころのロシアは，シベリア全土からアラスカまで勢力をのばしている。

(3)不凍港などを求めていたロシアは，太平洋岸だけでなく，中央アジアや東ヨーロッパでも領土を拡大していることに注目しよう。

チェック 19世紀のアメリカの北部と南部における中心的な産業を，本文や資料からそれぞれぬき出しましょう。

解答例

[北部]「工業」
[南部]「農業」

トライ 南北戦争によってアメリカの社会はどのように変わったか，説明しましょう。

解答例 移民を受け入れ，工業が発展したが，一方で人種差別などの問題をかかえていた。

---

1 ロシアの拡大 ▶ **ロシアは南下政策によって，積極的に領土を拡大した。**

①17世紀以降，ロシアは領土を<u>バルト海</u>や<u>シベリア</u>に急速に拡大。

・18世紀：日本近海に通商を求めて船隊を<u>派遣</u>(→p.82)。

・19世紀：不凍港を求め<u>南下政策</u>を展開→<u>クリミア戦争</u>(1853〜56年)→中央アジア・中国東北部に進出→日本と<u>衝突</u>(→p.120)。

・工業が発展する一方で，皇帝の<u>専制政治</u>が続いていた。
→身分や貧富の大きな差・憲法や議会がない(政治・社会の後れ)。

2 アメリカ合衆国の発展 ▶ **アメリカは移民を受け入れ，産業が発達し，領土も太平洋岸まで拡大した。**

①ヨーロッパから<u>移民</u>を受け入れて人口が急増し，農業と工業が発展。

②領土が急速に西に拡大(戦争による<u>獲得</u>や土地の<u>購入</u>)→19世紀半ばに<u>太平洋岸</u>に達する。

→太平洋をこえ東アジアに関心→ペリーを日本へ派遣(→p.99)。

3 南北戦争 ▶ **北部と南部の奴隷制や貿易をめぐる対立が戦争に発展した。**

①北部：<u>工業</u>が発展→工業製品の輸入を制限する<u>保護貿易</u>を求める。
・<u>奴隷制</u>には反対の立場。

②南部：<u>大農場</u>での綿花栽培が盛ん→綿花の輸出に有利な<u>自由貿易</u>を求める。
・大農場ではアフリカ系の人々による<u>奴隷労働</u>が欠かせない。

③<u>南北戦争</u>：奴隷制と貿易をめぐる対立→南部の州が連邦を<u>離脱</u>して連合し，北部との内戦に発展。
・北部が<u>リンカン</u>大統領の指導の<u>下</u>，内戦に勝利し，奴隷も解放した。

④南北戦争後のアメリカ：アジアからも<u>移民</u>を受け入れ，工業もいっそう発展→19世紀末には世界最大の資本主義国に。
・<u>人種差別</u>の問題をかかえていた。
・ヨーロッパとの関わりをさける外交政策(孤立主義)を採った。

5 産業革命と資本主義

ここに注目！

1 産業革命
産業革命は何を
もたらしたのかな？

**2 資本主義の発展と
社会問題**
なぜ社会問題が
生まれたのかな？

3 社会主義の広がり
社会主義は何を
目指したのだろう？

? 産業革命は，欧米諸国にどのような影響をあたえたのかな？

1 産業革命 ▶ 産業革命は，イギリスの綿織物工業から始まり，経済の仕組みを大きく変化させた。

①産業革命：工場での機械生産などの技術の向上による経済の仕組みの変化。

- 綿織物を自国で生産するために，製糸や紡績の技術改良→綿織物工業の発展→綿織物は大西洋の三角貿易(→p.60)の商品に。

- 蒸気機関の改良→工場の動力，蒸気機関車の発明。

②産業革命の展開：綿織物工業から始まった産業革命は他の産業に広がり，製鉄・機械・鉄道・造船・武器などの産業が発展した。

→イギリスは，19世紀半ばに「世界の工場」と呼ばれるようになる。

→産業革命は欧米各国に波及。

2 資本主義の発展と社会問題 ▶ 資本主義が成立し，資本家と労働者という階層と，さまざまな社会問題が生まれた。

①資本主義：産業革命の結果，広がった。

- 資本家(資金を持つ者)が工場を建て，賃金をもらって働く人(労働者)を雇い，利益の拡大を目的に，競争しながら自由に生産や販売をする，経済の仕組み。

②資本主義の発展は，資本家と労働者の格差などの問題を生んだ。

- 資本家による労働者の解雇などに対し，労働者は労働組合を結成。

- 工業都市では，住宅不足・工場のばい煙・騒音・上下水道の不備による不衛生などの新しい問題も生まれた。

3 社会主義の広がり ▶ 資本主義で生じた問題を解決しようとして，社会主義の考え方が生まれた。

①資本主義がもたらした格差や貧困→社会主義の考えを生む。

②社会主義者は，労働に見合った賃金，土地や工場の公有など，平等な社会の実現を主張した。

- マルクス：資本主義社会は必ず行きづまるとし，国をこえた労働者の連帯と理想社会を目指すことを主張した。

 まとめる 教科書p.159**4 5**から，当時の子どもたちの働く環境はどのようなものだったか，まとめましょう。

解答例 長時間の労働に対して，休憩時間は短く，厳しい条件で働いていた。

チェック 産業革命とはどのような変化か，本文からぬき出しましょう。

解答例 「工場での機械生産などの技術の向上による経済の仕組みの変化」

トライ 資本主義の広がりによってどのような問題が起こったか，説明しましょう。

解答例 資本家と労働者との間の格差や，住宅不足や公害などの環境問題が起きた。

第5章 開国と近代日本の歩み

2節 欧米の進出と日本の開国

☑ 欧米とアジアとの関係が変化する中，なぜ江戸幕府はほろんだのでしょうか。

1 欧米のアジア侵略

●教科書 p.160〜161

ここに注目！

1 欧米とアジアの力関係	2 アヘン戦争と中国の半植民地化	3 インドと東南アジアの植民地
欧米諸国は，なぜ優位に立てたのかな？	アヘン戦争の結果，中国はどうなったのかな？	大反乱が起きたインドはどうなったの？

？ 欧米諸国のアジア侵略に対して，中国やインドはどのように対応したのかな？

読み取る 教科書p.160 **1** のうち，どれが清の〜

解答例 手前の帆船が清の船。右奥の蒸気船がイギリスの船。

チェック 欧米の侵略にともなって，中国やインドで起こった出来事〜

解答例
[中国]「アヘン戦争後の〜広まりました。」
[インド]「イギリスの安い綿織物が〜打撃を受けました。」

トライ 欧米の侵略によって，中国とインドはどのように変わったか，それぞれ説明しましょう。

解答例 中国は，社会不安などから内乱が起き，貿易のさらなる自由化を認めさせられた。インドはムガル帝国がほろんでイギリスの植民地となった。

---

1 欧米とアジアの力関係 ▶ **産業革命によって，欧米諸国は軍事力を高め，アジアへと進出した。**

①欧米諸国は産業革命で軍事と工業の優れた技術を獲得→軍事力を背景にしてアジアに進出。

②産業革命で工業製品の大量生産が可能に→製品をアジアに輸出。

2 アヘン戦争と中国の半植民地化 ▶ **アヘン戦争に敗北した中国（清）に対し，欧米の進出が進んだ。**

①中国（清）の貿易政策：貿易を広州（コワンチョウ）1港に限定　＊イギリスは貿易赤字。

②イギリスの三角貿易：イギリス（工業製品・綿織物）→インド（アヘン）→清（茶・絹）→イギリス。

③アヘン戦争（1840年）：清がアヘンを取りしまったことに対して，イギリスが起こした戦争→イギリスの勝利。
・南京（ナンキン）条約（1842年）：アヘン戦争の講和条約。上海（シャンハイ）など5港の開港・香港（ホンコン）をイギリスに・賠償金の支払い
・追加条約（1843年）：清に関税自主権がなく，イギリスに領事裁判権を認める不平等条約。

④太平天国の乱：社会不安と賠償金支払いのための重税への反発。

3 インドと東南アジアの植民地 ▶ **インド大反乱は鎮圧され，インドはイギリスの植民地になった。**

①イギリスの進出：イギリスの綿織物が伝統的な綿織物業に打撃。

②インド大反乱（1857〜59年）：インド人兵士の反乱が各地に拡大→イギリスはムガル帝国の皇帝を退位させ，1877年にインド帝国を造る。

③東南アジア：スペイン，オランダ，イギリス，フランスの植民地に。

② 開国と不平等条約

ここに注目！

① ペリーの来航
ペリーが来航した
目的は何だろう？

② 不平等な通商条約
何が不平等だった
のかな？

？ 江戸幕府は開国し，欧米諸国とどのような外交関係を結んだのかな？

① ペリーの来航 ▶ ペリーは，日本を開国させ，貿易船や捕鯨船の寄港地とするため，日本に派遣された。

①ペリー来航の背景
- ・アメリカは東アジアとの<u>貿易</u>を望んでいた。
- ・太平洋で<ruby>捕鯨<rt>ほげい</rt></ruby>を<ruby>盛<rt>さか</rt></ruby>んに行っていた。
  - →日本を開国させ，貿易船・捕鯨船の寄港地とする。

②ペリーの<ruby>派遣<rt>はけん</rt></ruby>
- ・1853年，アメリカの東インド<ruby>艦隊<rt>かんたい</rt></ruby>司令長官のペリーが，4隻の<ruby>軍艦<rt>かん</rt></ruby>を率いて<ruby>浦賀<rt>うらが</rt></ruby>に来航した。
- ・日本の開国を求めるアメリカ大統領の国書を幕府に受け取らせた。

③幕府の対応
- ・翌年に回答することをペリーに約束した。
- ・諸大名の意見を求め，<ruby>朝廷<rt>ちょうてい</rt></ruby>にも報告した。
  - →幕府が思うように外交を行ってきた先例を破るものだった。
  - →<ruby>雄藩<rt>ゆうはん</rt></ruby>(→p.85)や朝廷の発言権が強まった。

④<u>日米和親条約</u>：<u>1854年</u>，幕府は，再び来航したペリーと<u>日米和親条約</u>を結んだ。
- ・<ruby>下田<rt>しもだ</rt></ruby>，<ruby>函館<rt>はこだて</rt></ruby>の2港を開き，アメリカ船に食料や水，石炭などを供給する。
- ・日本政府が，アメリカ人以外の外国人に，現在アメリカ人に許可していないことを許す場合は，アメリカ人にも同様に許可する。[*]
- ・アメリカの領事を下田に置くことを認める。

⑤条約の意味と<ruby>影響<rt>えいきょう</rt></ruby>
- ・<ruby>鎖国<rt>さこく</rt></ruby>体制がくずれ，日本は<u>開国</u>した。
- ・幕府は軍事的な圧力に負けたとの批判が起こった→幕府をたおし，新しい政府を求める動きが生まれる。

考える 当時の人々はペリー来航をどのように受け止めたか，教科書p.163 ❸ ❺ を参考に考えましょう。

解答例 恐ろしそうにえがかれた顔や，「太平の<ruby>眠気<rt>ねむけ</rt></ruby>をさます」という<ruby>狂歌<rt>きょうか</rt></ruby>の言葉から，当時の人々がペリーの来航におどろき，不安を感じていたのだろうと想像できる。

当時の人々▶教科書p.162 ❶ の「ペリーの上陸」を見ると，画面右側で整列しているアメリカ兵の後ろにたくさんの見物人がえがかれている。不安な人だけではなく，好奇心の方が強い人も多かった。

*これを<ruby>最恵国待遇<rt>さいけいこくたいぐう</rt></ruby>という。後で自国が不利になることのないように盛りこまれたものであるが，特別待遇をしないで公平に貿易を行うという意味から，現在でも認められている原則である。

② 不平等な通商条約

結ばれた通商条約は，相手国に領事裁判権を認める一方，日本には関税自主権がなかった。

①開国後の動き

- アメリカ総領事ハリスが，幕府に通商条約締結と貿易開始を要求。
- 幕府は，戦争をさけるため条約を結ぶことを決定し，朝廷に許可を求める→朝廷は認めなかった。
- 1856年，中国でアロー戦争（第二次アヘン戦争）が起き，清がイギリス・フランスに敗れる。
- 1858年，大老井伊直弼は，朝廷の許可を得ないまま，日米修好通商条約を結ぶ。

②日米修好通商条約：5港が開かれ，貿易が開始されたが，アメリカに領事裁判権を認め，日本に関税自主権のない不平等条約だった。

- 函館，神奈川（横浜），長崎，新潟，兵庫（神戸）を開く。
- 開港地の外国人居留地で，アメリカ人が自由な貿易を行う。
- 外交を行うアメリカの公使を江戸に置くことを認める。
- 領事裁判権を認める：日本人に対して法を犯したアメリカ人は，アメリカ領事裁判所において取り調べ，アメリカの法律によってばっする。
- 関税自主権がない：日本に輸出入される商品にかける関税は日米間の話し合いで決めることとし，日本が独自に定める権利がない。

③条約の影響

- オランダ，ロシア，イギリス，フランスとも，ほぼ同じ不平等な内容の通商条約を結ぶことになった。
- 江戸には各国の外交官が駐在し，外国との貿易が開始された。
- 朝廷の許可を得ないまま条約を結んだことで，幕府批判が高まった。

✓ チェック 日本が開国するきっかけとなった出来事を，本文からぬき出しましょう。

解答例 「1853年，ペリーは4隻の軍艦を率いて浦賀（神奈川県）に来航し，日本の開国を求める大統領の国書を幕府に受け取らせました。」

✐ トライ 日米修好通商条約の内容について，次の語句を使って説明しましょう。
[領事裁判権／関税自主権]

解答例 日米修好通商条約は，アメリカに領事裁判権を認め，日本に関税自主権のない不平等条約だった。

年	日本の動き	中国（清）の動き
1853	ペリーが浦賀に来航 幕府が諸大名・幕臣の意見をつのる	太平天国が南京を占領する
1854	日米和親条約を結ぶ イギリス・ロシア・オランダと同様の和親条約を結ぶ	
1856		アロー戦争が起こる
1857	アロー戦争の知らせが伝わる 幕府が条約の許可を朝廷に求める	
1858	井伊直弼が大老となる 日米修好通商条約を結ぶ オランダ・ロシア・イギリス・フランスと同様の通商条約を結ぶ 幕府が，条約に批判的な大名らを処罰する	ロシアと条約を結んで領土をゆずる

▲日本と中国（清）の動き

③ 開国後の政治と経済

ここに注目！

1 幕府への批判の高まり
尊王攘夷運動の主張は何だろう？

2 開港の経済的影響
開港によって人々の暮らしはどう変わったのかな？

? 開国によって，日本の社会はどのような影響を受けたのかな？

1 幕府への批判の高まり

開国によって，天皇を尊び外国勢力を排除しようとする尊王攘夷運動が盛んになった。

①尊王攘夷運動：天皇を尊ぶ尊王論と，外国の勢力を排除し鎖国体制を守ろうとする攘夷論とが結び付いた尊王攘夷運動が盛んとなった。

②将軍あとつぎ問題：徳川慶福（後の第14代将軍家茂）を支持する譜代大名らと，一橋慶喜を支持する雄藩の大名らが対立。

・大老井伊直弼は慶福をあとつぎに決めた→雄藩をおさえ幕府の権威の立て直しを図った。

③安政の大獄：直弼は，対立した大名，公家，その家臣などを厳しく処罰した→弾圧に反発した元水戸藩士らに暗殺された（桜田門外の変）。

④公武合体策：朝廷との結び付きを強め，幕府の権威を取りもどそうとする考え→天皇の妹を家茂の夫人にむかえた。

2 開港の経済的影響

貿易の開始によって物価の上昇や品不足が起こり，人々の生活は苦しくなった。

①貿易の開始：最大の貿易港は横浜，相手国はイギリス。

日本の輸入品	毛織物・綿織物・兵器
日本の輸出品	生糸・茶

②貿易の影響：安い綿織物・綿糸の輸入→国内の生産に打撃。

③日本は金貨に対する銀貨の価値（交換比率）が国際水準より高い。

・銀貨を日本に持ちこみ金貨と交換する→国際水準より多い金貨を手に入れる→金貨を持ち出し，銀貨と交換する→銀貨が増える。

④物価上昇：小判の質が落とされたこと（交換比率を国際水準に近づける），品不足や買いしめにより物価が上昇した。

→幕府は貿易を統制しようとしたが，外国や貿易商人の反対で失敗。

→生活が苦しくなった民衆は，幕府への不満を高めた。

見方・考え方
(1)教科書p.165 **5**はどのような状況を示しているか〜
(2)教科書p.165 **6**で，アメリカではなくイギリスが最大の貿易相手国〜

解答例
(1)たこに「綿」「塩」などと書かれていることから，生活必需品のきなみ値上がりしている状況を示している。
(2)1861年に南北戦争が始まり，アメリカは日本との貿易どころではなくなった。

チェック 尊王攘夷運動とはどのような運動〜

解答例 「天皇を尊ぶ尊王論と〜幕府の政策を批判する尊王攘夷運動」

トライ **解答例**
(1)尊王攘夷運動が盛んとなり，また，物価の急上昇などにより，幕府を批判する声が高まった。
(2)外国の金銀の交換比率のちがいから金が大量に流出し，また，物価が急上昇した。

④ 江戸幕府の滅亡

ここに注目！

1 薩摩藩と長州藩の動き
なぜ薩長同盟が結ばれたのかな？

2 世直しへの期待
一揆や打ちこわしはなぜ起きたのかな？

3 大政奉還と王政復古
大政奉還によって何が起きたの？

? 大政奉還が行われ江戸幕府がほろぶまでには，どのような動きがあったのかな？

---

1 薩摩藩と長州藩の動き 攘夷の困難をさとった薩摩藩と長州藩は同盟し，幕府と対決する姿勢を強めた。

①長州藩（ちょうしゅうはん）の動き

・1863年：朝廷（ちょうてい）を動かし，幕府に攘夷（じょうい）実行の期日を約束させた。
　　　　約束の当日，関門海峡（かんもんかいきょう）を通過する外国船を砲撃（ほうげき）。
　　　　過激な攘夷を主張する公家（くげ）や長州藩士が京都追放となる。

・1864年：追放を不服とし，京都で会津藩（あいづ）・薩摩藩（さつま）などと戦うが敗れる。
　　　　幕府は，諸藩に命じて長州に出兵し，長州藩を従わせる。
　　　　イギリス・フランス・アメリカ・オランダの海軍が長州藩の下関砲台（しものせきほうだい）を攻撃（こうげき）し占領（せんりょう）する（下関戦争）。

②薩摩藩（さつまはん）の動き

・1862年：藩主の父の行列を横切った外国人を藩士が殺害する（生麦事件（なまむぎ））。

・1863年：会津藩とともに朝廷に働きかけ，長州藩士らを京都から追放させる。
　　　　生麦事件の報復として，イギリス海軍が鹿児島を砲撃する（薩英（さつえい）戦争）。

③薩長同盟（さっちょう）：1866年，薩摩藩と長州藩が軍事的に協力することを約束した秘密の同盟。

・下関戦争，薩英戦争で攘夷が困難であることをさとった両藩では，若い藩士が藩の政治の主導権をにぎり，軍備を強化した。
　　　長州藩：高杉晋作（たかすぎしんさく）・木戸孝允（きどたかよし）。　薩摩藩：西郷隆盛（さいごうたかもり）・大久保利通（おおくぼとしみち）。

・土佐藩（とさ）出身の坂本龍馬（さかもとりょうま）らが薩摩藩と長州藩を仲介（ちゅうかい）した。

・薩摩藩と長州藩は，協力して幕府と対決する姿勢を強めた。
　　→この年，幕府は再び長州に出兵したが，薩摩藩の反対で失敗した。

みんなでチャレンジ

江戸幕府滅亡（めつぼう）の原因を考えよう

(1)教科書p.162〜167の主な出来事のうち，江戸幕府の滅亡につながる最も大きな原因となったものは何か，考えましょう。

解答例

・日米和親条約と日米修好通商条約の締結（ていけつ）→外交が幕府の独占（どくせん）ではなくなった。雄藩（ゆうはん）や朝廷の発言力が強まった。

・朝廷が開国に反対したこともあり尊王攘夷（そんのうじょうい）運動が盛んになった。

・安政（あんせい）の大獄（たいごく）と桜田門外（さくらだもんがい）の変→幕府の権威（けんい）が大きくそこなわれた。

・貿易の開始による物価の上昇（じょうしょう）→民衆の幕府への不満が高まる。

・薩長同盟→幕府と対決する大きな勢力が生まれた。

---

*年齢は数え年による。	ペリー来航		桜田門外の変	薩英戦争	下関戦争	薩長同盟	大政奉還	戊辰戦争	
	1850	53	60	63	64	66	67	68	70
徳川慶喜 1837生		17歳					31歳		
西郷隆盛 1827生		27歳		37歳		40歳		42歳	
大久保利通 1830生		24歳		34歳			39歳		
木戸孝允 1833生		21歳		32歳	34歳				
高杉晋作 1839生		15歳		26歳		没			
坂本龍馬 1835生		19歳			32歳	没			
岩倉具視 1825生		29歳					43歳		

▲幕末に活躍した人々

出来事があったとき, 何歳だったのでしょうか。

2 世直しへの期待

生活が苦しくなった民衆は「世直し」を期待し，一揆や打ちこわしを起こした。

①社会不安や生活の苦しさから，民衆は「世直し」を期待した。
　・大規模な一揆(世直し一揆)や打ちこわしが起きた→借金の帳消し，手放した農地の返還などを求める。
②人々が熱狂し，「ええじゃないか」と唱えながらおどるさわぎが広がった。

3 大政奉還と王政復古

徳川慶喜は大政を奉還したが，王政復古の大号令が出され，戊辰戦争となった。

①大政奉還：1867年，第15代将軍徳川慶喜(1866年就任)は，土佐藩のすすめにより，政権を朝廷に返した(江戸幕府がほろびた)。
　・慶喜は，幕府にかわる新政権でも主導権をにぎろうと考えた。
②王政復古の大号令：天皇を中心とする政府を樹立することを宣言した。
　・新政府から慶喜(将軍家)を取り除こうと考えていた西郷隆盛(薩摩藩)や岩倉具視(公家)らによる。
③戊辰戦争
　・1868年：慶喜が官職や領地の返上を命じられたことに不満を持つ旧幕府軍と新政府軍との間で，鳥羽・伏見の戦い(1月)。
　　　4月，江戸城を新政府軍に明け渡す。
　　　9月，元号を明治と改元する。
　　　9月，会津藩の若松城が開城する。
　　　12月，幕臣の榎本武揚が函館の五稜郭に立てこもる。
　・1869年：5月，榎本武揚が降伏し，戊辰戦争が終わる。

☑ チェック 薩摩藩と長州藩が，攘夷は困難だとさとった出来事をそれぞれ本文からぬき出しましょう。

解答例

[薩摩藩]
「1863年，前半の生麦事件に対する報復として，イギリス海軍に鹿児島を攻撃されました(薩英戦争)。」
[長州藩]
「イギリス・フランス・アメリカ・オランダの海軍は連合し，長州藩の外国船砲撃に対する報復として，下関砲台を攻撃しました(下関戦争)。」

✎ トライ 薩長同盟後の政治の動きを，次の語句を使って説明しましょう。
[大政奉還／戊辰戦争]

解答例 徳川慶喜は大政奉還を行い政権を返上したが，新政権で主導権をにぎろうと考えていた。しかし，西郷隆盛や岩倉具視などが中心となって王政復古の大号令を出し，また，慶喜は官職や領地の返上を命じられたため，戊辰戦争が起きた。

3節 明治維新

☑ なぜ日本ではほかのアジア諸国に先がけて，近代化が進んだのでしょうか。

1 新政府の成立

●教科書 p.168〜169

ここに注目！

1 明治維新
五箇条の御誓文は
どんな内容なの？

2 藩から県へ
なぜ廃藩置県が
実行されたのかな？

3 身分制度の廃止
身分制度は完全に
廃止されたのかな？

? 明治維新によって，社会はどのように変化していったのかな？

🔍 **読み取る** 教科書p.168**1**とp.169**4**とで，明治天皇の服装が異なる理由を考えましょう。

解答例 古い制度やしきたりを改め，新しい国づくりを目指すことを，人々に示すために洋装に変えた。

---

1 明治維新 　新政府は，五箇条の御誓文で新しい政治の方針を示した。

①幕藩体制の国家から近代国家へ変わるために，新政府が欧米諸国を手本にして進めた，政治・経済・社会の変革を明治維新という。

②五箇条の御誓文：新政府が示した新しい政治の方針。

・1868年3月，天皇が神にちかう形で出された。

一　広く世論をつのり（広ク会議ヲ興シ），全ての政務（万機）を世論を大切にして進めること（公論ニ決スベシ）。

一　上の者も下の者も心を一つにして（上下心ヲ一ニシテ），国を治め民を救う方策を進めること（盛ニ経綸ヲ行ウベシ）。

一　公家と武家が一体となり（官武一途），庶民にいたるまで（庶民ニ至ル迄），それぞれの志を達成させ（各其志ヲ遂ゲ），人々の心を（人心ヲシテ）あきさせないことが重要である（倦マザラシメンコトヲ要ス）。

一　攘夷をやめ（旧来ノ陋習ヲ破リ），国際法に（天地ノ公道ニ）基づいて各国との和親に努めること（基クベシ）。

一　知識を世界に求め（智識ヲ世界ニ求メ）ることによって，しっかりと（大ニ）天皇の政治の基礎（皇基）を固め，盛んにすること（振起スベシ）。

③新政府の出発

・1868年，江戸を東京と改称し，元号を慶応から明治に改めた。

・1869年，東京を新しい首都とし，天皇を京都から移した。

・人々は新しい政治を「御一新」と呼んで期待した。

2 藩から県へ 　版籍奉還，廃藩置県を経て藩と大名はなくなり，中央主権国家が造られた。

①政府が地方を直接治める**中央集権国家**を造り上げることが，新政府の課題→大名が支配する藩をなくさなければならない。

②版籍奉還（1869年）

・藩主に**土地**（版）と**人民**（籍）を天皇に返させた。

・旧藩主（大名）は**知藩事**に任命され，そのまま藩政を担当した。

→実態は藩とあまり変わらず，中央集権国家は完成しなかった。

・新政府は直接の支配地で年貢を厳しく取り立てた→不満が高まり，各地で一揆が起きた。

③廃藩置県（1871年）

・藩を廃止して**県**を置いた。

・知藩事は東京に集められ，**府知事**（東京・大阪・京都）・**県令**（後の**県知事**）を中央から派遣した。

・各地方で政治的な力を持っていた旧藩主の力がうばわれ，政府が直接地方を治める**中央集権国家**の体制が整った。

④藩閥政府

・倒幕の中心勢力であり，改革を進めた**薩摩・長州・土佐・肥前**の４藩の出身者や少数の**公家**が政府の実権をにぎった。

3 身分制度の廃止 　江戸時代の身分制度は廃止され，武士の特権もなくなったが，差別は残った。

①天皇の下に国民を一つにまとめるため，皇族以外は平等とし，江戸時代の厳しい**身分制度**を廃止した。

・公家や大名は**華族**とされた。

・武士は**士族**とされたが，米の支給（俸禄）が廃止され，後に帯刀が禁止されるなど，身分的特権を失った。

・百姓，町人は**平民**とされた。

・居住や移転，職業選択，商業の自由が認められた。

・平民が名字を名のることや華族・士族と結婚することが認められた。

②**解放令**（賤称廃止令，1871年）

・えた身分，ひにん身分の呼び名が廃止された。

・制度的な差別はなくなったが，職業，結婚，居住地など日常生活の多くの面における社会的な差別は根強く続いた。

→社会的な差別に対して，「解放令」をよりどころに，差別からの解放と生活の向上を求める動きが各地で起こった。

第5章
開国と近代日本の歩み

チェック 明治維新とはどのような改革か，本文からぬき出しましょう。

解答例 「江戸時代の幕藩体制の国家から近代国家へと移る際の，政治・経済・社会の変革」

トライ 明治時代に入り，(1)幕藩体制，(2)身分制度はどう変わったか，それぞれ20字程度で説明しましょう。

解答例

(1)幕藩体制がなくなり，中央主権国家が造られた。

(2)皇族以外は平等とされたが，社会的差別は残った。

② 明治維新の三大改革

ここに注目！

❶ 三大改革	❷ 学制の公布	❸ 徴兵令	❹ 地租改正
三大改革とは何をいうの？	義務教育はすぐに普及したのかな？	徴兵令は何を目指したのかな？	なぜ地租改正を行ったのだろう？

？ 明治維新の三大改革は，人々の生活にどのような変化をもたらしたのかな？

見方・考え方

(1)教科書p.170 ❶ と教科書p.135 ❼ とを比べて，異なる点を挙げましょう。

(2)教科書p.171 ❻ から次のことを読み取りましょう。
①土地の持ち主の名前
②土地の広さ
③地租の金額

解答例

(1)小学校では，現代に近い整然とした授業が行われているが，寺子屋では子どもたちがそれぞれちがうことをしているように見え，雑然としている。

(2)①佐藤文吉
② 5 畝25歩
③80銭 6 厘
1877(明治10)年より
67銭 1 厘

---

❶ 三大改革 　**近代国家を造るため，学制・兵制・税制の改革が実行された。**

①改革の目的
・廃藩置県→中央主権国家の基礎。
・この基礎に立って，欧米諸国にならった近代国家を造ること。

②学制の改革：全ての男女が小学校教育を受ける。
③兵制の改革：徴兵制を導入し，国民皆兵とする。
④税制の改革：財政を安定させるため，地租改正を実施。

❷ 学制の公布 　**義務教育ではあったが，授業料の負担などから，すぐには普及しなかった。**

①学制公布(1872年)：小学校から大学校までの学校制度を定めた。
・小学校が重視され，満6歳になった男女全てを小学校に通わせることが義務となり，各地に小学校が造られた。
・授業料が家庭の負担とされたこと，子どもが家族の働き手であったこと→入学する児童は多くなかった。
・学校の建設費が地元負担→不満を持つ人もいたが，資金を出し合い，立派な校舎を建てる例もあった。

②政府は，欧米の新しい科学や技術を取り入れることに努めた。
・東京大学などの高等教育機関も創られ，多くの外国人教師(「お雇い外国人」)が招かれた。
・多くの留学生を欧米諸国に派遣した。

【資料のポイント】「学事奨励ニ関スル被仰出書」

「…今から後，一般の人民は，必ず村に学校に行かない家がなく，家に学校に行かない人がいないようにしなければならない。」

＊ここでの学校は小学校を指す。全ての国民が小学校に通うことを求めた部分である。なお，「学校に行かない人」の原文は「不学の人」である。

3 徴兵令 ▶ 士族・平民の区別なく兵役の義務を負う国民皆兵の制度を創るため，徴兵令が出された。

①国民皆兵：近代的な軍隊を創ることが目的。

- ・武士のみを兵とし，藩ごとに軍隊を組織する(江戸時代)。
  - →国民を兵とし，全国統一の軍隊を組織する。

②徴兵令(1873年)

- ・満20歳以上の全ての男子は，士族と平民の区別なく兵役の義務を負う。
- ・当初は多くの免除規定があり，実際に兵隊に就いた者のほとんどは平民の二男・三男だった。

③人々の反応

- ・兵になる義務を新たに負わされた農民によって，徴兵反対の一揆が起きた。
- ・武装して戦うことは自分たちの特権だとして，不満を持つ士族もいた。

4 地租改正 ▶ 税制を整え，財政を安定させるために，地租改正が実施された。

①税制を整え，財政を安定させることが重要な課題。

②地租改正(1873年)

- ・土地の価格(地価)・土地の所有者を確定する。所有者には証明書として，所有者の氏名と地価を明記した地券を発行する。
- ・収穫高ではなく，地価を基準に税(地租)を徴収する。
- ・税率は地価の3％とし，土地の所有者が現金で納める。

③意義

- ・江戸時代のように現物(米)ではなく現金で，また統一された基準によって納めるという，近代的な租税制度が生まれた。
- ・政府の収入の大半を地租がしめるようになり，財政が安定した。

④人々の反応

- ・政府が，江戸時代の年貢から収入を減らさない方針の下で地租を定めたので，人々の負担はほとんど変わらなかった。
  - →各地で地租改正反対の一揆が起きた。
- ・1877年，地租が地価の2.5％に引き下げられた。

【資料のポイント】「徴兵告諭」

「…人間たるものは，当然身も心もささげて，国に報いなければならない。欧米人はこれを血税という。人間の生きた血で，国に奉仕する…」

＊兵役は国民の義務だと述べた部分だが，「血税」という耳なれない言葉によって「血を税として納める」といった誤解が一部で生じたといわれる。

☑ **チェック** 三大改革とは何か，本文からそれぞれぬき出しましょう。

解答例
- ・「学制の公布」
- ・「徴兵令」
- ・「地租改正」

📝 **トライ** 地租改正による土地制度の変化を，次の語句を使って説明しましょう。
[土地の所有者／地価／現金]

解答例 土地の所有者と地価を定め，地価を基準に地租を決め，土地の所有者に現金で納めさせた。

3 富国強兵と文明開化

●教科書 p.172〜173

ここに注目！

1 富国強兵	**2 殖産興業政策**	**3 文明開化**	**4 新しい思想**
なぜ「富国強兵」を目指したのかな？	工業を盛んにするために，どんな政策を採ったの？	人々の生活はどう変わったの？	どんな思想が紹介されたの？

？ 富国強兵と文明開化は，人々の生活にどのような変化をもたらしたのかな？

チェック 欧米の文化の影響で，暮らしや文化が変わった例を，本文から二つぬき出しましょう。

解答例
・「れんが造りなどの欧米風の建物が現れ，道路には馬車が走り，ランプやガス灯が付けられました。」
・「洋服やコート，帽子が流行」
・「牛肉を食べる習慣」
・「太陰暦にかわって欧米と同じ太陽暦が採用され，1日を24時間，1週間を7日とすることになりました。」など

1 富国強兵 欧米諸国に対抗するために，富国強兵政策が推し進められた。

①富国強兵：経済を発展させて国力をつけ(富国)，軍隊を強化する(強兵)ことを国づくりの基本政策とした。
・欧米諸国に対抗する国家を造るため。
・「富国」→殖産興業政策による経済の資本主義化。
・「強兵」→徴兵制による軍隊。

2 殖産興業政策 産業全体にわたり，政府が主導して産業をおこし，盛んにしようとした。

①交通・通信部門の整備→経済発展の基礎。
・鉄道：新橋・横浜間(1872年)，神戸・大阪間(1874年)，大阪・京都間(1877年)，小樽・札幌間(1880年)などで開通。
・海運：蒸気船が入れる港が整備され，沿岸航路が発達した。
・郵便制度：1871年に開始(東京・京都・大阪間)，翌年には全国で実施。
・電信：最初の電信が東京・横浜間に開設(1869年)。
②近代産業を育てるため，外国の技術を導入した官営模範工場を建設。
・政府主導による近代化→後に，官営模範工場は民間にはらい下げられた(→p.124)。
・富岡製糸場(群馬県)：フランス人技師の指導。

3 文明開化 欧米の文化が盛んに取り入れられ，都市を中心に人々の生活は変化していった。

①文明開化：都市を中心に，伝統的な生活が変化し始める。
②横浜，神戸などの外国人居留地が欧米文化の窓口となった。
③衣：洋服・コート・帽子が流行。
　食：牛肉を食べる習慣が広がる。
　住：役所や学校をはじめ，洋風建築が現れる。

読み取る 教科書p.173 **5** で，どのような物が戦っているか，またどちらが優勢か，読み取りましょう。

解答例

新 × 旧

①西洋酒×②日本酒

③いす×④床几（しょうぎ）

⑤南京米（ナンキン）×⑥日本米

⑦牛なべ×⑧おでん

⑨ぼうし×⑩烏帽子（えぼし）

⑪人力車×⑫かご

⑬南京油×⑭日本油

⑮西洋料理×⑯会席料理

⑰ザンギリ頭×⑱ちょんまげ

⑲せっけん×⑳ぬかぶくろ

㉑うさぎ×㉒ぶた

㉓ランプ×㉔あんどん

㉕横文字×㉖漢学

㉗れんが×㉘かわら

㉙こうもりがさ×㉚からかさ

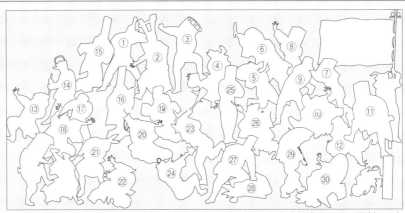

（静岡県総合教育センター資料ほか）

＊基本的に新しく入って来た文化が優勢だが，⑤⑥と⑬⑭は旧来の文化が優勢（「南京」は中国の都市），①②と⑮⑯はそれぞれ互角である。なお，㉑のうさぎはペットの飼育を意味し，㉒のぶたは家畜を表しているとされる。

その他：馬車，ガス灯など。

④**太陽暦**（たいようれき）が実施され(1872年)，1日24時間，1週間7日となった。

→役所，学校，軍隊などを通じて，次第（しだい）に広がった。

4 新しい思想 ▶ **自由や平等の思想が紹介され，自由民権運動にも影響をあたえた。**

①欧米諸国の近代化の背景にある自由や平等の思想も紹介（しょうかい）された。

・**福沢諭吉**（ふくざわ ゆきち）：「学問のすゝめ」（す）。人間の平等，民主主義を分かりやすい表現で説いた。

・**中江兆民**（なかえ ちょうみん）：ルソーの思想を紹介した→自由民権運動へ(→p.112)。

②**キリスト教**の信仰（しんこう）も事実上黙認（もくにん）された。

③**神仏分離令**（しんぶつ）(1868年)により，仏教を排除（はいじょ）する運動が起きた。

④活版印刷の普及（ふきゅう）→日刊新聞や雑誌の発行→新しい思想が広まるうえで，大きな役割を果たした。

トライ 自由や平等などの思想が，日本にどのように広がっていったか説明しましょう。

解答例 福沢諭吉や中江兆民らが紹介する自由や平等などの思想が，活版印刷で出版された本などを通じて広まった。

資料から発見！ ▶ **錦絵から文明開化の様子をとらえよう** ●教科書 p.174～175

みんなでチャレンジ (1) 馬車，レンガ造りの建物，石畳（いしだたみ）の道，ガス灯，洋装，洋傘，洋風の髪型。

＊なお，人力車は日本生まれである。アジア諸国に輸出され，「リキシャ」と呼ばれた。

(2) 銀座通り左側の手前から順に，「玉寿司」（す し）「杢（松）田」「日報社」と読める。**2**はすし店，**3**の松田は牛肉店。**4**の日報社は，1872年に創刊された日刊の「東京日日新聞」（にちにち）を発行していた新聞社である。看板の「東京日々新聞」の右の文字は「太政官記事印刷御用」（じょうかん）と読めるが，「東京日日新聞」は政府支持の記事を展開した新聞であった。

④ 近代的な国際関係

ここに注目！

1 ぶつかる二つの国際関係
東アジアの国際関係はどんな状況だったかな？

2 岩倉使節団
岩倉使節団の目的は何だったの？

3 清や朝鮮との関係
清と朝鮮との関係は何がちがうの？

？ 政府は欧米諸国や中国，朝鮮と，どのような外交関係を結ぼうとしたのかな？

見方・考え方 教科書p.177**9**と**10**とを比べて，日本の清と朝鮮に対する対応のちがいを考えましょう。

解答例 清には対等の国として対応しているが，朝鮮は対等の国として対応しようとしていない。

チェック 新政府がかかえていた，外交関係での大きな課題は何か，本文からぬき出しましょう。

解答例 「幕末に欧米諸国と結んだ不平等条約の改正」

トライ 日朝修好条規の内容について，次の語句を使って説明しましょう。
［領事裁判権／不平等条約］

解答例 日本だけが領事裁判権を持つことを認めさせた不平等条約だった。

---

1 ぶつかる二つの国際関係　**東アジアでは，地域の伝統的な国際関係と近代的な国際関係がぶつかっていた。**

①東アジアの伝統的国際関係：周辺諸国が中国の皇帝と朝貢(→p.15)関係を結ぶことを中心とした関係。

②欧米の近代的な国際関係：条約に基づいた関係。

③欧米諸国は，アジア諸国に近代的な国際関係を結ぶことを求めた。

④日本は，近代的な国際関係の中で，不平等条約を改正して対等な関係を築こうとする一方，朝鮮などとは不平等な関係を結ぼうとした。

2 岩倉使節団　**不平等条約改正のため欧米を訪問した岩倉使節団だったが，改正交渉は失敗した。**

①岩倉使節団(1871〜73年)：欧米諸国を訪問。
　・使節団は，全権岩倉具視以下46名，随行者18名に同行留学生43名(津田梅子ら女子留学生5名をふくむ)を加えると107名。
　・目的：不平等条約改正の交渉→近代化政策の不徹底もあって失敗。
　　→欧米の政治，産業，社会状況の視察に重点。
　・国力の充実が必要であることを痛感。
　　→使節団のメンバーは日本の近代化を推し進めた。

3 清や朝鮮との関係　**清とは対等の国として，朝鮮とは日本が優位に立つ国として対応しようとした。**

①日清修好条規(1871年)：対等な内容の条約。
　・清に朝貢する朝鮮との国交の交渉を進めるためという側面も。

②征韓論：日本の開国要求を認めない朝鮮に対し，武力で開国を認めさせようという主張→西郷隆盛の派遣を決定。
　・帰国した大久保利通らは，国力充実が優先であるとして派遣に反対→政府は分裂し，西郷，板垣退助らは政府を去った。

③日朝修好条規(1876年)：江華島事件(1875年，軍艦を派遣して圧力を加えて起こした武力衝突)を口実に，開国させた。
　・日本にのみ領事裁判権を認めさせた不平等条約。

⑤ 国境と領土の確定／⑥ 領土をめぐる問題の背景

ここに注目！

① 南北の国境の確定
国境はどのようにして決まったの？

② 北海道の開拓とアイヌの人々
アイヌの人々の文化や生活は守られたの？

③ 沖縄県の設置と琉球の人々
日本は琉球をどうしたの？

 国境と領土の確定はどのように進められたのかな？

---

① 南北の国境の確定

欧米の近代的な国際関係にならって国境を明確にした。

1854	日露和親条約 択捉島以南を日本領，得撫島以北の千島列島をロシア領とする 樺太は国境を設けない
1875	樺太・千島交換条約 千島列島を日本領，樺太をロシア領とする
1876	小笠原諸島の領有を各国に通告する
1895	尖閣諸島の日本領編入を内閣で決定する
1905	竹島の日本領編入を内閣で決定する

見方・考え方 政府のアイヌ民族と琉球民族に対する対応を比べて，共通点と異なる点を挙げましょう。

解答例
[共通点]「日本国民」として，本土の文化や風習に合わせるよう，同化政策を実施したこと。
[異なる点]アイヌ民族の住む北海道はもともと日本領だったのに対し，琉球民族の住む沖縄島などは日本とは別の国であったため，日本はこれを沖縄県として日本領に編入したこと。

---

② 北海道の開拓とアイヌの人々

北海道開拓の一方，アイヌの人々の文化は否定された。

1869	蝦夷地を北海道に改称 開拓使を設置する
1875	札幌近郊で屯田兵の村の建設が始まる
1880	小樽・札幌間の鉄道開通
1899	北海道旧土人保護法制定

チェック 1895年と1905年に日本領への編入が内閣で決定された場所を，それぞれ本文からぬき出しましょう。

解答例
[1895年]「尖閣諸島」
[1905年]「竹島」

トライ 蝦夷地と琉球王国が日本に組みこまれる過程を，次の語句を使って説明しましょう。
[北海道／沖縄県]

解答例 1869年に蝦夷地を北海道と改称し，開拓使を置いて統治を強化した。
1872年に琉球王国を琉球藩とし，1879年に琉球藩の廃止を強行して沖縄県を置いた。

---

③ 沖縄県の設置と琉球の人々

武力を背景に沖縄県を設置し，やがて同化政策を進めた。

1872	琉球王国(→p.47,75)を琉球藩とする
1875	政府が琉球藩に清へ使節を派遣しないよう命じる
1879	軍隊を派遣して琉球の人々の反対をおさえ，琉球藩を廃止し，沖縄県を置く(琉球処分)
	清が，琉球への廃藩置県実施に抗議する

チェック それぞれの地域が固有の領土になった時期や経過を，年表で整理しましょう。

解答例
上の年表を参照。

トライ それぞれの地域が，どのような点から固有の領土であると分かるか，共通点などに着目して考えましょう。

解答例 北方領土については，日本とロシアとの条約(日露和親条約，樺太・千島交換条約)から，また，竹島と尖閣諸島については，それぞれの歴史的背景の中で，国際法のルールに従って日本が領有している。

第5章 開国と近代日本の歩み

⑦ 自由民権運動の高まり

ここに注目！

1 自由民権運動と士族の反乱

自由民権運動は何を主張したのかな？

2 高まる自由民権運動

西南戦争後，政府批判はどうなったの？

3 国会の開設をめぐる対立

国会開設をめぐってどんな対立があったの？

? 自由民権運動は，どのような社会の実現を求めていたのかな？

見方・考え方

教科書p.182 **3**の法律はどのような目的で出されたものか，背景となる出来事に着目して考えましょう。

解答例 立志社が結成されるなど高まりを見せる自由民権運動は，演説会や新聞といった新しいメディアを通じて広がったため，これを取りしまろうとした。

年・月	出来事
1874. 1	民撰議院設立の建白書提出
4	立志社設立
1875. 6	新聞紙条例制定
1880. 3	国会期成同盟結成
4	集会条例制定（集会や結社の自由を制限）
1881.10	自由党結成
1882. 3	立憲改進党結成
4	集会条例改正（弾圧を強化）

▲自由民権運動と政府の動き（ ■ は政府の動き）

---

1 自由民権運動と士族の反乱 ▶ **自由民権運動は，大久保らの政治を批判し，議会の開設を主張した。**

①征韓論(→p.110)をめぐる政変の後の状況
- **大久保利通**は，政府の中心となって，**殖産興業**の政策，国内の支配体制の強化を進めた。
- 政府を去った人々は，大久保の政治を専制政治であると非難し，議会開設を主張した。
  →政府を去った主な人物：西郷隆盛，板垣退助，江藤新平，後藤象二郎，副島種臣。

②**民撰議院設立の建白書**(1874年)：板垣，江藤，後藤，副島らが提出した→専制政治をやめ，国民が政治に参加する仕組み(議会)を創設するべきだと主張(**自由民権運動**の出発点)。

③板垣は高知県で**立志社**を結成し，自由民権運動を進めた。

④**士族の反乱**：改革で身分的特権をうばわれたことなどに不満を持つ士族が反乱を起こしたが，徴兵制による政府軍に鎮圧された。
- **佐賀の乱**(1874年)：佐賀の不平士族が江藤新平を中心に起こした反乱。政府軍に鎮圧され，江藤は処刑された。
- **神風連の乱**(1876年)：熊本の不平士族が，熊本城の政府軍をおそったが反撃を受け，敗れた。
- **秋月の乱**(1876年)：旧秋月藩の士族が神風連の乱に呼応して起こした反乱。
- **萩の乱**(1876年)：山口県萩の士族が神風連の乱・秋月の乱に呼応して起こした反乱。
- **西南戦争**(1877年)：鹿児島の士族らが**西郷隆盛**を中心に起こした，最大の士族反乱。一時は熊本城を包囲したが政府軍に敗れ，鎮圧された(西郷は鹿児島の城山で自害)。

2 高まる自由民権運動 ▶ 士族の反乱が失敗した後は自由民権運動が高まり，国会開設を求める動きが強まった。

①士族の反乱が失敗した後，藩閥政府への批判は言論によるものが中心となった。

②1878年，地方議会(府や県の議会)が作られると，地主(豪農)や商工業者などが議員となり，政治への意識を高めた→自由民権運動への関心も高まり，地方にも広がった。

③1880年3月，全国の代表者が大阪に集まり，国会期成同盟を結成した。
・国会開設を求める請願書を政府に提出→政府は拒否。

④民権運動は，自主的に憲法草案を作成する方向に進む→民間の憲法草案(私擬憲法)が作成された。
・「五日市憲法」：奥多摩地方の青年たちが学習会を重ねて作成したもので，204の条文にまとめられている(→教科書p.183**6**)。
・「東洋大日本国国憲按」：植木枝盛が起草したもので，最も民主的な憲法草案ともいわれる(→教科書p.183**7**)。

⑤自由民権運動に影響をあたえた人物：植木枝盛，中江兆民(→p.109)。

3 国会の開設をめぐる対立 ▶ 早期開設を求める意見はしりぞけられ，国会開設の勅諭が出された。

①政府では，国会や憲法の内容，開設・制定の時期について早期開設論と慎重論が対立した。
・早期開設の主張：大隈重信は憲法の制定と国会の早期開設を主張。
・慎重論：伊藤博文は準備不足を理由に慎重論を主張。

②開拓使はらい下げ事件(1881年)：薩摩藩出身で開拓使長官の黒田清隆が，開拓使の施設や財産を同郷の商人に安くはらい下げようとした問題が明らかになり，民権派は政府を激しく攻撃した。
・伊藤は，はらい下げを中止して政府批判をかわす一方，民権派と結び付きが強い大隈が背後にいると考え，政府から追い出した。
・一方で，伊藤は，1890年までに国会を開くという天皇の勅諭(国会開設の勅諭)を出し，国会開設を約束した。

③国会開設へ向け，政党が結成された。
・自由党：自由民権運動から生まれた政党。板垣退助を党首とし，士族や地主層に支持された。
・立憲改進党：大隈重信を党首とし，知識層，実業家に支持された。

④激化事件：農民らによる反政府の直接行動が各地で起きた(→教科書p.183**5**)→自由民権運動の活動家が加わっていたことも多かった。
・代表的な事件は，秩父事件(1884年)。
・自由民権運動はほとんど休止状態になった。

秩父事件▶埼玉県秩父地方で，不況に苦しむ農民らが，農家の救済，借金返済の延期などを求め，高利貸し，役所や警察署をおそった事件。軍隊によって鎮圧された。

 チェック 自由民権運動の出発点となった出来事を，本文からぬき出しましょう。
解答例 「民撰議院設立の建白書を政府に提出」

 トライ 自由民権運動の内容について，次の語句を使って説明しましょう。
[国会の開設／憲法草案]
解答例 藩閥政府を批判し，国会の開設を求めて始まった自由民権運動により，政府に国会の開設を求める国会期成同盟が結成された。そして，運動は自主的に憲法草案を作成する方向に進んだ。

8 立憲制国家の成立

ここに注目！

1 憲法の準備	**2 憲法の発布**	**3 帝国議会の開設**
伊藤博文は ヨーロッパで 何を学んだのかな？	大日本帝国憲法を 発布したのはだれ？	選挙権は 国民みんなが 持っていたのかな？

? 大日本帝国憲法はどのように成立し，その特色は現代につながっているのかな？

みんなで🗨チャレンジ

大日本帝国憲法について考えよう

解答例

(1)大日本帝国憲法をわたしている人は明治天皇，受け取っている人は内閣総理大臣黒田清隆である。

(2)国の元首である天皇は，統治権(第4条)，軍隊を指揮する権利(第11条)を持っている。

(3)例えば，憲法にのっとって統治が行われるという東洋大日本国国憲按の考え方は，大日本帝国憲法にも共通している。しかし，国民の権利や自由について，大日本帝国憲法では「法律ノ範囲内」と制限されていることなどから，大日本帝国憲法に民権派の考え方が取り入れられたとは言いにくいのではないか。

---

1 憲法の準備　　　**ヨーロッパへ調査に行った伊藤博文は，君主権の強いドイツ憲法などを学んだ。**

①開拓使はらい下げ事件に際して，国会開設を約束（国会開設の勅諭）した政府は，国会の開設と憲法制定の準備を始めた。

・伊藤博文は自らヨーロッパに行き，君主権の強いドイツやオーストリアの憲法を学んだ。

・帰国した伊藤は，中心となって憲法草案を作成し，枢密院で審議を進めた。

・枢密院：天皇の質問に答え，重要な問題を審議する機関で，憲法草案を審議するために創られた。大日本帝国憲法で正式な機関となり，しばしば重要な役割を果たした。

②内閣制度：1885年，立憲政治の開始に備えて創設した。

・初代の内閣総理大臣（首相）には伊藤博文が就任した。

2 憲法の発布　　　**1889年，天皇（明治天皇）が国民にあたえるという形で大日本帝国憲法が発布された。**

①大日本帝国憲法は，1889年2月11日に発布された。

性格	天皇が国民にあたえる憲法（欽定憲法）として制定
元首	天皇が国の元首として日本を統治する
天皇の権限 （天皇大権）	帝国議会の召集・衆議院の解散 軍隊を指揮する（統帥権） 条約を締結する 戦争を始める（宣戦）　など
内閣の役割	天皇の政治を助けることが役割であり，各大臣は天皇に対して責任を負うとされた→議会に対する内閣の責任は不明確
議会	貴族院と衆議院の二院制

貴族院	皇族・華族，天皇から任命された議員などで構成
衆議院	選挙で選ばれた議員で構成
国民の権利	国民は「臣民」とされ，法律の範囲内で，言論，出版，集会，結社，信仰の自由などの権利が認められた

・予算や法律の成立には議会の同意が必要だったため，内閣は議会の協力が必要だった。

②民法，商法なども公布され法制度が整備された。

・民法：「家」を重視するもので，一家の長である戸主が家族に対して強い支配権を持つと定めた。

③教育勅語(1890年)：忠君愛国の道徳が示され，教育の柱とされ，国民の精神的なよりどころとされた→以後の日本の社会のあり方に大きな影響。

3 帝国議会の開設 議会が開設されたが，衆議院議員の選挙権には納税額などによる制限があった。

①衆議院議員の選挙権には制限が設けられた。

・直接国税(地租・所得税)を15円以上納める者。

・満25歳以上の男子。

・有権者は総人口の約1.1%（約45万人）。

②1890年7月に第1回衆議院議員選挙が行われ，議会政治が始まった→近代的な立憲制国家へ。

・第1回衆議院議員選挙の結果：立憲自由党，立憲改進党などの民党(野党)が過半数をしめた→議会では，軍備強化を図ろうとする政府と厳しく対立した。

【教育勅語の話】「なぜ教育勅語は出されたの？」(→教科書p.185 **6**)

　大日本帝国憲法第4条(→教科書p.184 **2**)について，草案審議の中で，「これは天皇が憲法に従うということ，天皇を憲法の下に置くものだ」という反対意見が出た。これに対し，伊藤博文は「近代的な立憲国家を造るためには欠かせない」と主張し，草案のまま押し切った。しかし，一方で天皇中心の国家を造るという大きな目標がある。そこで出されたのが教育勅語である。勅語では，「親孝行し，兄弟仲良くし」という道徳が強調されているが，これは，天皇を親とし，国民を子として，子(国民)は親(天皇)のために孝行しなければ(忠誠をつくさなければ)ならないという道徳を，広く国民に植え付けることが目的だったからである。だから，国民に求める道徳の最後は「いったん国家に危険がせまれば，…皇室の運命を助けなければならない」と結ばれるのである。

見方・考え方 教科書p.185 **5**の帝国議会と，現在の国会とを比べて，ちがいを挙げましょう。

解答例 現在の国会には女性議員がいる。

チェック 大日本帝国憲法の制定時に，どの国の憲法が参考にされたか，本文からぬき出しましょう。

解答例 「君主権の強いドイツやオーストリア」

トライ 大日本帝国憲法の特徴について，次の語句を使って説明しましょう。
[元首／帝国議会]

解答例 国の元首は天皇とされ，内閣は議会ではなく天皇に対して責任を負った。帝国議会は貴族院と衆議院の二院制で，衆議院議員のみ選挙で選ばれた。また，議会の権限にはさまざまな制限があり，「臣民」とされた国民の権利も「法律の範囲内」と限定された。

4節 日清・日露戦争と近代産業

☑ 近代化を進める中で，なぜ日本は中国やロシアと戦争をすることになったのでしょうか？

① 欧米列強の侵略と条約改正

●教科書 p.186〜187

ここに注目！

1 列強と帝国主義
資本主義と帝国主義はどう関係するのかな？

2 条約改正の実現
なぜ日本は不平等条約を改正したかったのかな？

3 東アジアの情勢
朝鮮をめぐりどんな動きが起きたのかな？

？ 欧米諸国と対等な外交関係が結ばれるまでに，どのような動きがあったのかな？

見方・考え方

教科書p.186**1**と教科書p.161**4**とを比べて，変わった点を挙げましょう。

解答例

・アフリカやインドの植民地化が全土におよんでいる。
・東南アジア諸国が，シャム（タイ）を除いて植民地化されている。
・オセアニアが植民地化されている。
・スエズ運河，シベリア鉄道が開通している。

---

1 列強と帝国主義 　資本主義の発展で手に入れた経済力と軍事力で，植民地を広げる動きを帝国主義という。

①19世紀後半の欧米列強の動き
・**資本主義**の急速な発展によって，製鉄，機械，鉄道などの産業が成長→**資本家**が経済を支配するようになった。
・先発資本主義国：イギリス，フランス。
・後発資本主義国：ドイツ，アメリカ，ロシア。

②資本主義国の海外進出：欧米の資本主義国は，アジア・アフリカ・太平洋の島々に競って進出した。
・原材料が大量に必要→**資源**を求めて進出。
・機械化で大量生産→商品を売る<u>市場</u>を求めて進出。

③資本主義の発達で手に入れた軍事力を背景に，経済進出した地域で貿易関係を築くだけでなく，植民地として支配していく動きを<u>帝国主義</u>という。
→世界の広い範囲が列強によって分割された（→教科書p.186**1**）。

2 条約改正の実現 　欧米諸国と対等な外交関係を得るためには，不平等条約の改正が必要だった。

①不平等条約の改正は，近代化を進める日本にとって最も重要な課題。
・法律や教育制度を整え，産業をおこすなどの近代化を進めた。
②条約改正の困難さ
・欧米諸国→貿易に有利な条件を手放したくない。
・国内世論→対等な関係の，一日も早い実現を望む。

③条約改正交渉の経過

年	担当者	交渉の主目的	経過・結果
1872	岩倉具視	改正交渉の打診	交渉失敗
1878	寺島宗則	関税自主権の回復	日米間で合意されたがイギリスなどの反対で失敗
1883〜87	井上馨	領事裁判権の撤廃が主眼	鹿鳴館で舞踏会をもよおすなどの欧化政策で近代化を示そうとした→世論の反発 ノルマントン号事件→交渉中止
1888〜89	大隈重信	領事裁判権の撤廃	外国人を裁く裁判に外国人裁判官を参加させる条件を示すが，世論の激しい反発を受けた 大隈がテロにあい交渉中止
1891	青木周蔵	領事裁判権の撤廃，関税自主権の一部回復	イギリスの同意を得るが，来日中のロシア皇太子がおそわれる事件が起き，青木は外相を辞任
1894	陸奥宗光	領事裁判権の撤廃	日英通商航海条約を結んで達成
1911	小村寿太郎	関税自主権の完全回復	日米新通商航海条約を結んで達成

- イギリスが，ロシアの南下政策に対抗するため，日本との関係を強化しようとしたことが，日英通商航海条約の背景にあった。

3 東アジアの情勢 ▶ 朝鮮への進出を目指す日本は，清やロシアと対立するようになった。

①朝鮮をめぐる情勢
- 日本：日朝修好条規を結んで，朝鮮への進出を図った。
- 清：朝鮮との朝貢関係を継続し，影響力の強化を図った。
- 朝鮮：親日派(明治維新にならった近代化を主張)と親中派(清との関係を重視)が対立していた。

②親日派が日本と結び政権をにぎろうとしたが，清軍が介入して失敗する事件がおきた→日本の影響力が後退。
- 日本は，清に対抗するために軍備を増強した。

③シベリア鉄道を建設したロシアをはじめ，欧米列強が東アジアに進出した。
- 日本国内では，国の安全を図るために朝鮮に進出すべきであるとの主張が強まった。

☑ チェック 帝国主義とはどのような動きか，本文からぬき出しましょう。

解答例 「列強は，生産に必要な資源や製品を売る市場を求めてアジアやアフリカ，さらには太平洋の島々へと進出していき，やがて軍事力によってこれらの地域のほとんどを植民地にしました。こうして，世界の広い範囲は列強によって分割されました。」

✎ トライ 条約改正はどのように実現したか，次の語句を使って説明しましょう。[イギリス／領事裁判権]

解答例 イギリスとの間で日英通商航海条約を結び，領事裁判権の撤廃に成功した。

2 日清戦争

ここに注目！

1 日清戦争
日清戦争が起きた
きっかけは
何だったのだろう？

2 三国干渉と加速する中国侵略
日清戦争に敗れた
清はどうなった
のだろう？

3 日清戦争後の日本
日清戦争は
日本の産業や政治に
も影響したのかな？

？ 日清戦争はどのようにして起こり，日本や清にどのような影響をあたえたのかな？

🔍 読み取る 教科書p.188 **1** と教科書p.189 **5** の風刺画はどのようなことを風刺しているか，それぞれ「人物」「魚」「パイ」が表すものに着目して読み取りましょう。

解答例

1「人物」は日本，ロシア，清で，「魚」は朝鮮である。日本と清が釣り糸をたらして朝鮮をねらい，ロシアは，すきがあれば朝鮮を釣り上げようと，釣り竿を用意している。

5 "CHINE（中国）"と書かれた「パイ」を，（左から）イギリス，ドイツ，ロシアがナイフを手に切り分けようとしている。ロシアと同盟関係にあるフランスはロシアの肩に手を置き，出おくれた日本は不満げである。後ろで怒っている中国の声はだれの耳にも届いていないように見える。

---

1 日清戦争 ▶ 朝鮮での甲午農民戦争をきっかけに，日清戦争が起きた。

①1894年，東学を信仰する団体が組織した農民が，朝鮮半島南部一帯で蜂起した（甲午農民戦争）。

・東学は民間信仰を基にした宗教で，欧米の宗教や学問（西学）に反対するという意味もこめられている。

・要求：腐敗した役人の追放などの政治改革。
日本や欧米など外国人の排除。

②開戦までの経過

・反乱鎮圧のため，朝鮮政府が，清に出兵を求めた→清が出兵。

・対抗して日本も出兵した→衝突。

③1894年7月，日清戦争へと発展した。

・日本軍は陸海ともに優勢に戦いを進めた。

・戦場となった朝鮮や中国の民衆は苦しめられた。

④1895年4月，下関条約が調印された。

・清は朝鮮の独立を認める。

・遼東半島（リアオトン），台湾，澎湖諸島（ポンフー）を日本にゆずる。

・賠償金2億両（テール）（当時の日本円で約3億1000万円余り）を支払う。

⑤台湾の領有

・日本は，住民の抵抗を武力で鎮圧。

・台湾総督府を設置し，植民地支配を進めた。

2 三国干渉と加速する中国侵略 ▶ 日清戦争で清が敗れたことで，列強による中国侵略が激しくなった。

①三国干渉：下関条約調印の直後，ロシアはフランス・ドイツとともに，日本に遼東半島の清への返還を勧告した→日本は受け入れ。

・満州（中国東北部）への進出をねらっていたロシアは，日本の進出をはばもうとした。

②清の敗戦の影響
- ・中国を中心とする朝貢体制によって成り立っていた東アジアの伝統的な国際関係がくずれた。
- ・朝鮮は国名を**大韓帝国**(韓国)と改め，清からの独立を宣言した。
- ・清の弱体化を見た列強による中国侵略が激しくなった。

③中国分割
- ・列強は，競って**租借権**や**鉄道の敷設権**，**鉱山の開発権**などの利権を獲得し，それぞれ独占的な勢力範囲を作った。
- ・租借：領土の一部を借りることをいうが，行政や裁判の権利を持ち，軍隊を駐留させたので，実質的な植民地に近かった。

列強	租借地(租借した年)
イギリス	九竜半島(1898年)，威海衛(1898年)
ドイツ	膠州湾(1898年)
ロシア	旅順・大連(1898年)
フランス	広州湾(1899年)

- ・利権：多くの場合，鉄道の敷設権には，沿線の鉱山などの開発，鉄道の警備を名目とした軍隊の駐留などがふくまれていた。

④清では，外国勢力の排除を求める**義和団**の運動が盛んとなった。

❸ 日清戦争後の日本 ▶ **国民意識が高まり，ロシアへの対抗心から賠償金を使った軍備拡張や工業化が進められた。**

①日清戦争の勝利は，「日本人」という**国民**意識を定着させた。

②三国干渉の中心となったロシアへの対抗心が高まった。

③政府は軍備拡張と国力の充実に努めた。
- ・賠償金と遼東半島を返還した見返りの還付金の80％以上が，軍備拡張費や臨時軍事費に使われた(→教科書p.189❾)。

④日清戦争後，<u>政党</u>の力が増大した。
- ・大規模な軍備拡張の予算を組むためには，政党の協力が必要だった。
- ・政党側も，ロシアに対抗するという世論の高まりの中で，政府と対立するのではなく協力しようとする動きが強まった。

⑤**伊藤博文**は立憲政友会を結成した(1900年)→以後の政党の中心。
- ・政党を育成し，政党の力によって議会政治を運営しようと考えた。

✓チェック 日清戦争のきっかけとなった，朝鮮半島南部での出来事の名称を，本文からぬき出しましょう。

解答例
「甲午農民戦争」

✎トライ 日清戦争の日本や清への影響について，次の語句を使って説明しましょう。
[中国分割／国民意識]

解答例 清では，列強による中国分割が激しくなり，中国を中心とする東アジアの伝統的な国際関係はくずれた。
　日本では，自分は「日本人である」という国民意識が定着し，さらに，ロシアへの対抗心もあって軍備拡張と工業化が進められた。

③ 日露戦争

1 義和団事件
日露戦争は
どうして起きたのかな？

2 日露戦争
日露戦争によって
日本は
どうなったの？

3 日露戦争後の日本と国際社会
日本とアジア諸国
との関係は
変わったのかな？

？ 日露戦争はどのようにして起こり，日本や国際社会にどんな影響をあたえたのかな？

読み取る 教科書p.190**1**のそれぞれの人物が表す国や，関係を読み取りましょう。

解答例 ロシア(左)に対し，刀を持った日本がいどみかかろうとしている。その日本の背中を押し，けしかけているように見えるのはイギリス，その様子をながめているのはアメリカである。

見方・考え方 日清戦争と日露戦争による国民の負担とそのちがいについて，教科書p.191**8****9****10**から読み取りましょう。

解答例 戦争は，国民に生命や税などの負担を強いる。日露戦争は，そのいずれでも日清戦争の数倍の負担を国民に強いた。

---

1 義和団事件 ▶ 満州に軍をとどめるロシアと，韓国を確保したい日本の対立から日露戦争が起こった。

①1899年，列強による中国分割に反対し，外国勢力の排除を主張する**義和団**が蜂起した。

・「**扶清滅洋**(清を扶けて，外国勢力を討ち滅ぼす)」を唱えた。

・1900年，義和団が北京の各国公使館を包囲したのを見た清政府は，義和団を支持し，列強に宣戦布告した。

　→日本，イギリス，ロシア，アメリカ，ドイツ，フランス，イタリア，オーストリアの連合軍が北京を占領し，義和団を鎮圧した。

　→清は賠償金を支払い，北京などの地域への軍隊の駐留を認めた。

②義和団事件後の動き

・ロシアは事件後も大軍を満州(中国東北部)にとどめた。

③**日英同盟**(1902年)：満州でのロシアの動きに対抗して結ばれた。

・韓国を勢力範囲として確保したい日本と，清での利権を確保したいイギリスは同盟を結び，ロシアに対抗した。

ロシア	義和団事件後も大軍を満州に駐留させた
イギリス	ロシアが東アジアや西アジアへ南下することに対して，強い警戒心を持っていた
フランス	ロシアと同盟(露仏同盟，1891年)を結ぶ一方，イギリスとは植民地をめぐって世界各地で対立していた
ドイツ	ヨーロッパで，フランスと対立していた
アメリカ	満州への進出をねらっており，ロシアの南下を警戒していた
日本	韓国での優位を確保し，満州進出をねらっていた

▲義和団事件前後の国際関係

④日本国内の動き：日露間で戦争の危機が高まると，開戦論と非戦論が主張された。

・非戦論：社会主義者の幸徳秋水，キリスト教徒の<u>内村鑑三</u>らが開戦に反対した。

・開戦論：ほとんどの新聞や雑誌は開戦論を展開し，世論を動かした。

⑤日本とロシアとの交渉はまとまらず，1904年，<u>日露戦争</u>が始まった。

2 日露戦争

日露戦争に勝った日本は，韓国を勢力圏として確保し，満州進出の足場を得た。

①日露戦争の経過

・戦局は日本に有利に進み，日英同盟を結んだイギリスに加え，アメリカも戦費調達などで日本を支援したが，戦力は限界に達した。

・ロシアでは皇帝の専制政治に対する不満から革命運動が起きた。
→両国とも，戦争の継続が困難になった。

・アメリカの仲介により日本とロシアの講和会議が開かれた。

②<u>ポーツマス条約</u>：1905年9月に結ばれた，日本とロシアの講和条約。

・韓国における日本の優越権を認める。

・旅順・大連の租借権，長春以南の鉄道利権を日本にゆずる→南満州鉄道となる（→p.122，→教科書p.193■）。

・北緯50度以南の樺太（サハリン）を日本に割譲する。

・沿海州沿岸の日本の漁業権を認める。

③日本国内の反応：増税や身近な人を失うなどの犠牲に苦しむ国民は，ロシアからの賠償金を強く求めたが，賠償金を得られないことを知ると，激しく政府を攻撃した。

・<u>日比谷焼き打ち事件</u>：東京では，講和反対の集会の参加者が，政府高官の家や政府系の新聞社などをおそう暴動が起きた。

3 日露戦争後の日本と国際社会

日露戦争の勝利によって，日本は列強としての地位を固め，大国意識が生まれた。

①日露戦争の勝利によって，列強として帝国主義国の一員となったという<u>大国意識</u>が生まれた。
→アジア諸国に対する優越感が強まった。

②アジア諸国への影響：日露戦争での日本の勝利はアジア諸国に刺激をあたえ，近代化や民族独立の動きが高まった。
→しかし日本は，そうした動きを助けるのではなく，新たな帝国主義国としてアジアの民族に接していった。

みんなでチャレンジ　日露戦争の影響を考えよう

解答例

(1)列強の一つとして行動するようになった。

(2)増税など，大きな負担を課せられた。

(3)新たな帝国主義国としてアジアの国々に接するようになった。

チェック　日露戦争のきっかけとなった，中国での出来事の名称を，本文からぬき出しましょう。

解答例

「義和団事件」

トライ　日露戦争の日本や世界への影響について，日清戦争と比べながら説明しましょう。

解答例　日清戦争は清の弱体化を明らかにし，列強による中国分割を激しくさせた。日露戦争は，その列強の一つと戦い，日本が勝ったことによって，アジア諸国の民族運動を活発化させた。一方，国内では大国意識が生まれ，日本は新たな帝国主義国としてアジアの民族に接することになった。

④ 韓国と中国

ここに注目！

❶ 韓国の植民地化
植民地支配は
どれくらい続いたの？

❷ 満鉄の設立
満鉄の事業は
鉄道以外にもあるの？

❸ 中華民国の成立
辛亥革命で
何が起きたのかな？

? 韓国と中国ではどのような動きが起こり，政治がどのように変化したのかな？

読み取る **解答例**

Ⓐ豊臣秀吉の朝鮮侵略は失敗したが，自分たちは成功したと，自画自賛している。

Ⓑ日本との関わりが深い歴史や文化を持つ朝鮮が消滅したことを悲しんでいる。

チェック 日露戦争後，韓国と中国の政治を変えた出来事を，それぞれ本文からぬき出しましょう。

解答例

[韓国]「韓国併合」
[中国]「辛亥革命」

トライ 1911年から12年にかけての中国での動きを，孫文と袁世凱を中心に説明しましょう。

解答例 1911年，辛亥革命が起こり，翌年，孫文を臨時大総統とする中華民国が成立した。そして，清の実力者だった袁世凱が清の皇帝を退位させると，孫文は臨時大総統の地位を袁世凱にゆずった。

---

❶ 韓国の植民地化 **1910年に韓国を併合した日本は，1945年まで植民地支配を続けた。**

①1905年：韓国の**外交権**をうばい，**保護国**とした。
　韓国統監府を置いた。初代統監に**伊藤博文**が就任。
　1907年：皇帝を退位させ，軍隊を解散させた。

②**義兵運動**：日本の植民地化への抵抗運動に，元兵士たちも合流して全国的な武力闘争へと発展→日本軍が鎮圧。

③**韓国併合**：1910年に併合した→1945年まで植民地支配。
・**朝鮮総督府**が設置され，初代総督に**寺内正毅**が就任。
・韓国を「朝鮮」に，首都漢城(ソウル)を「京城」と改称した。
・朝鮮の文化や歴史を教えることを禁じ，日本史や日本語を教えるなど，日本人に同化させる教育を実施した。

❷ 満鉄の設立 **南満州鉄道は炭鉱や製鉄所も経営し，満州での利権を独占した。**

①ポーツマス条約で譲渡された鉄道の利権を基に，半官半民の**南満州鉄道株式会社**(満鉄)を設立した。

②満鉄は，**炭鉱・製鉄所**の経営や都市の建設など沿線の開発を進めた。

③満鉄を中心に，日本は満州での利権を独占した→**アメリカ**と対立。

❸ 中華民国の成立 **1911年，辛亥革命が起こって中華民国が建国され，清がほろんだ。**

①**孫文**：中国同盟会を結成，近代国家建設を目指す運動の中心となる。
・**三民主義**：民族の独立(民族)・政治的な民主化(民権)・民衆の生活の安定(民生)。

②**辛亥革命**：1911年に武昌(武漢)で軍隊が反乱→各省が清からの独立を宣言→1912年に南京で孫文を**臨時大総統**とする**中華民国**を建国。
・清の実力者だった**袁世凱**は，清の皇帝を退位させ，孫文から大総統の地位をゆずり受けた→首都を北京に移す。
・袁世凱は独裁的な政治→袁の死後，各地の**軍閥**が中国を支配した。

5 産業革命の進展

ここに注目！

1 産業と資本主義の発展
日本の産業革命の中心となった産業は何？

2 社会問題の発生
社会問題が起きたのはなぜだろう？

3 地主と小作人
産業革命で農村はどうなったの？

？ 明治時代の産業はどのように発達し，人々の生活にどんな変化をもたらしたのかな？

1 産業と資本主義の発展 ▶ 紡績などの軽工業を中心に産業革命が進み，日清戦争後には重化学工業化が発達した。

①日本の産業革命：1880年代後半から紡績・製糸などの<u>軽工業</u>を中心に，<u>産業革命</u>が始まった。

・紡績業：<u>綿糸</u>の生産が増加し，日清戦争後には輸出量が輸入量を上回った。

　　主な輸出先：朝鮮，中国。

・<u>製糸</u>：生糸は日本の主要な輸出品であり（→教科書p.164**4**），日露戦争後には世界最大の輸出国になった。

　　主な輸出先：アメリカ。

②工場の動力源である<u>石炭</u>の採掘が，九州北部の<u>筑豊</u>地域(福岡県)，北海道で進んだ。

③重化学工業：鉄鋼・造船などの重化学工業は，軍備拡張に不可欠な産業→重化学工業の発展が必要。

④1901年，官営の<u>八幡製鉄所</u>が操業を開始した。

・筑豊の石炭と中国から輸入する鉄鉱石などを原材料にした。

・日清戦争の賠償金で建設された。

⑤交通機関の発達：鉄道や海運など交通網の整備は，産業の発展を支えた。

・1883年，日本鉄道(1881年創立)の上野・熊谷間が開通した→民営鉄道(私鉄)が創立され，盛んに鉄道を建設した。

・1889年，<u>東海道線</u>が全線開通した→1900年ごろには主要幹線がほぼ完成した。

・1896年，ヨーロッパとの定期航路，北アメリカ航路が開設された。

・1906年，主要な私鉄が国有化された→産業の発展や軍事の面から，鉄道を効率的に運営することが求められた。

⑥産業革命が進む中，さまざまな業種に進出する<u>財閥</u>が成長した。

・<u>財閥</u>：本社を中心に，<u>金融</u>，貿易，鉱業，運輸など多くの業種の

🔍 **読み取る** 綿糸の輸出量が輸入量を上回ったのはなぜか，教科書p.194**3**の三つの折れ線の関係に着目して考えましょう。

解答例 綿糸の国内生産が盛んとなり，国内で使われる分をまかない，さらに輸出できるまでに生産量が増えたから。

第5章 開国と近代日本の歩み

はらい下げ先	官営工場
三井	新町紡績所
	富岡製糸場
	三池炭鉱
	幌内炭鉱
三菱	高島炭鉱
	長崎造船所
	佐渡金山
	生野銀山
古河	院内銀山
	阿仁銅山

▲はらい下げを受けた財閥と主な官営工場

いくつもの企業が作る独占的なグループのこと。

・三井，三菱，住友，安田などの資本家が，官営工場のはらい下げを受けるなど，政府の手厚い保護の下で成長し，財閥を形成した。

2 社会問題の発生 ▶ **資本主義の発展により，さまざまな社会問題が発生するようになった。**

①資本主義の発展とともに労働者が増加した。

・紡績や製糸業の労働者は大半が女子(工女)で，**低賃金**で厳しい**長時間労働**に従事していた。

　　低賃金→製品の低価格→輸出に有利。

・男子労働者の多くは鉱山や運輸業で働いていた。

②**労働組合**の結成：日清戦争後に結成され始め，労働条件の改善を求める**労働争議**が増加した。

③政府の対応

・**工場法**(1911年成立，1916年施行)：12歳未満の就業禁止，労働時間の制限などを定めた→資本家側の反対で実施がおくれるなど，効果は不十分。

・治安警察法(1910年施行)：労働争議などを禁止した。

④産業が発展する一方で**公害問題**が発生した。

・**足尾銅山鉱毒事件**：足尾銅山は，渡良瀬川の水質汚染や煙害，洪水を引き起こした。**田中正造**らが被害民とともに鉱山の操業停止を求めたが受け入れられなかった。

・明治時代後期には，国内で産出される銅の約3分の1をしめた有数の銅山であり，政府は閉山を全く考えなかった。

3 地主と小作人 ▶ **資本主義が発展する中，地主と小作人の間の格差が広がっていった。**

①都市人口の増加や鉄道の発達によって農業が変化した(農産物の**商品化**)。

・都市人口の増加→野菜や果物への新たな需要→鉄道の発達で，農村が都市という**市場**と結び付けられた。

・生糸の輸出が増え，製糸業が発展→生糸の生産に必要なくわの栽培や養蚕が盛んになった。

②農業と農村の変化は，**地主**と**小作人**との間の格差を拡大させた。

・せまい土地しか持たない農民は農業の変化の恩恵を受けることが少なく，生活が苦しくなった→土地を手放し小作人になる農民が増え，移民する農民も現れた。

・土地を買い集めて経済力をつけた地主は，株式に投資したり企業を作ったりして，資本家になる人も現れた。

 チェック 1880年代以降に日本で産業革命が進んだ軽工業の分野を，本文から二つぬき出しましょう。

解答例
「紡績業」「製糸業」

 トライ 産業と資本主義の発展によって，日本ではどのような社会問題が発生したか，説明しましょう。

解答例 特に女性労働者の低賃金・長時間労働などの労働問題，増加する労働争議，足尾銅山鉱毒事件のような公害問題などが発生した。

6 近代文化の形成

●教科書 p.196〜197

ここに注目！

1 日本の美と欧米の美
明治の日本の美術界は
どう発展したのかな？

2 新しい文章
新しい文章とは
何だろう？

3 学校教育の普及
明治初期からどう
変わったのかな？

? 明治時代の文化は，どのような特色を持っていたのかな？

---

1 日本の美と欧米の美 ▶ 日本の伝統美術の価値が見直される一方，欧米の美術そのものも導入された。

①日本の美術：日本の伝統の価値が見直されるようになった。

- ・フェノロサ・岡倉天心：日本美術の復興に努めた。
- ・横山大観：欧米の美術の手法を取り入れた新しい日本画をえがいた。
- ・高村光雲：彫刻家。写生的な技法を取り入れた。

②欧米の美術そのものも日本に導入された。

- ・黒田清輝：印象派を日本に紹介し，洋画発展の基礎を築いた。
- ・荻原守衛：ロダンに師事し，近代彫刻を制作した。

③音楽：滝廉太郎が洋楽の道を開いた（「荒城の月」「花」）。

2 新しい文章 ▶ 新しい表現方法として口語表現が広まり，ロマン主義や自然主義の作品が生まれた。

①話し言葉（口語）のままで文章を書く言文一致が追求された。

- ・二葉亭四迷（小説「浮雲」），正岡子規（俳句や短歌の革新運動）。

②日清戦争前後：個人の感情を重視するロマン主義が主流。

- ・島崎藤村（歌集「若菜集」），与謝野晶子（歌集「みだれ髪」），樋口一葉（小説「たけくらべ」「にごりえ」）。

③日露戦争前後：社会の現実を直視する自然主義が主流。

- ・島崎藤村（小説「破戒」）。

④夏目漱石，森鷗外は欧米文化に向き合う知識人の視点で小説を発表。

3 学校教育の普及 ▶ 明治時代の終わりごろには教育の基礎が固まり，中等・高等教育や女子教育が拡充された。

①就学率が上昇し（1907年には97%），国民教育の基礎が固まった。

- ・小学校（義務教育）の期間が3，4年から6年に延長された。

②中等・高等教育が拡充され，女子の教育も重視されるようになった。

③優れた科学者が現れ，世界的に活躍した。

- ・北里柴三郎（破傷風の血清療法を発見），野口英世（黄熱病の研究），長岡半太郎（原子模型の研究）。

考える **解答例**
(1)**1**の特徴は①
2の特徴は②
(2)文語体はⒶ
口語体はⒷ

チェック 19世紀の終わりごろの日本の文化の課題は何か，本文からぬき出しましょう。

解答例 「欧米の文化を取り入れつつ，いかに新しい日本の文化を創り出していくか」

トライ 明治時代に(1)美術，(2)文学はどのように変化したか，それぞれ20字程度で説明しましょう。

解答例
(1)日本の伝統に欧米の手法が取り入れられた。
(2)口語で文章を書く言文一致の文体が広まった。

❶①フランス人権宣言：フランス革命の際，国民議会で発表された宣言。人間としての自由，法と権利における平等，国民主権，私有財産などをうたうもので，後の時代にも大きな影響を与えた。

❷産業革命：工場での機械生産などの技術の向上による経済の仕組みの変化。18世紀のイギリスで始まった。イギリスでは，綿織物業での技術改革に始まり，蒸気機関の改良，製鉄・鉄道などの産業が急速に発達した。

❸日米修好通商条約：1858年，日本とアメリカとの間で結ばれた通商条約。この条約によって函館など5港が開かれ，貿易が開始された。しかし，アメリカの領事裁判権を認め，日本に関税自主権がない不平等条約であり，また，大老井伊直弼が朝廷の許可を得ないまま調印したことから，激しい幕府批判を呼ぶこととなった。

❹大政奉還：1867年，江戸幕府第15代将軍徳川慶喜が，政権を朝廷に返したことをいう。土佐藩のすすめに応じたもので，慶喜は，幕府は終わるが，新しい政府で，引き続き政治の主導権をにぎろうと考えていた。

❺廃藩置県：1871年，中央集権国家を造るために行われた改革。新政府は1869年の版籍奉還で，藩主（大名）に土地と人民を天皇に返させたが，藩主は知藩事として旧藩を治めていた。そこで新政府は，藩を廃止して（廃藩）県を置き（置県），中央から県令（後の県知事）や府知事を派遣して地方を治めさせる改革を行った。

❻富国強兵：明治政府が国が進むべき道としてかかげた政策。「富国」は経済を発展させて国力をつけるという意味，「強兵」は軍隊を強くするという意味で，二つは一体の関係にある。政府は「富国」のために殖産興業政策を進め，

「強兵」のために徴兵制を実施した。

❼自由民権運動：国民が政治に参加する権利の確立を目指す運動。1874年，板垣退助らによる民撰議院設立の建白書提出に始まる。1880年には国会期成同盟が結成されたが，政府は国会開設の勅諭を出す一方で，運動をおさえようとした。そして，民権派が関係する激化事件が起きたことなどから，自由民権運動はほとんど休止状態となった。

❽大日本帝国憲法：1889年，天皇が国民にあたえるという形で発布された憲法。国会開設の準備のため，伊藤博文はヨーロッパに行ってドイツなどの憲法を学んだ。帰国した伊藤は内閣制度を整え，内閣総理大臣に就任して，憲法草案を作成した。こうして制定されたのが大日本帝国憲法である。大日本帝国憲法は天皇が国の元首として統治権を持つ天皇主権の憲法であり，帝国議会の召集や衆議院の解散，陸海軍の指揮，条約の締結，戦争の開始や終了など，天皇がさまざまな権限を持っていた。これを天皇大権という。

❾条約改正：幕末に列強と結んだ通商条約は不平等条約であり，日本が近代国家として対等な国際関係を結ぶためには，条約改正が不可欠だった。政府は，岩倉使節団以降，欧米諸国と条約改正交渉を行う一方，国の近代化を図ることで条約改正交渉を進めようとしたが，なかなか進まなかった。そして1894年，イギリスとの間で日英通商航海条約を結び，ようやく領事裁判権の撤廃に成功した。しかし，関税自主権の回復は一部にとどまり，完全回復は，1911年の日米新通商航海条約の調印によってようやく実現した。

❿韓国併合：朝鮮進出をねらっていた日本は，下関条約で朝鮮を清との伝統的な関係から引

き離すことに成功すると，朝鮮への影響力を強めていった。満州の利権などをめぐって日露戦争が起こると，戦争の一方で韓国(日清戦争後に国号を変更した)の外交権をうばうなど，植民地化を進めた。そして，抵抗運動を武力で鎮圧すると，1910年，韓国を併合した。日本の植民地支配は1945年まで続いた。

2　A：アヘン戦争　B：南北戦争　C：王政復古　D：北海道　E：ポーツマス条約

3(1)　「物価の上昇」と結ぶ。

(2)　条約を改正し，領事裁判権の撤廃を実現させた。最初に交渉に応じた国はイギリス。

(3)　ロシア，フランス，ドイツ。日本は遼東半島を清に返還し，かわりに還付金を得た。

4(1)　ア：天皇　イ：内閣　ウ：帝国議会

(2)　エ：イギリス　オ：フランス

(3)　帝国主義

探究のステップ

① 独立革命や市民革命によって古い体制をたおした。さらに，産業革命によって経済の仕組みを変え，経済や科学技術，社会を大きく発展させた。

② 欧米諸国のアジアへの帝国主義的な進出の影響は日本にもおよび，日本は開国をせまら

れた。そして開国し，貿易が開始されると，物価の上昇などから社会不安が生まれ，開国した幕府への批判が，倒幕の動きへと発展した。

③ 新政府が，「富国強兵」「殖産興業」をスローガンに積極的な近代化政策を進めたこと，さらに，いろいろな産業で企業をおこしたり，新しい思想を紹介するなど，民間でも近代化の動きが起こったことによって，日本では，アジア諸国に先がけて近代化が進んだ。

④ 日本は，朝鮮を勢力範囲に収めることを目指すようになった。そのことで対立した清との戦争に勝利し，朝鮮での優位な立場を獲得した日本は，満州に進出してきたロシアと利害が対立するようになった。

探究課題

　当時，国の近代化を進めるということは，欧米諸国に並ぶように努めるということだった。日本は，憲法を制定し，議会を開くなど国内の近代化を進める一方で，朝鮮への帝国主義的な進出を目指すようになった。そして，日清・日露戦争に勝利して，朝鮮(韓国)を植民地とした日本は，帝国主義の道を進む欧米列強と同じように，帝国主義国の一員として，アジアの民族に接していくことになった。

まとめの活動　# 日本と世界の結び付きを考えよう。

●教科書 p.204〜205

　ウェビングの「ウェブ(web)」とは「クモの巣」という意味である。ウェビングとは，クモが糸を出して巣を作っていくように，一つのテーマから「連想」される出来事をつないでいき，できあがった「巣」から設定したテーマを考える，という学習方法である。

　ウェビングで求められることがいくつかある。
① 丸暗記はむだ：出来事や事項の内容を理解することが，「連想」を広げるうえで大切であり，丸暗記しても役に立たない。内容をしっかり理解すれば，出来事や事項の関係が見えてくる。

② 因果関係を考える：歴史上の出来事には因果関係がある。ある出来事は，他の出来事の影響を受け，あるいは結果として起きている。歴史の学習では，常に因果関係に注目しよう。

③ 分類を考える：連想された出来事は，分類してグループにまとめ，「ウェブ」の中に配置していくとよい。そして，例えば，「政治」の中に「政府の動き」「政党の動き」「民間の動き」というように小さなグループを作ると，よりまとめやすい。

　さあ，ウェビングに挑戦しよう。

❶ 次の文中の（　　　）に当てはまる言葉を書き，あとの問いに答えなさい。

　17世紀中ごろ，イギリスで国王と議会の対立から内戦が起こり，議会側が国王を処刑（しょけい）して共和政を始めた。これを（①　　　　　　）と呼ぶ。共和政は長くは続かず王政にもどるが，国王が専制を行ったために（②　　　　　　）が起きて，ₐ憲法に基（もと）づいて国王が政治を行う体制が成立し，議会政治が発展した。イギリスの植民地だったアメリカでは，独立を求める声が高まり，独立戦争によってアメリカ合衆国が成立し，ᵦ合衆国憲法が制定された。フランスでは，꜀国王が権力の全てをにぎる政治が行われていたが，第三身分と呼ばれた平民を中心に不満が高まり，革命が始まった。第三身分の人々が革命の理念として発表した（③　　　　　　）には，ₔ啓蒙（けいもう）思想家と呼ばれる人々の考えが反映されている。

問1 下線部 a のような体制を何と呼ぶか，漢字で書きなさい。（　　　　　　　　　）

問2 下線部 b の憲法には三つの柱がある。人民主権，連邦制とあと一つは何か，書きなさい。
　　　　　　　　　　　　　　　　　　　　　　　　　　（　　　　　　　　　）

問3 下線部 c のような政治を何と呼ぶか，漢字で書きなさい。（　　　　　　　　　）

問4 下線部 d について，社会契約（けいやく）説と抵抗権（ていこう）を唱えた思想家を，次のア〜ウから一つ選び，記号で答えなさい。
　　　　ア　モンテスキュー　　　イ　ルソー　　　ウ　ロック　　　（　　　　　　）

❷ 次の年表を見て，あとの問いに答えなさい。

問1 年表中の①について，大老（たいろう）としてこの条約を結んだのはだれか。　（　　　　　　）

問2 年表中の②について，この年に起きた出来事を，ア〜エから一つ選び，記号で答えなさい。
　　　　ア　安政の大獄（あんせい　たいごく）　　イ　長州藩の外国船砲撃（ちょうしゅうはん　ほうげき）
　　　　ウ　下関戦争（しものせき）　　エ　生麦事件（なまむぎ）
　　　　　　　　　　　　　　　　　（　　　　　　）

年	出来事
1853	ペリーが浦賀（うらが）に来航した。
1854	日米和親条約を結んだ。
1858	日米修好通商条約を結んだ。…①
1864	幕府が長州藩を攻めた。…②
1866	長州藩が（　③　）藩と同盟した。
1867	〔　　④　　〕
1868	（　⑤　）戦争が起こった。

問3 年表中の③に当てはまる藩の名前を書きなさい。　　　（　　　　　　　　　）

問4 年表中の④に当てはまる最も適切な文を，ア〜ウから一つ選び，記号で答えなさい。
　　　　ア　王政復古の大号令に従って徳川慶喜（とくがわよしのぶ）が大政奉還（ほうかん）した。
　　　　イ　徳川慶喜が大政奉還すると，西郷隆盛（さいごうたかもり）らが朝廷（ちょうてい）に工作して王政復古の大号令を出した。
　　　　ウ　徳川慶喜は大政奉還し，朝廷に王政復古の大号令を出すよう求めた。（　　　　　　）

問5 年表中の⑤に当てはまる言葉を書きなさい。　　　　（　　　　　　　　　）戦争

❶ 解答

① ピューリタン革命
② 名誉革命
③ 人権宣言

問1　立憲君主制
問2　三権分立
問3　絶対王政
問4　ウ

ココがポイント！

　17世紀から18世紀にかけて欧米でおきた市民革命は，近代国家を造った重要な出来事である。それぞれの内容や関係，意義をしっかり理解しよう。

①・②　ピューリタン革命で議会派を指導したクロムウェルは，独裁的な政治を行ったため，人々の支持を失った。クロムウェルの死後，王政が復活したが，新しい国王が専制政治を復活させようとしたため名誉革命が起きた。

③　人権宣言は，三部会の平民議員を中心に設立された国民議会で発表された。

問1・問3　国王が絶対的な権力を持ち，独断で政治を行う絶対王政は市民革命によってたおされた。かわって成立したのが立憲君主制と共和政である。立憲君主制は，国王と議会との関係，制定された憲法の内容によって政治の行われ方が異なることに注意しよう。

問2・問4　三権分立はモンテスキューが唱えた。ロックは抵抗権，ルソーは人民主権を主張した。

❷ 解答

問1　井伊直弼
問2　ウ
問3　薩摩
問4　イ
問5　戊辰

ココがポイント！

問1　大老となった井伊直弼は，東アジアの情勢などを見て開国をさけることはできないと判断し，開国を認めようとしない朝廷の意向を無視して，日米修好通商条約を結んだ。しかし，反発する勢力によって，1860年，桜田門外の変で暗殺された。

問2・問3　下関戦争で下関砲台を占領された長州藩と，薩英戦争で鹿児島を攻撃された薩摩藩は，攘夷が不可能であることを知り，幕府をたおし，新しい政府を立てることを考えるようになった。両藩を結び付け，同盟させたのは土佐藩出身の坂本龍馬である。

問4・問5　幕府への批判が高まる中，土佐藩主の建白を受けた徳川慶喜は，大政奉還をしていったん政権を手放すが，新しい政府で徳川将軍家の影響力を残そうと考えた。しかし，あくまでも倒幕を目指す薩摩藩や長州藩，公家の一部は朝廷に働きかけて王政復古の大号令を出させ，さらに，慶喜に官職や領地の返上を命じた。これに旧幕府勢力が反発して，戊辰戦争となった。

❸ 次の図を見て，あとの問いに答えなさい。

問1　図中の①〜③に当てはまる適切な言葉を，ア〜ウから一つずつ選び，記号で答えなさい。なお，同じ言葉を二度使ってはいけません。

ア　指揮　　イ　統帥（とうすい）　　ウ　補佐

①（　　　　　）

②（　　　　　）

③（　　　　　）

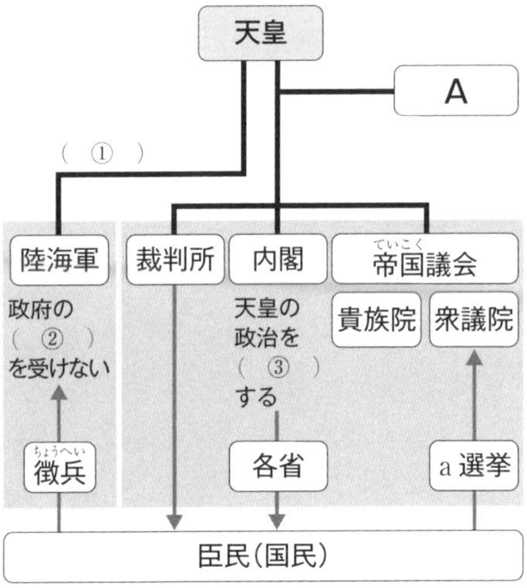

問2　図中Aは，天皇の質問に答え，重要な問題を審議（しんぎ）するために設置された。何と呼ぶか書きなさい。　　　（　　　　　　　　　　）

問3　図中aに関する次の文の空欄（くうらん）に当てはまる数字を書きなさい。

　　当初，選挙権は，直接国税（①　　　　）円以上を納める，満（②　　　　）歳（さい）以上の男子にのみあたえられた。

天皇

A

（　①　）

陸海軍
政府の
（　②　）
を受けない

裁判所　内閣　帝国議会（ていこく）

貴族院　衆議院

天皇の
政治を
（　③　）
する

徴兵（ちょうへい）

各省

a 選挙

臣民（国民）

❹ 次の資料を読み，あとの問いに答えなさい。

①　日本に対して輸出入する商品は別に定めるとおり，日本政府へ関税を納めること。

②　（a　　　　　）国は（b　　　　　）国が完全無欠の独立自主の国であることを確認する。

③　日本国の人民が（　b　）国の開港地に在留中に罪を犯し（おか），（　b　）国の人民に関係する事件は，日本の領事が裁判を行う。

④　（c　　　　　）帝国政府は，（　a　）国政府の承諾（しょうにん）を得て，旅順口（りょじゅん（リュイシュン）），大連（だいれん）（ターリエン）ならびにその付近の租借権（そしゃく）および租借権に関連するいっさいの権利を日本帝国政府（ていこく）に移転・譲渡（じょうと）する。

⑤　下田（しもだ），函館（はこだて）の両港は，（d　　　　　）船のまきと水，食料，石炭，欠乏（けつぼう）の品を，日本で調達することに限って，入港を許可する。

問1　①〜⑤はいずれも日本が外国と結んだ条約の条文である。それぞれにあてはまる条約名を書きなさい。なお，条文は分かりやすい表現に改めてある。

①（　　　　　　　　）　　②（　　　　　　　　）

③（　　　　　　　　）　　④（　　　　　　　　）

⑤（　　　　　　　　）

問2　各文中の空欄に当てはまる国名を，ア〜エから一つずつ選び，記号で答えなさい。

ア　アメリカ　　イ　清（しん）　　ウ　朝鮮（ちょうせん）　　エ　ロシア

a（　　　　　）　　b（　　　　　）　　c（　　　　　）　　d（　　　　　）

❸ 解答

問1　① イ
　　　② ア
　　　③ ウ
問2　枢密院
問3　① 15（円）
　　　② 25（歳）

ココがポイント！

問1　①統帥とは，軍隊を指揮するということである。軍は天皇が直接指揮するものであり，内閣や議会の指示や命令は受けないという仕組みになっている。大日本帝国憲法では，このように天皇にさまざまな権限をあたえており，それらを天皇大権という。

問2　枢密院は，憲法調査のために行っていたヨーロッパから帰国した伊藤博文を中心に，憲法草案を審議するために設置された機関である。大日本帝国憲法で，天皇の質問に答えたり，重要な問題を審議する機関として改めて位置付けられた。外交・内政両方に大きな影響力を持っていた。

問3　第1回衆議院議員選挙の時，この条件にあてはまる有権者は，総人口の1.1％しかいなかった。選挙権に加えられる制限は，性別，年齢，納税額などである。後に起こる普通選挙を求める運動で撤廃が求められたのは納税額であり，性別による制限撤廃，すなわち女性参政権を求める声は，なかなか大きくならなかった。

❹ 解答

問1　① 日米修好通商条約
　　　② 下関条約
　　　③ 日朝修好条規
　　　④ ポーツマス条約
　　　⑤ 日米和親条約
問2　a：イ
　　　b：ウ
　　　c：エ
　　　d：ア

ココがポイント！

問1・問2　①1858年に結ばれた日米修好通商条約の第4条である。関税は日米両国が話し合って，別に定めるという取り決めで，日本に関税自主権がないことになる。②1895年に結ばれた日清戦争の講和条約の第1条である。清（a）が朝鮮（b）の独立を認めた内容で，朝鮮への清の影響力を失わせ，かわって日本が強い影響力を持つことになった。③1876年に結ばれた日朝修好条規の第10条である。日本の領事裁判権を認めさせる内容で，欧米諸国が日本などアジア諸国におしつけたのと同じ不平等条約であった。④1905年に結ばれた日露戦争の講和条約の第5条である。ポーツマスは，講和会議が開かれたアメリカの都市である。ロシア（c）が清（a）に持っていた遼東半島の租借権を日本に譲渡することを取り決めた。ロシアは，このほかにも長春以南の鉄道利権，北緯50度以南の樺太を日本に譲渡し，日本は満州進出の足がかりを得た。⑤1854年にアメリカ（d）と結んだ日米和親条約の第2条である。この条約で，日本は鎖国から開国へと転換した。

1節 第一次世界大戦と日本

☑ 第一次世界大戦はなぜ起こり，世界と日本にどのような影響をあたえたのでしょうか。

1 第一次世界大戦

●教科書 p.208～209

ここに注目！

1 ヨーロッパ諸国の対立
どの国がどの国と対立していたのだろう？

2 第一次世界大戦
総力戦とはどういうことなのだろう？

? 第一次世界大戦は，どのように拡大し，日本はなぜ参戦したのかな？

同盟と協商▶同盟は同じ目的のために，同じ行動をとることを約束するもので，軍事的関係がふくまれることが多い。それに対し協商は，課題を調整しながら親善関係を結ぼうというもので，同盟よりはゆるやかなものといえる。しかし，協力関係を約束したという意味では同じである。

1 ヨーロッパ諸国の対立　**三国協商と三国同盟の両方が軍事力を競い合いつつ，対立した。**

①欧米諸国は植民地獲得競争をくり広げ，アフリカや太平洋地域も大半を植民地とした。

②欧米諸国の関係
- ・ドイツの台頭→警戒したフランスとロシアが同盟。
- ・ロシアの東アジア進出→警戒したイギリスは日英同盟を結ぶ。
- ・日露戦争でロシアが敗戦→イギリスはロシアと協商を結び，関係を改善。

③三国同盟（1882年）
- ・ドイツとオーストリアが，ロシアに対抗するために結んでいた同盟に，イタリアが参加して成立。
- ・イタリアとオーストリアは領土をめぐる対立をかかえていた。

④三国協商：イギリス，ロシア，フランスが，二国間の関係を結ぶことによって成立した。
- ・露仏同盟（1891年）：ロシアとフランス間の政治・軍事同盟。
- ・英仏協商（1904年）：ドイツに対抗するために結ばれた。
- ・英露協商（1907年）：ドイツのバルカン半島進出に対抗するため。

⑤オーストリアの民族問題：第一次世界大戦前のオーストリアは，現在のチェコ，スロバキア，ハンガリー，スロベニア，クロアチア，ボスニア・ヘルツェゴビナ，セルビアやルーマニアの一部も含む多民族の国家で，複雑な民族問題をかかえていた。

⑥バルカン半島：バルカン半島は，18世紀まではオスマン帝国の支配下にあったが，帝国の衰退にともない，各地で民族運動が盛んとなった。

- スラブ民族の独立運動をスラブ民族であるロシアが支援。
- オーストリアは独立運動をおさえるため，ロシアに対抗してバルカン半島に進出を図る→バルカン半島は「ヨーロッパの火薬庫」。

2 第一次世界大戦 ▶ 国民・経済・資源・科学技術など国力の全てをそそぎこむ総力戦となった。

①サラエボ事件：1914年にサラエボで起きた，スラブ系のセルビア人によるオーストリアの皇位継承者夫妻暗殺事件→第一次世界大戦へ。

- サラエボ：現在はボスニア・ヘルツェゴビナの首都。当時はオーストリア領。

②第一次世界大戦（1914年7月～1918年11月）

- オーストリアがセルビアに宣戦→三国同盟によりドイツが参戦。
- 同盟国側：オーストリア，ドイツ，オスマン帝国。
- 連合国側：ロシア，フランス，イギリス，イタリア（オーストリアとの間の領土問題から三国同盟を破棄し，連合国側に参戦）。
- 日本：日英同盟を理由として連合国側に参戦した（→p.137）。
- アメリカ：中立を宣言したが，1917年，連合国側で参戦した。
  参戦のきっかけ：中立国の商船もふくむ全ての艦船を潜水艦で攻撃するという，ドイツの無制限潜水艦作戦によって，自国の民間人に多数の犠牲者が出ていた。

③総力戦：4年におよんだ第一次世界大戦では，国民・経済・資源・科学技術が総動員された。

- 兵器・弾薬などを生産する経済力や資源，新兵器を開発する科学技術力，兵士や労働者として働く国民の全てが動員された。
  →イギリスやフランスは植民地の人々を兵士として動員した。
- 新兵器：戦車，飛行機，毒ガス，潜水艦などの新兵器が使われて，被害を大きくした。
- 女性も兵器製造などに動員された→戦後に発言力が強まった。

読み取る 教科書p.208**1**の Ⓐ Ⓒ Ⓓはどのような兵器か，またこれらの兵器で，戦争がどのように変化したか，考えましょう。

解答例

Ⓐ飛行機：飛行機同士の戦闘や地上への攻撃に使われた。

Ⓒ戦車：ざんごうや鉄条網を乗りこえる威力を発揮した。

Ⓓ機関銃：機関銃は，日露戦争で初めて本格的に使用された。写真の兵士は，新兵器の毒ガスに備え，防毒マスクをつけている。

　これらの兵器は，兵士の被害を大きくした。また，兵器を大量に生産する工業力・技術力・資源力が必要とされた。

チェック 第一次世界大戦前に，ヨーロッパにはどのような対立があったか，本文からぬき出しましょう。

解答例

- 「19世紀末にドイツが強国になると，フランスとロシアは同盟を組んで対抗しました。」
- 「三国同盟と三国協商の両方が軍事力を増強しながら対立する」
- 「スラブ民族を中心とした国であるロシアは～進出しようとしました。」

トライ 第一次世界大戦がそれまでの戦争と異なる点を説明しましょう。

解答例 国民・経済・資源・科学技術など，国力の全てを総動員する総力戦となったこと。

② ロシア革命

ここに注目！

① ロシア革命
革命の結果はどうなったの？

② シベリア出兵とソ連の成立
日本などは，なぜシベリアに出兵したのかな？

③ 独裁と計画経済
ソ連はどんな政策を推し進めたのかな？

？ 第一次世界大戦中に，ロシアではどのような動きがあり，日本はどう対応したの？

 考える なぜ日本は他国が撤兵した後もシベリア出兵を続けたのか，考えましょう。

解答例 シベリアに領土を得ることも出兵の目的としていたため。

チェック ロシア革命の指導者と革命政府が採った思想を挙げましょう。

解答例
[指導者]レーニン
[思想]社会主義思想

 トライ ロシア革命に対して日本などの各国が採った対応と，その理由を説明しましょう。

解答例 社会主義の拡大をおそれ，革命への干渉戦争を起こし，シベリアにも派兵した。

---

① ロシア革命　**革命でロシア皇帝は退位し，史上初の社会主義政府が成立した。**

①19世紀後半のロシアでは社会主義の考えが広まっていた。

②第一次世界大戦が総力戦として長期化→民衆の生活が苦しくなり，皇帝の専制に対する国民の不満。

③ロシア革命の経過

・1917年，「パンと平和」を求める労働者のストライキや兵士の反乱が続いた。

・労働者・兵士の代表者会議(ソビエト)が各地に設けられた。

・1917年3月，皇帝は退位し，臨時政府ができたが，各地のソビエトも力を持っていたため，政治の状況は不安定だった。

・1917年11月，レーニンの指導の下でソビエトに権力の基盤を置く史上初の社会主義の政府ができた(ロシア革命)。

② シベリア出兵とソ連の成立　**日本，アメリカなど4か国は，社会主義の拡大をおそれ，シベリア出兵を行った。**

①革命政府は，農民に土地を分配し，重要な産業を国営化した。

②1918年3月，ドイツと単独で講和を結んだ。

③革命は，資本主義に不満を持ち，戦争に反対する人々の支持を得た。

④1918年，社会主義の拡大をおそれた日本は，アメリカ，イギリス，フランスとともにシベリアに出兵した(革命への干渉戦争)。

⑤1922年，革命政府は干渉戦争に勝利し，国内の反革命派を鎮圧して，ソビエト社会主義共和国連邦(ソ連)を成立させた。

③ 独裁と計画経済　**ソ連政府は「五か年計画」を始め，重工業の増強と農業の集団化を強行した。**

①革命を指導した政党は名前を共産党に改めた→各国で共産党設立。

②スターリンは，ソ連一国の共産主義化を優先し，独裁的に進めた。

・「五か年計画」：政府が作成した計画に基づいて，重工業の増強，農業の集団化を強行した→計画経済で国力をのばした。

③ 国際協調の高まり

ここに注目！

① ベルサイユ条約と国際連盟
講和会議ではどんなことが話し合われたの？

② 国際協調の時代
国際協調はどのように進んだの？

③ 民主主義の拡大
ワイマール憲法の特色は何だろう？

？ 第一次世界大戦後，国際関係はどのように変わったのかな？

① ベルサイユ条約と国際連盟

ドイツに巨額の賠償金を課すこと，民族自決の原則や国際連盟の設立などが話し合われた。

①1919年1月，第一次世界大戦の講和会議がパリで開かれ，6月に講和条約（ベルサイユ条約）が調印された。

・イギリス，フランスなど戦勝国の利益が優先され，ドイツは巨額の賠償金を課せられ，軍備や領土を縮小された(→p.136)。

・民族自決の原則がかかげられた→東ヨーロッパに多くの国が生まれたが，アジア・アフリカの植民地支配は続いた。

②国際連盟：1920年，アメリカ大統領ウィルソンの提案を基に，世界平和と国際協調を目的とする国際組織として発足した。

・イギリス，フランス，イタリア，日本が常任理事国となった。

・国内の反対でアメリカが加入できず，紛争解決のための手段が限られていた→国際連盟の影響力は大きくなかった。

② 国際協調の時代

軍縮，中国の独立と領土保全などを話し合う国際会議が開かれた。

①アメリカは，第一次世界大戦で弱体化したヨーロッパ諸国にかわり，世界経済の中心となった→政治的発言権も増した。

②ワシントン会議（1921〜22年）：アメリカの呼びかけで開かれた。

・海軍の軍備の制限（ワシントン海軍軍縮条約）。

・太平洋地域の現状維持と，中国の独立と領土の保全を確認。

・日英同盟の解消。

③ドイツが国際連盟に加盟した（1926年）。

③ 民主主義の拡大

ワイマール憲法は，男女普通選挙や労働者の基本権の保障，社会福祉政策を定めた。

①各国で，女性の選挙権が認められた(→教科書p.213⑥)。

②ドイツで，ワイマール憲法が制定された（1919年）。

・男女普通選挙権，労働者の基本的権利の保障，社会福祉政策。

③イギリスで，初の労働党内閣が発足した（1924年）。

見方・考え方 **解答例**

・ドイツ，ロシア（ソ連）の領土が縮小。

・東ヨーロッパで多くの独立国が誕生→オーストリア・ハンガリーとオスマン帝国が解体。

チェック **解答例**

・「東ヨーロッパで多くの民族が独立しました。」

・「世界平和と国際協調を目的とする国際連盟が発足しました。」

・「アメリカは，第一次世界大戦で力を弱めたヨーロッパ諸国にかわって世界経済の中心になりました。」

・「日英同盟は解消されました。」

・「ドイツも国際連盟への加盟を認められました。」

トライ 第一次世界大戦後に欧米諸国はどのような国際関係を築こうとしたか，20字程度で説明しましょう。

解答例 軍縮や国際協調を進めようとした。

④ アジアの民族運動

●教科書 p.214〜215

ここに注目！

❶ 第一次世界大戦と日本	❷ 中国の反帝国主義運動	❸ 朝鮮の独立運動	❹ インドの民族運動
第一次世界大戦が起きたとき，日本はどうしたのかな？	五・四運動ではどんな要求がかかげられたの？	三・一独立運動に日本はどう対応したの？	インドの民族運動を指導したのはだれだろう？

？ 第一次世界大戦後，アジアではどのような運動が起こったのかな？

みんなでチャレンジ

アジアでの民族運動をとらえよう

解答例

(1)
[中国]五・四運動を起こした。
[朝鮮]三・一独立運動を起こした。
[インド]イギリスに対する抵抗運動を起こした。
(2)自分の国が日本やイギリスによる植民地支配あるいは帝国主義的侵略にさらされているから。
(3)独立を回復または維持し，自分たちの主権や権利を守ること。

---

❶ 第一次世界大戦と日本 ▶ **第一次世界大戦が起こると，日本は中国に二十一か条の要求をつきつけた。**

①第一次世界大戦が起こると，日本は，山東省（シャントン）のドイツ租借地や，ドイツ領南洋諸島を占領した。

②欧米列強のアジアへの影響力が弱まったことを利用し，日本は中国に二十一か条の要求を示し，大部分を強引に認めさせた（1915年）。

・ドイツが山東省に持っている権益の継承。

・旅順（リュイシュン）・大連（ターリエン）の租借期限の99年間の延長。

・南満州・東部内蒙古の鉱山の採掘権を日本人にあたえること。

→中国は，主権をおかす日本の要求に強く反発。

→日本の影響力の増大を警戒するアメリカやイギリスは警告。

❷ 中国の反帝国主義運動 ▶ **日本の権益を認めたベルサイユ条約に抗議し，帝国主義に反対する五・四運動が起きた。**

①中国は，パリ講和会議で，山東省の権益の中国への返還を求めたが拒絶された→中国民衆の不満が爆発。

②五・四運動

・1919年5月4日，北京（ペキン）での学生集会をきっかけに反日運動が起こる→帝国主義に反対する全国的な運動へと発展。

③五・四運動をきっかけに，孫文（スンウェン）は中国国民党（国民党）を結成した（1919年）。

・国民党は，中国共産党（1921年結成）と協力して，国内の統一を目指した。

④日本の対応

・ベルサイユ条約で山東省のドイツ権益を引きつぐことが認められた→ワシントン会議の結果，権益を返還。

・武力よりも経済進出を重視する政策に転換した→中国では，満州の権益回収を求め，日本製品の不買運動などの反日運動が続いた。

年	月	出来事
1914	7	第一次世界大戦が始まる
	8	日本がドイツに宣戦布告（第一次世界大戦に参戦）
	9	日本軍が山東省に上陸→11月，青島占領
	10	日本軍がドイツ領南洋諸島を占領
1915	1	中国政府が日本に山東省からの撤退を要求（7日） 日本政府が中国に二十一か条の要求を提出（18日）
	5	日本が二十一か条の要求について最終的要求（7日） 中国政府が要求を受諾（9日，中国では「国恥記念日」）
1918	11	第一次世界大戦が終わる
1919	1	パリ講和会議が始まる
	3	朝鮮で三・一独立運動が起こる
	5	中国で五・四運動が起こる 旧ドイツ領南洋諸島が日本の委任統治領となる
1921	11	ワシントン会議が始まる（～1922年2月）
1922	2	日本が山東省の権益を中国に返還することが決まる

▲日本と中国・朝鮮などの動き

3 朝鮮の独立運動 ▶ 日本は，三・一独立運動を武力で鎮圧した。

①三・一独立運動：パリ講和会議中の1919年3月1日，日本からの独立を求める運動が起こり，朝鮮全土に広がった。
- 京城（ソウル）で，日本からの独立を宣言する文章を発表すると，人々は「独立万歳」をさけんでデモ行進した。
- 独立運動はまたたく間に朝鮮半島全体に広がった。

②朝鮮総督府は武力で運動を鎮圧した。
- 日本国内から批判の声，国際世論への配慮などの理由で，武力による統治方針を転換した。
- 日本への同化政策を進めたため，独立運動は続いた。

4 インドの民族運動 ▶ イギリスの支配に対し，ガンディーは，非暴力・不服従による抵抗運動を指導した。

①第一次世界大戦中，イギリスはインド人兵士をヨーロッパの戦場に動員する見返りとして，インドに自治をあたえることを約束した。
- インドは動員に協力したが，戦後，イギリスはこの約束を守らず，民族運動を弾圧しようとした。

②ガンディーは非暴力・不服従を唱え，イギリスに対する抵抗運動を指導した。
- 非暴力：暴力的な手段には訴えない。
- 不服従：イギリスの支配には従わない。

☑ チェック　五・四運動と三・一独立運動の訴えの内容を，それぞれ本文からぬき出しましょう。

解答例
［五・四運動］
「帝国主義に反対」
［三・一独立運動］
「日本からの独立」

✎ トライ　アジアで民族運動が活発になった背景を説明しましょう。

解答例　パリ講和会議で民族自決の原則が唱えられたことが，アジアでの民族運動の高まりの背景にあった。

2節 大正デモクラシーの時代

☑ なぜ日本で民主主義の風潮が高まったのでしょうか。

1 大正デモクラシーと政党内閣の成立

●教科書 p.216～217

ここに注目！

1 第一次護憲運動
護憲運動は何を求めたのかな？

2 大戦景気と米騒動
なぜ米騒動が起こったのだろう？

3 本格的な政党内閣の成立
本格的な政党内閣を組織したのはだれ？

4 大正デモクラシーの思想
どんな主張や考えがあったの？

? 大正時代の社会や政治は，どのような特色を持っていたのかな？

まとめる 本文や教科書p.217 **4 5** から，米騒動の原因や内容，影響についてまとめましょう。

解答例 シベリア出兵を見こして米が買いしめられ，値上がりしたことが原因で，米の安売りを求めて人々が集まり，騒動となった。影響は全国的に広がり，政府は軍隊を出動させた。

---

1 第一次護憲運動

> 藩閥政治に対して，憲法に基づく政治を守ることを求めて護憲運動が起きた。

①日露戦争前後，藩閥・官僚勢力と立憲政友会(→p.119)が交互に政権を担当した。

②1912年，立憲政友会の内閣(第2次西園寺公望内閣)がたおされ桂太郎が首相になると，内閣に反対する運動が広がった。

・桂太郎は長州閥で，天皇の命令を引き出して首相となった。

③第一次護憲運動：藩閥をたおし，憲法に基づく政治を求めた運動。

・一部の議員，新聞，知識人などが運動を起こし，民衆も支持。

・1913年，桂内閣は退陣した。

2 大戦景気と米騒動

> シベリア出兵を見こした米の買いしめから米の値段が大幅に上がり，米騒動が発生した。

①第一次世界大戦は日本に好況(大戦景気)をもたらした。

・ヨーロッパ諸国にかわり，連合国やその植民地，アメリカへ工業製品を輸出。

・重化学工業が発展し，工業国としての基礎が築かれた。

・好況によって物価が上昇し，民衆の生活は苦しくなった。

②米騒動

・原因：シベリア出兵(→p.134)が実行されれば米が値上がりするだろうと見こして，米が買いしめられた→米の値段が大幅に上昇。

東京の米価：19.8円(1917年平均)→43.91円(1918年10月)。

＊1石(約150kg)の値段。

・経過：富山県で，米の安売りを求める騒動が起こり，全国に広がった→寺内正毅内閣は軍隊を出動させて鎮圧した(→教科書p.217 **4**)。

3 本格的な政党内閣の成立

米騒動後，立憲政友会による本格的な政党内閣である原敬内閣が成立した。

①藩閥の寺内内閣が米騒動で退陣すると，衆議院第一党の<u>立憲政友会</u>総裁の<u>原敬</u>を首相とする内閣が成立した。
- 陸軍大臣，海軍大臣，外務大臣以外の閣僚を立憲政友会の党員で組織した<u>本格的な政党内閣</u>。
- 原は華族ではなかったので「平民宰相」と呼ばれて親しまれた。

②<u>普通選挙</u>には消極的で，投票権を制限する納税額引き下げ(10円→3円)にとどまった。

4 大正デモクラシーの思想

吉野作造の民本主義や，美濃部達吉の天皇機関説の主張が政党政治を理論的に支えた。

①第一次世界大戦後，民主主義(デモクラシー)が唱えられた。この風潮を<u>大正デモクラシー</u>と呼ぶ。

②<u>吉野作造</u>：政治の目的を一般民衆の幸福と利益に置き，一般民衆の意向に沿って政策を決定すべきという<u>民本主義</u>を唱えた。

③<u>美濃部達吉</u>：主権は国家にあり，天皇は国家の最高機関として憲法に従って統治するという<u>天皇機関説</u>を唱えた。
- 吉野と美濃部の主張は，デモクラシーの思想の広がりに，大きな役割を果たした。

✓チェック 桂内閣と寺内内閣が退陣した理由と，原内閣の特色を，それぞれ本文からぬき出しましょう。

解答例
[桂内閣]
「一部の議員や新聞，知識人は〜民衆もこれを支持して運動が盛り上がったため」
[寺内内閣]
「米騒動によって」
[原内閣]
「陸軍・海軍・外務の〜本格的な政党内閣」

✎トライ 大正時代の日本の政治にはどのような特色があるか，20字程度で説明しましょう。

解答例 護憲運動が起こり，本格的な政党内閣が成立した。

2 広がる社会運動と男子普通選挙の実現

●教科書 p.218〜219

ここに注目！

1 社会運動の広がり	2 差別からの解放を求めて	3 女性による運動	4 男子普通選挙の実現
どのような広がりを見せたの？	どのような運動が進められたの？	運動の目標は何だったのだろう？	男子普通選挙はいつ実現したの？

? デモクラシーの風潮は，どのような運動に発展したのかな？

1 社会運動の広がり

労働争議や小作争議がしきりに起こり，社会主義運動も活発化した。

①第一次世界大戦後，労働運動や農民運動，女性運動などの社会運動が活発となり，社会主義思想も広がった。

②<u>労働争議</u>：賃金の引き上げ，労働時間の短縮など労働条件の改善を求める労働者と経営者との間で起きる争い→労働者は，しばしば<u>ストライキ</u>などの手段に訴えた。

さまざまな社会運動が広がる中で，人々の中にどのような意識が生まれ，高まったか，考えましょう。

解答例 自分たちの生活の改善・向上，さまざまな差別からの解放，政治に参加する権利などを求める意識が生まれ，高まった。

大正時代から昭和時代の初めにかけて活発になった社会運動を，本文からぬき出しましょう。

解答例
・「労働運動」
・「農民運動」
・「女性運動」
・「部落解放運動」
・「アイヌ民族の解放運動」

それぞれの社会運動はどのようなことを訴えていたか，簡単に説明しましょう。

解答例
[労働運動]
　労働者の権利の保障
[農民運動]
　小作料の減額
[女性運動]
　女性の政治活動の自由，女子高等教育の拡充，男女共学，女性参政権
[部落解放運動]
　部落差別からの解放
[アイヌ民族の解放運動]
　アイヌ民族の社会的地位の向上

・友愛会：1912年に結成された日本労働総同盟の前身。1920年，第1回メーデーを主催。

・日本労働総同盟：1921年，友愛会が改称した労働組合の全国組織。

③小作争議：小作料の減額などを求めて農民が起こした争議。

・日本農民組合：1922年に結成され，農民運動の中心となった。

④社会主義運動

・日本社会主義同盟：1920年に結成され，半年後に解散命令。

・日本共産党：ロシア革命の影響を受け，1922年に結成（非合法）。

2 差別からの解放を求めて ▶ 全国水平社が被差別部落の解放を，北海道アイヌ協会がアイヌ民族の地位向上を訴えた。

①部落解放運動：被差別部落の人々は，政府にたよらず，自力で人間としての平等を勝ち取り，差別からの解放をめざす運動を進めた。

・1922年，全国水平社が京都で結成された。

・差別からの解放を求める運動は全国に広がった。

②アイヌ民族の解放運動

・1930年，北海道アイヌ協会が結成され，アイヌ民族の社会的地位の向上を訴えた。

3 女性による運動 ▶ 新婦人協会が設立され，女性の政治活動の自由，女子高等教育の拡充などを求めた。

①女性差別からの解放を目指す女性運動も盛んになった。

・平塚らいてうは青鞜社を結成し（1911年），古い道徳や社会的制約からの女性解放を唱えた→青鞜社の宣言（→教科書p.219**9**）。

・新婦人協会：1920年，平塚らいてう，市川房枝らが設立，女性の政治活動の自由，女子高等教育の拡充，男女共学，母性保護などを求める運動を展開した。

4 男子普通選挙の実現 ▶ 1925年に，男子普通選挙を定めた普通選挙法と，治安維持法が成立した。

①1924年，普通選挙実現をかかげた第二次護憲運動が起きた。

・加藤高明（憲政会党首）を首相とする，護憲三派（憲政会，立憲政友会，革新倶楽部）による連立内閣が成立した。

②1925年，加藤内閣は，普通選挙法を成立させた。

・納税額による制限が撤廃され，満25歳以上の男子に選挙権。

→有権者は約4倍に増加，女性の参政権は実現せず。

③治安維持法：政府が普通選挙法と同年に成立させた，共産主義などを取りしまる法律。

・後に強化されて，対象が社会運動全体に拡大された。

③ 新しい文化と生活

●教科書 p.220〜221

ここに注目！

1 教育の広がり	2 メディアの発達と文化の大衆化	3 新しい思想や文化	4 都市の生活
どのような広がりを見せたの？	どんなメディアが発達したの？	どんな人たちが活躍したのだろう？	都市の生活はどう変わったの？

? 大正時代の文化は，どのような特色を持っていたのかな？

1 教育の広がり
中等・高等教育が広がり，大学や専門学校も増えた。

①中学校や高等女学校への進学率が高まり，大学や専門学校が増えるなど，中等・高等教育が広がった。

②個性を大切にし，自主性を重視する自由教育の運動が始められた。

2 メディアの発達と文化の大衆化
新聞・雑誌・書籍などの活字文化が広がり，ラジオ放送も全国に普及した。

①教育の広がりを背景に，新中間層や一般大衆に向けた文化が発展。
・新聞・雑誌・書籍などの活字の文化が広がった→新聞や雑誌の発行部数増加，1冊1円の文学全集（円本），子ども向けの雑誌など。

②新しいメディアが生まれ，普及した。
・国産の活動写真（映画），蓄音機，レコードが普及した。
・ラジオ放送：1925年に始まり，全国に普及した。

3 新しい思想や文化
哲学では西田幾多郎，文学では芥川龍之介など，多方面で多数の人材が活躍した。

①学問の新しい流れ：西田幾多郎（東洋と西洋の哲学の統一。「善の研究」），柳宗悦（民衆の道具に美を見いだす→民芸運動）など。

②文学の新しい流れ：志賀直哉（個人を尊重する白樺派。「暗夜行路」），谷崎潤一郎（新しい風俗をえがく。「刺青」），芥川龍之介（知性的な作風。「羅生門」），小林多喜二（プロレタリア文学。「蟹工船」）など。

③美術・音楽の新しい流れ：岸田劉生（写実的な表現。「麗子像」），竹久夢二（雑誌の挿絵などで独特の画風），野口雨情（童謡の普及に尽力した詩人。「赤い靴」），山田耕筰（洋楽の作曲家，指揮者として活躍。「この道」），宮城道雄（箏曲，作曲者。「春の海」）など。

4 都市の生活
都市では，欧米風の生活様式が広まった。

①都市では，「文化住宅」，洋食など欧米風の生活様式が広まった。
②バスガール，電話交換手など，女性の社会進出が進んだ。

見方・考え方 文化が大衆化した背景について，教育やメディアに着目してまとめましょう。

解答例 大正時代には中等・高等教育が広がり，新聞・雑誌などの活字文化が受け入れられやすくなった。また，ラジオ放送が始まり，情報がより早く，広く届けられるようになった。

チェック 大正時代に普及したり流行したりしたものを，本文から〜

解答例 「中等・高等教育」「新聞・雑誌・書籍などの活字の文化」「国産の活動写真（映画）」「蓄音機やレコード」「歌謡曲」「ラジオ放送」「野球などのスポーツ」「プロレタリア文学」「欧米風の生活様式」など。

トライ 文化の大衆化が進んだ背景を，20字程度で説明しましょう。

解答例 中等・高等教育が広がり，メディアが発達した。

第6章 二度の世界大戦と日本

3節 世界恐慌と日本の中国侵略

☑ 経済情勢が変化する中，日本はどのようにして日中戦争に突入したのでしょうか。

1 世界恐慌とブロック経済

●教科書 p.222〜223

ここに注目！

1 世界恐慌の始まり
世界恐慌はどこから始まったの？

2 ニューディール
ニューディールとはどういう意味？

3 ブロック経済
ブロック経済はどんな影響をあたえたのかな？

? 世界恐慌は，世界にどのような影響をあたえたのかな？

 読み取る　解答例

(1)本国と植民地で経済圏を作っている。
(2)ソ連だけが影響を受けずに成長している。

 チェック　解答例

・「アメリカは，大不況に対応するため〜労働組合を保護しました。」
・「アメリカは自国の産業を優先して保護貿易の姿勢を強めた」
・「イギリスは〜関税を高くしました。」
・「フランスも，同じようにブロック経済を成立させました。」
・「イタリア・ドイツ・日本などは〜始めました。」

 トライ　解答例

株価大暴落がきっかけで起きたアメリカの恐慌が世界に波及した。

1 世界恐慌の始まり ▶ **1929年10月，ニューヨークの株式市場の株価大暴落から世界恐慌が始まった。**

①第一次世界大戦後，世界経済の中心となったアメリカは繁栄し，その繁栄はヨーロッパや日本にも広がった。

②世界恐慌の始まり：1929年10月，ニューヨーク株式市場の株価大暴落をきっかけにアメリカ経済は混乱し，恐慌となった。

③アメリカに起きた恐慌は世界中に広がった→世界恐慌。

2 ニューディール ▶ **アメリカでは，新規まき直しという意味のニューディール政策が実行された。**

①ローズベルト大統領のニューディール(新規まき直し)政策。

・農業や工業の生産を調整する→農家を保護し，物価を安定させる。

・公共事業をおこして失業者を減らし，労働組合を保護する。

→アメリカ国民の支持を受けて，民主主義の政治は維持されたが，保護貿易政策は世界経済へ打撃をあたえた。

3 ブロック経済 ▶ **各国がブロック経済を作ったため，国際協調体制は大きくゆらいだ。**

①ブロック経済：自国と関係の深い国や地域を囲いこみ，その中だけで経済を成り立たせる仕組み。

・イギリスやフランスは植民地との関係を密接にした。

・イタリア，ドイツ，日本などは新たな領土の獲得を始めた。

②各国が，自国第一の対策を追求したため，国際協調体制は大きくゆらいだ。

③五か年計画(→p.134)を立て，独自の経済政策を進めていたソ連は，世界恐慌の影響を受けることなく，工業国として発展した。

2 欧米の情勢とファシズム

●教科書 p.224～225

ここに注目！

1 ファシズム
ファシズムとは
何だろう？

2 イタリアのファシズム
イタリアのファシズムの
指導者はだれ？

3 ドイツのファシズム
ナチスが勢力をのばした
のはなぜだろう？

? ファシズムは，どのようにして台頭したのかな？

---

1 ファシズム ┃ 個人の自由や人間の平等，民主主義を否定する全体主義の運動をファシズムという。

①ファシズムの登場：競争に打ち勝った強い者が弱い者を支配する社会を望み，人間の平等を否定→ファシズム国家では，個人の自由や民主主義は否定される（全体主義）。

②ファシズムはイタリアで生まれ，資本家や新しい政治運動として期待した大衆の支持を得て，ドイツで勢力を拡大した。

③ファシズムは，スペインなどでも勢力をのばした。

**2 イタリアの
ファシズム** ┃ ファシスト党のムッソリーニが首相となり，国民の支持を受けて独裁政治を行った。

①イタリアは第一次世界大戦の戦勝国だったが，戦後も経済が混乱。

②1922年，ファシスト党を率いるムッソリーニが，領土問題や共産主義への国民の不満をあおるなどして政権をにぎり，首相に就任。

③経済の行きづまりを立て直そうとエチオピアを併合した（1936年）。

**3 ドイツの
ファシズム** ┃ ナチスは，ベルサイユ条約への国民の不満をあおるなどして，国民の支持を集めた。

①ドイツ国民は，ベルサイユ条約による賠償金の重い負担，経済の混乱に苦しめられていた→国民の大きな不満。

②ヒトラーが率いるナチス（国民社会主義ドイツ労働者党）の登場。

・ベルサイユ条約に対する国民の不満をあおる。

・ユダヤ人を迫害，共産主義者などを攻撃。

・ドイツ民族が他民族よりも優秀と宣伝。

③1932年，ナチスが第一党に→翌年，ヒトラーが首相となる→ほかの政党を解散させ，ワイマール憲法（→p.135）を停止して，ナチスの独裁を確立した。

・国際連盟からも脱退し，軍備を増強した。

④ナチス政権下のドイツ：公共事業と軍需産業によって経済が回復したが，秘密警察が国民を統制する全体主義国家となった。

 読み取る ドイツでヒトラーが国民から支持された理由を，教科書p.224～225**1267**を基に～

解答例 国民の不満を人種的な差別などに向け，徹底した宣伝活動で大衆に訴えたから。

☑ **チェック** ファシズムとはどのような考え方で主な指導者はだれか，本文からぬき出しましょう。

解答例
[考え方]
「ファシズムは，競争に打ち勝った強い者が弱い者を支配する社会を望んで，人間の平等を否定しました。」
[指導者]「ヒトラー」
「ムッソリーニ」

✐ **トライ** ファシズムが台頭してきた背景を，次の語句を使って説明しましょう。
[経済／不満]

解答例 世界恐慌の影響などで経済が混乱し，生活が苦しくなったことへの国民の不満がたまっていた。

第6章

二度の世界大戦と日本

③ 昭和恐慌と政党内閣の危機

ここに注目！

1 政党政治の進展と行きづまり

憲政の常道とは
何だろう？

2 昭和恐慌

昭和恐慌は
なぜ起きたのかな？

3 難航する外交

中国との関係は
どうなったのかな？

？ 昭和時代に入り，日本の政党政治はどのような危機を迎えたのかな？

見方・考え方

教科書p.227**6**
7から，農家の収入と小作争議とにどのような関連があるか，読み取りましょう。

解答例 収入が減少するにつれて小作争議は増加した。

---

1 政党政治の進展と行きづまり 　二大政党の党首が内閣を組織する慣例を，憲政の常道と呼んだ。

①「憲政の常道」：二大政党の党首が内閣を組織する慣例をいう。
- 1924年の加藤高明内閣以降，憲政会（後の立憲民政党）と立憲政友会とが交互に政権を担当した（→p.140）。

②1928年，初の男子普通選挙による衆議院議員選挙が実施された。
- 労働組合や農民組合が支持する社会主義政党も議席を得た。

③政党政治は，経済や外交での困難に直面→行きづまり。
- 深刻な不況，満州をめぐる中国の国民政府との関係，軍縮問題など。

2 昭和恐慌 　世界恐慌が日本にもおよび，昭和恐慌となった。

①第一次世界大戦は日本に好況をもたらしたが（→p.138），戦後は一転して不況となった（戦後不況）。

②関東大震災（1923年）：経済に大きな打撃をあたえた。

③金融恐慌（1927年）：金融業界が混乱した。
- 関東大震災で被災した企業に緊急融資。
  - →資金の回収が進まない→銀行の経営状態に対する不安。
  - →人々がいっせいに預金を引き出そうとする取りつけさわぎ。
  - →多くの銀行が休業に追いこまれた。

④昭和恐慌（1930年）：世界恐慌の影響によって深刻な不況が起きた。
- 多くの企業が倒産し，失業者が増大した。
- 米やまゆなどの農産物の価格が暴落した。
- 東北地方，北海道は大凶作に見舞われ，ききんが起きた→借金による女性の「身売り」や，「欠食児童」が社会問題となった。

⑤昭和恐慌は国民の間にさまざまな不満や不信を生んだ。
- 労働争議，小作争議が激しくなった。

銀行の集中▶金融恐慌の結果，中小の銀行が整理・統合され，預金も大銀行への集中が進んだ。

▼銀行数の変化
1926年：1417
1927年：1280
1928年：1028
1929年： 878
1930年： 779

・経済を支配している**財閥**への批判が高まった→財閥と結び付き，汚職や政争をくり返す政党への不信が増大。

❸ 難航する外交 ▶ **日本は満州の直接支配を目指したが，中国統一を進める国民政府と対立することになった。**

①中国の情勢：**国民党**が国内の統一を進めた。
・孫文の死後，**蔣介石**（チャンチェシー）が国民党の指導者となった。
・協力関係にあった**中国共産党**を弾圧したうえで，南京に**国民政府**を樹立した(1927年)。
・国民政府は，共産党と内戦を行いつつ，民族運動の高まりを背景に，日本など列強の権益の回収を唱えた。

②日本の対応
・国民政府軍が北京に近づくと，現地の日本軍(**関東軍**)は，危機感をいだいた。
・関東軍は，満州権益を維持・拡大する目的で支援していた満州の軍閥**張作霖**（チャンツォリン）を爆殺し，直接支配をもくろんだ→ねらいとは逆に，張作霖が除かれたことで，国民政府の支配が満州におよんだ。

③対欧米関係：国際協調路線を採った。
・**浜口雄幸**首相は，国民政府との関係改善，イギリス・アメリカとの協調を図り，軍備縮小を目指した。
・**ロンドン海軍軍縮条約**に調印した(1930年)。
・一部の軍人や国家主義者は，軍縮条約調印は天皇の権限(軍隊を指揮する統帥権)を侵害するとして，政府を強く批判した。
・浜口首相は東京駅で狙撃されて重傷を負い(のち死去)，辞任に追いこまれた。

条約名	年	参加国	内容
ワシントン海軍軍縮条約	1922	日・米・英・仏・伊	戦艦・航空母艦など主力艦の保有量を制限
ジュネーブ海軍軍縮会議	1927	日・米・英	主力艦以外の補助艦の制限を目指したが決裂
不戦条約	1928	日・米など15か国	武力による紛争解決は行わない 最終的に63か国が参加した
ロンドン海軍軍縮条約	1930	日・米・英・仏・伊	主力艦の保有制限期間を延長 日・米・英の補助艦保有量を制限

▲主な軍縮条約(会議)

チェック 日本の経済が不況におちいった経緯を，本文からぬき出しましょう。

解答例 「第一次世界大戦後の日本の経済は～昭和恐慌とよばれる深刻な不況が発生しました。」

トライ 政党政治が行きづまっていった理由を，次の語句を使って説明しましょう。
[財閥／満州]

解答例 国内では，昭和恐慌の影響が深刻化する中，財閥への批判が高まった。海外では満州の直接支配をねらったが，中国の国民政府と対立することとなり，また，欧米と結んだ軍縮条約が一部から強い批判を受け，政治は混乱した。こうしたことによって，政党政治は行きづまっていった

4 満州事変と軍部の台頭

4 満州事変と軍部の台頭

●教科書 p.228〜229

ここに注目！

1 満州事変と日本の国際的な孤立
国際連盟を脱退したのはなぜだろう

2 軍部の発言力の高まり
軍部の発言力はなぜ高まったのだろう？

3 経済の回復と重化学工業化
なぜ重化学工業化が進んだのかな？

？ 満州事変後，日本の政治はどのように変化していったのかな？

読み取る

(1) 教科書p.228**1**で，溥儀を取り囲むように立っている制服姿の人たちはだれか，考えましょう。

(2) 教科書p.229**7**で，日の丸に書かれている「尊皇討奸」とはどのような意味か考えましょう。

解答例

(1) 日本(関東軍)の軍人。

(2) 「尊皇」は天皇を尊ぶこと，「討奸」は天皇のそばにいる(と彼らが考えている)悪人(奸物)を討つという意味。

1 満州事変と日本の国際的な孤立

国際連盟が満州国を承認せず，日本軍の撤兵を求めたため，日本は国際連盟を脱退した。

①**満州事変**：1931年9月18日，**関東軍**が奉天郊外の**柳条湖**で南満州鉄道の線路を爆破し(**柳条湖事件**)，軍事行動を起こした。

- 関東軍は，満州の権益を確保するためには，満州を中国から分離することが必要であると主張した。
- 関東軍は，鉄道の爆破は中国軍の仕業だとして軍事行動を開始。
- 関東軍は政府の方針を無視して軍事行動を続け，満州の主要地域を占領した。

②1932年3月，**満州国**が建国された。

- 清の最後の皇帝だった**溥儀**を元首とした。
- 日本は満州国を承認し，満州国に満州での日本の権益を確認させ，日本軍の駐屯を認めさせた→実質的に日本が支配。
- 日本からの移民が進められた。

③国際連盟からの脱退

- 中国は日本の軍事行動は侵略だとして，国際連盟に訴えた。
- 国際連盟は**リットン調査団**を派遣して満州事変を調査した。
- 1933年，国際連盟は，リットン調査団の報告に基づき，**満州国**を認めず，**日本軍の占領地からの撤兵**を求める勧告を採択した。
- 日本はこの勧告を不服として，**国際連盟を脱退**した。

④国際連盟脱退後，日本は国際社会で孤立を深めていった。

- 1934年，ワシントン海軍軍縮条約を廃棄した(1936年失効)。
- 1936年，ロンドン海軍軍縮条約から脱退した。
- 1936年，ドイツと**日独防共協定**を結んだ→ファシズム諸国への接近(翌年，防共協定にイタリアが加わり，日独伊三国による枢軸が形成された)。

2 軍部の発言力の高まり ▶ 青年将校が起こした五・一五事件と二・二六事件の結果，軍部の発言力が強まった。

①満州事変をめぐる国内の動き
- 多くの新聞が軍の行動を支持し，昭和恐慌に苦しめられていた民衆も歓迎した。
- 軍人や国家主義者の間で，政党や財閥を打倒し，軍事政権を樹立し，国家を造り直そう（「国家改造」）という動きが活発になった。

②五・一五事件：1932年5月15日，海軍の青年将校らが首相官邸をおそい，犬養毅首相を暗殺した。
- 犬養毅内閣は，交渉による満州事変の解決を目指し，満州国の承認に反対していた。
- 五・一五事件によって犬養内閣は総辞職し，「憲政の常道」（→p.144）といわれた政党内閣の時代が終わった。

③二・二六事件：1936年2月26日，陸軍の青年将校が軍事政権を樹立しようとして，首相官邸や警視庁などを襲撃した。
- 反乱軍は大蔵大臣などを殺傷し，東京の中心部を占拠したが，まもなくしずめられた。

④軍部の台頭：軍部はこれらの事件を利用して政治的な発言力をますます強め，軍備の増強を推進した。

3 経済の回復と重化学工業化 ▶ 軍需品の生産と政府の保護により重化学工業が発展し，重化学工業化が進んだ。

①日本経済は，諸外国と比べて，いち早く世界恐慌による不況から脱出した。
- 為替相場が円安になったため，綿製品などの輸出が増えた。
  円安：ドルなど外国通貨に対する円の価値が低くなること。外国通貨の円に対する価値が高くなると，日本の輸出品を安く買えるようになり，日本の輸出が増加する。
- 軍需と政府の保護によって，重化学工業が発展した。

②経済が回復すると，イギリスなどブロック経済圏（→p.142）との貿易摩擦が深刻化した。
- 日本製品に対して関税を高くしたり，輸入割り当てなどを実施したりしたため，日本との間で対立が起きた。

③化学工業などで新しい財閥（日本産業，日本窒素，昭和電工など）が急成長し，朝鮮や満州にも進出した。

チェック 満州事変後に起こった日本の外交や政治上の主な出来事を，本文からぬき出しましょう。

解答例
- 「満州国の建国を宣言」
- 「国際連盟を脱退」
- 「日独防共協定を結び」
- 「1932年5月15日，海軍の青年将校などが首相官邸をおそい，犬養毅首相を暗殺しました。」
- 「1936年2月26日には，陸軍の青年将校が大臣などを殺傷し，東京の中心部を占拠しました。この二・二六事件は，間もなくしずめられました」

トライ 満州事変後の日本の外交と国内政治の変化を，次の語句を使って説明しましょう。[国際連盟／軍部]

解答例 国際連盟が満州国を承認せず，日本軍の撤兵を勧告すると日本は国際連盟を脱退し，国際的孤立を深めた。国内では，五・一五事件，二・二六事件の結果，軍部が政治的な発言力をますます強めた。

⑤ 日中戦争と戦時体制

1 日中戦争の開始と長期化
日中戦争はなぜ長期化したのかな？

2 強まる戦時体制
国家総動員とはどういうことだろう？

3 皇民化政策
皇民化政策ではどんなことが行われたの？

? 日本はどのようにして日中戦争を起こし，人々にどのような影響をあたえたのかな？

みんなでチャレンジ 日本が戦争に突入した背景を考えよう

解答例

(1)
・昭和恐慌などの不況：不況脱出の糸口を満州の直接支配など，海外進出に求めた。
・軍縮条約に関する問題：軍人らによる政府批判と内閣の辞職は，軍部の政治への介入を許すことになった。
・満州事変と満州国の建国，国際連盟脱退：国際的な孤立を深め，ファシズム諸国に接近した。
・五・一五事件と二・二六事件：政党政治を終わらせ，軍部の発言力を強めた。
・盧溝橋事件：日中戦争の引き金となった。

---

1 日中戦争の開始と長期化 国民党と共産党は抗日民族統一戦線を結成し，英米の支援を受けながら戦争を続けた。

①満州事変後の中国の情勢
・満州を支配下に置いた日本は中国北部（華北，北京の周辺）に侵入した。
・国民政府（国民党）と共産党は内戦を行っていた（→p.145）。
・共産党を率いる毛沢東（マオツォトン）が，国民党に協力して抗日運動を起こすことを呼びかけ，内戦を停止した（1936年）。
②日中戦争：盧溝橋事件（ルーコウチアオ）をきっかけに始まった。
・1937年7月7日，北京郊外の盧溝橋で日中両国軍の武力衝突が起きた。
・戦火は中国北部から中部の上海（シャンハイ）へと拡大し，全面戦争に発展。
・日本軍は，12月に首都南京（ナンキン）を占領（せんりょう）した際，女性や子どもなど一般の人々や捕虜（ほりょ）をふくむ多数の中国人を殺害した（南京事件）。
③1937年9月，抗日民族統一戦線が結成された。
・国民政府は，拠点を漢口（ハンコウ），重慶（チョンチン）と移して抵抗を続け，アメリカ，イギリスなどは国民政府を支援した。

2 強まる戦時体制 国家総動員法が制定され，政府は自由に労働力や物資を戦争に動員できるようになった。

①日中戦争の長期化にともない，政府は，軍部の要求に従って軍事費を増やし，戦時体制を強化した。
・国家総動員法：1938年4月，近衛文麿（このえふみまろ）内閣によって制定された。
→政府は，議会の承認（しょうにん）なしに労働力や物資を戦争に動員できる。
・近衛を中心として，総力戦を進めるために，国を一丸とする（挙国一致（きょこくいっち））の体制を作る運動が進められた。
・1940年1月，大政翼賛会（たいせいよくさんかい）が成立→ほとんどの政党は解散して，大政翼賛会に参加した。

・労働組合も解散し，産業報国会が作られた。

②国民生活への統制が強化された。

・軍需品の生産が優先されたため，生活必需品の供給が減った。

→米・砂糖・マッチ・衣料品などが配給制や切符制となった。

・隣組が組織され，住民が相互に監視し合う体制が作られた→政府の統制と動員を支えた。

・戦争に批判的な言論や思想への取りしまりが強化された→社会主義に加え，自由主義的な思想や学問にも弾圧が加えられた。

・小学校は国民学校に変えられ，軍国主義的な教育が進められた。

3 皇民化政策 ▶ 朝鮮，台湾などの植民地では，日本語の使用，神社参拝，創氏改名が強要された。

①朝鮮や台湾では皇民化政策が進められた。

・「皇民」とは，「皇国の民」つまり「天皇が治める国の民」という意味。

・日本語の使用，神社参拝，姓名を日本式に改める創氏改名などが強要された。

②志願兵制度を実施し，朝鮮や台湾の人々も戦場に動員した。

年	国民の動員	生活の統制
1937	日中戦争始まる 国民精神総動員運動	
1938	国家総動員法	綿糸配給切符制
1939	国民徴用令	鉄製品の回収，米穀配給統制法，学生の長髪禁止
1940	大政翼賛会結成 労働組合解散	砂糖・マッチの切符制 価格統制令
1941	国民学校令 太平洋戦争始まる	米穀配給通帳制実施（6大都市）
1942		衣料品・みそなどの切符制
1943	学徒出陣	
1944	学徒勤労動員，学童集団疎開	
1945	敗戦	

▲戦争と国民生活

・国民精神総動員運動：人々を戦争協力にかりたて，「挙国一致」体制を作ろうとして，近衛内閣が提唱した運動。

・国民徴用令：国家総動員法に基づいて制定された法律で，軍需産業などに国民を動員するための法律。

・米穀配給通帳：1世帯に1通発行された通帳で，家族構成から計算した1日当たりの配給量が記されていた。配給日にはこの通帳を持って行き，米の配給を受けた。東京，横浜，名古屋，京都，大阪，神戸で実施された。

 チェック 戦時体制の下で定められた法律や政治体制を，本文からぬき出しましょう。

解答例

[法律]「国家総動員法」
[政治体制]「大政翼賛会」

 トライ 戦時体制の下で国民生活がどのように変化したか説明しましょう。

解答例 生活必需品である米・砂糖・マッチ・衣料品などが配給制や切符制となり，自由に買えなくなった。また，隣組が作られ，日常生活の中でも相互に監視し合うようになった。さらに，戦争に批判的な言論や思想への取りしまりが強化されて発言の自由をうばわれ，軍国主義的な教育も進められた。

第二次世界大戦と日本

☑ 第二次世界大戦はなぜ起こり, 世界と日本にどのような影響をあたえたのでしょうか?

① 第二次世界大戦の始まり

●教科書 p.232〜233

ここに注目!

1 大戦の開始
第二次世界大戦は
どのように始まったの?

2 戦争の拡大
戦争はどのように
拡大したのかな?

3 ドイツの占領政策
ドイツは占領地で
どんなことを
行ったのだろう?

? 第二次世界大戦は, なぜ起こり, どのように拡大していったのかな?

独ソ不可侵条約▶ソ連側には, 東ヨーロッパへ勢力を拡大できることのほかに, 国際的な孤立状態をぬけ出せる, 東アジアで対立している日本を牽制できるといった思惑があった。

1 大戦の開始　**1939年9月, ドイツ軍がポーランドへ侵攻して, 第二次世界大戦が始まった。**

①ヒトラーが率いるナチス・ドイツは東方への侵略を進めていた。
・1938年3月, オーストリアを併合。
・1938年9月, チェコスロバキア西部(ズデーテン地方)を併合。
・1939年3月, チェコスロバキアを解体, 保護国とする。

②1939年8月, ドイツはソ連と独ソ不可侵条約を結んだ。
・イギリス, フランスとの戦争を想定していたドイツは, 当面, ソ連との戦争をさけたいと考えた。
→ドイツと防共協定(→p.146)を結んでいた日本に衝撃。
・条約に付属する秘密協定で, ポーランドや東ヨーロッパにおける両国の勢力範囲を取り決めた。

③1939年9月, ドイツがポーランドに侵攻し, 第二次世界大戦が始まった。
・1939年8月, イギリスとポーランドが相互援助条約を結ぶ。
・ドイツ軍がポーランドに侵攻→イギリス・フランスがドイツに宣戦布告→第二次世界大戦。

教科書p.232**2**から, 枢軸国やその占領地の広がりを読み取りましょう。
解答例 1942年までに, 枢軸国は, イギリスと中立国を除くヨーロッパ全土を占領下に置いた。

2 戦争の拡大　**ドイツ・イタリアのファシズムの枢軸国とイギリスなど連合国との戦いとなった。**

①ドイツは, ヨーロッパ全体に戦争を拡大させた。
・1940年4月, デンマーク・ノルウェーを占領。
・1940年5月, オランダ・ベルギーを占領。
・1940年6月, パリ占領→フランスがドイツに降伏。

・1940年7月，ドイツ軍がイギリス本土の空襲（くうしゅう）を開始する。

②1940年6月，**イタリア**がイギリスとフランスに宣戦布告。

・1940年9月，ドイツ，イタリア，日本は**日独伊三国同盟**（にちどくい）を結び，軍事的結束を強化した。

③ソ連の動き

・ソ連は，独ソ不可侵条約の秘密協定に基（もと）づき，ポーランド東部やバルト三国（エストニア，ラトビア，リトアニア）を併合した。

・1941年6月，ドイツが独ソ不可侵条約を破り，**ソ連に侵攻**したため，ソ連は連合国側に立って参戦した。

④アメリカの動き

・アメリカは参戦せず，イギリスやソ連に武器など軍需（ぐんじゅ）物資を援助（えんじょ）した→日本による真珠湾攻撃（しんじゅわんこうげき）を受けて参戦（1941年12月）。

・**大西洋憲章**（1941年8月）：アメリカの**ローズベルト大統領**とイギリスの**チャーチル首相**（しゅしょう）が会談し，ドイツと対決する姿勢を明確にし，戦後の平和構想を示した。

→領土を拡大したり変更したりしないこと，民族自決，貿易の自由の確保，軍備の縮小，平和機構の再建など8項目。

⑤第二次世界大戦は**枢軸国**（すうじく）と**連合国**の戦いという構図になった。

・**枢軸国**：ドイツ，イタリアなど→後，日本が参戦。

・**連合国**：イギリス，フランス，ソ連など→後，アメリカが参戦。

3 ドイツの占領政策 | **ドイツは，住民の強制連行，ユダヤ人の迫害など過酷な占領政策を実行した。**

①ドイツはヨーロッパの支配地域で過酷（かこく）な占領政策を採った。

・占領への抵抗（ていこう）を弾圧（だんあつ）したり，物資を強制的に取り上げた。

・ドイツ本国に強制的に連れていき，工場で働かせた。

②ドイツは**ユダヤ人**を徹底（てってい）的に差別し，**アウシュビッツ**などの強制収容所に連行した。

・約600万人の**ユダヤ人**が殺害されたり，栄養失調などで死亡したといわれる。

③ドイツの占領政策に対して，ヨーロッパ各地では，ドイツへの協力拒否（きょひ）や，武力による抵抗運動（**レジスタンス**）が行われた。

 第二次世界大戦で，ドイツが侵攻した主な国を，本文からぬき出しましょう。

解答例

「ポーランド」「フランス」
＊イギリスに対しては，空襲はしたが侵攻（上陸）はできなかった。

 第二次世界大戦が始まり拡大していく過程を，ドイツの動きを中心に説明しましょう。

解答例 独ソ不可侵条約を結んだうえでポーランドに侵攻したドイツは，デンマークやノルウェー（こうげき）を占領した。そして，オランダ，ベルギーを攻撃し，フランスを降伏させた。さらに，イギリスにも空襲を加えた。

② 太平洋戦争の開始

ここに注目！

1 日本の南進
日中戦争が
長期化する中，
なぜ南進したのだろう？

2 日米交渉の決裂
交渉では
何が問題に
なったのかな？

3 太平洋戦争の始まり
太平洋戦争は
どうやって
始まったの？

？ 太平洋戦争は，どのようにして起こったのかな？

1 日本の南進　　日本は，日中戦争の長期化で不足してきた資源を求め，東南アジアへ侵攻した。

①ヨーロッパで第二次世界大戦が始まったのを見て，日本は武力で東南アジアに進出する**南進**を始めた。
  ・長期化する日中戦争の局面を打開し，不足する**石油**，**ゴム**などの資源を獲得（かくとく）しようとした。
  ・イギリス，フランスが劣勢（れっせい）となったのを見て，これらの国の植民地がある東南アジアへ武力侵攻（しんこう）する好機と考えた。
  ・フランス領インドシナなどからの国民政府への支援（しえん）ルート（援蔣（えんしょう）ルート）を断（た）ち切ろうとした。
  ・1940年9月，フランス領インドシナ北部に侵攻。
  ・1941年7月，フランス領インドシナ南部を占領（せんりょう）した。
②1941年4月，ソ連と**日ソ中立条約**を結んだ。
  ・北方の安全を確保するとともに，満州（まんしゅう）に配置していた軍隊を東南アジアに移せるようになった。
③**大東亜共栄圏**（とうあ）（けん）：アジアから欧米（おうべい）の勢力を追い出し，日本の指導の下（もと），アジアの民族だけで繁栄（はんえい）しようという，日本がかかげたスローガン。

2 日米交渉の決裂　　東南アジアからの撤兵と，日本への経済的封鎖をめぐり日米交渉が行われた。

①日本が南進を行う中で，日米関係は悪化していった。
  ・1941年4月，近衛（このえ）内閣は**日米交渉**（こうしょう）を開始したが，軍部の要求などから侵略（しんりゃく）的な行動を止めなかったので交渉は難航した。
  ・1941年7月，フランス領インドシナ南部に侵攻→8月，アメリカは日本への石油の輸出禁止（イギリス・オランダも同調）。
    →国内では，欧米の連携（れんけい）を「**ABCD包囲陣**（じん）」と呼び，その打破には早期に開戦するしかないとの主張が強まった。

✓ チェック 太平洋戦争の開戦前に，日本と対立していた国と，同盟や条約を結んだ国を，それぞれ挙げましょう。

解答例
[対立]アメリカ，イギリス，オランダ，中国
[同盟]ドイツ，イタリア
[条約]ソ連

| | | 見方・考え方 | 第二次世界大戦の開戦から太平洋戦争の開戦までの日本と外国との関係の変化を，年表にまとめましょう。 |

見方・考え方 第二次世界大戦の開戦から太平洋戦争の開戦までの日本と外国との関係の変化を，年表にまとめましょう。

解答例

年	外国の動き	日本の動き
1939	8月　独ソ不可侵条約	8月　平沼騏一郎内閣総辞職
	9月　ドイツ, ポーランド侵攻	
	イギリス・フランス, ドイツに宣戦布告	
	第二次世界大戦開戦	
1940	4月　ドイツ, デンマーク・ノルウェー占領	
	5月　ドイツ, オランダ・ベルギー占領	
	6月　フランス降伏	
		9月　フランス領インドシナ北部に侵攻
	9月　日独伊三国同盟	
1941		4月　日ソ中立条約
		4月　日米交渉開始
	6月　ドイツ, ソ連に侵攻	
		7月　フランス領インドシナ南部に侵攻
	8月　アメリカ, 日本向け石油輸出全面禁止	
	10月　アメリカ, 中国などからの全面撤兵を要求	
		12月　真珠湾を奇襲攻撃
		太平洋戦争開戦

②日本政府は，日米交渉を続ける一方で戦争の準備を進めた。
・1941年10月，**東条英機**内閣発足。近衛内閣の陸軍大臣が首相となり，開戦への動きが加速された。
・日米交渉でアメリカが，中国とフランス領インドシナからの全面撤兵などを求め，東条内閣と軍部は開戦を決定した。

3 太平洋戦争の始まり　日本軍が真珠湾を奇襲攻撃し，マレー半島に上陸して，太平洋戦争が始まった。

①1941年12月8日，日本軍がハワイの**真珠湾**を奇襲攻撃するとともに，イギリス領の**マレー半島**に上陸して，**太平洋戦争**が始まった。

②日独伊三国同盟を結んでいたドイツとイタリアがアメリカに宣戦布告した→第二次世界大戦は日・独・伊の**枢軸国**とアメリカ・イギリス・ソ連などの**連合国**との世界規模の戦争に拡大した。

③1942年6月，**ミッドウェー海戦**の敗北で日本軍の攻勢は止まり，戦争は長期戦に入った。

トライ 太平洋戦争が始まるまでの経緯を，次の語句を使って説明しましょう。
[南進／日米交渉]

解答例 東南アジアの資源を求めて，日本が武力による南進を始めると，アメリカは撤兵を求めて石油などの輸出禁止にふみ切った。戦争をさけるための日米交渉も決裂し，太平洋戦争が始まった。

③ 戦時下の人々

1 国民の動員
子どもも動員
されたのだろうか？

2 植民地と占領地
植民地の人は動員
されたのだろうか？

3 総力戦と犠牲者
どれくらいの
犠牲者が出たのだろう？

? 戦争の長期化は，人々にどのような影響をあたえたのかな？

チェック 国内や植民地，占領地で人々を動員するために行われたことを，本文からぬき出しましょう。

解答例
[国内]「多くの成人男子が，兵士として戦場に送られました。〜中学生・女学生や未婚の女性も勤労動員の対象になり，軍需工場などで働かされました。」
[植民地，占領地]「多数の朝鮮人や中国人が〜東南アジアにおいても，日本軍は，労働を強制した」

トライ 戦時下の国民生活について，(1)動員，(2)食料，(3)情報の面からそれぞれ説明しましょう。

解答例
(1)成人男子は大学生も戦場に，中学生・女学生・未婚女性は工場などに動員された。
(2)食料は配給となり，しかも十分配給されなかった。
(3)情報は政府の統制下に置かれ，正確な戦況は知らされなかった。

---

1 国民の動員 ▶ 中学生や女学生も勤労動員され，軍需工場などで働かされた。

①戦争の長期化にともない，国民の動員が強化された。
　・文科系大学生の徴兵猶予が停止され，戦場に送られた（学徒出陣）。
　・中学生，女学生，未婚女性は軍需工場などで働かされた（勤労動員）。
②空襲が激しくなると，都市の小学生は農村に集団で疎開した。
③軍需品の生産が優先され，生活への影響が大きくなった。
　・鍋や釜，寺の鐘までが兵器にするため供出させられた。
　・生活必需品は不足し，十分な量の配給も行われなくなった。
④マスメディア，小説家や芸術家によって戦意が高められる一方，情報は政府に統制され，国民に正しい戦況は伝えられなかった。

2 植民地と占領地 ▶ 植民地や占領地の人々も労働を強制されたり，徴兵されたりするなどした。

①中国・朝鮮
　・中国や朝鮮から，多くの人が意思に反して日本に連れてこられ，工場や鉱山などで劣悪な条件下で労働に従事させられた。
　・女性も例外ではなく，戦地で働かされた人もいた。
　・戦争末期，朝鮮と台湾では徴兵制が実施された。
②東南アジア
　・労働の強制，物資の徴発，日本語教育の強制などを行った。
　・日本は，占領に反対する人々や非協力的な人々を厳しく弾圧し，多くの犠牲者を出した。

3 総力戦と犠牲者 ▶ 第二次世界大戦の死者は，全世界で5000万人をこえると推計されている。

①第二次世界大戦は第一次世界大戦を上回る規模の総力戦となった。
②都市への空襲，抵抗運動などによって戦場とそれ以外の区域との区別があいまいとなり，民間人の犠牲者は軍人よりも多くなった。
③死者は全世界で5000万人をこえると推計されている。

④ 戦争の終結

① イタリアとドイツの降伏
イタリアとドイツはいつ降伏したの

② 空襲と沖縄戦
なぜ被害をおさえられなかったの？

③ 日本の降伏
ポツダム宣言はどんな内容なのかな？

？ 第二次世界大戦は，どのような経過をたどって終結したのかな？

---

① イタリアとドイツの降伏

イタリアは1943年9月に，ドイツは1945年5月に降伏した。

①1942年後半から，巨大な経済力と軍事力を持つアメリカを中心とする連合国の反撃が始まった。

・1943年2月，スターリングラードのドイツ軍がソ連軍に降伏した。

・1943年9月，<u>イタリア</u>が降伏した。

・1944年8月，パリが解放された。

・1945年5月，ベルリンが陥落し，<u>ドイツ</u>が降伏した。

② 空襲と沖縄戦

日本の指導者が勝利の見通しを失った後も戦争を続けたため，犠牲者が増加した。

①1943年2月の<u>ガダルカナル島</u>での敗北を機に，後退を重ねた。

1944年7月，<u>サイパン島</u>が陥落→東条内閣退陣・<u>空襲</u>が本格化。

②都市への<u>無差別爆撃</u>によって空襲の被害は住宅地にまでおよんだ。

・1945年3月の<u>東京大空襲</u>では，約10万人が犠牲となった。

③<u>沖縄戦</u>：激しい地上戦が展開された。

・日本軍は，特別攻撃隊(特攻隊)を用いた。

・一般住民や中学校・女学校の生徒まで動員され，当時の沖縄県民の約4分の1に当たる12万人以上が犠牲となった。

・日本軍によって集団自決に追いこまれた住民もいた。

③ 日本の降伏

日本は，無条件降伏を求めるポツダム宣言を受諾し，降伏した。

①1945年7月，日本に<u>無条件降伏</u>を求める<u>ポツダム宣言</u>が発表された。

・宣言は，軍隊の無条件降伏，民主主義の復活などを求めた。

・日本はすぐには受け入れなかった。

②1945年8月，広島(6日)，長崎(9日)に<u>原子爆弾</u>が投下された。

③<u>日ソ中立条約</u>を破って<u>ソ連</u>が参戦(8日)←ヤルタ会談の秘密協定。

④1945年8月14日，政府はポツダム宣言の受諾を決定し，15日，昭和天皇がラジオ放送(<u>玉音放送</u>)で国民に降伏を知らせた。

☑チェック イタリア・ドイツ・日本が降伏した時期を，それぞれ本文からぬき出しましょう。

解答例

[イタリア]
「(1943年)9月」
[ドイツ]
「1945年5月」
[日本]
「1945年8月14日にポツダム宣言を受け入れて降伏することを決め，昭和天皇がラジオ放送(玉音放送)で国民に知らせました。」

トライ 日本が降伏するまでの間に，日本国内ではどのような戦争被害があったか説明しましょう。

解答例 アメリカ軍による本土への無差別爆撃による被害や，沖縄で地上戦が行われたことなどによる被害があり，非常に多数の民間人が犠牲となった。

1 **①第一次世界大戦**：1914年，三国同盟と三国協商の対立がバルカン半島でぶつかり，世界大戦へと発展した。各国が国民・経済・資源・科学技術など国力の全てをそそぎこむ総力戦となり，さまざまな新兵器が使われ，多数の犠牲者を出した。大きな工業力を持つアメリカが連合国側で参戦したことによって，連合国側が勝利した。

②国際連盟：ウィルソン米大統領の提案を基に，世界平和と国際協調を目的として1920年に発足した国際機関。イギリス，フランス，イタリア，日本が常任理事国となった。しかし，アメリカが国内の反対で加入できず，紛争解決の手段が限られるなどの問題があった。

③ワシントン会議：1921年から22年にかけて開かれた国際会議。海軍の軍備の制限（ワシントン海軍軍縮条約），太平洋地域の現状維持，中国の独立と領土の保全を確認した。また，この会議の結果，日英同盟は解消された。なお，この会議はアメリカの呼びかけで開かれ，第一次世界大戦後の国際社会において，アメリカが主導権を持ったことを示すものとなった。

④米騒動：1918年に起きた，米の安売りを求める民衆による騒動。米の値段が大幅に上がった原因は，大戦景気による物価高と，シベリア出兵を見こした米の買いしめであった。騒動は富山県で始まり，全国に波及した。政府は軍隊を出動させて鎮圧した。

⑤普通選挙法：1925年に成立した選挙法。納税額による制限を廃止し，満25歳以上の男子に選挙権があたえられた。女性にはあたえられなかったという問題点はあるが，有権者は約4倍に増加し，より多くの国民の意向が政治に反映されることになった。

⑥世界恐慌：1929年，ニューヨーク株式市場の株価大暴落から始まった恐慌が世界的な恐慌となった。アメリカが第一次世界大戦後の世界経済の中心にあったため，恐慌は世界中に広がったのである。アメリカはニューディール政策，イギリスやフランスはブロック経済など保護主義的な対策を採ったため，国際協調の体制がゆらぐことになった。

⑦満州事変：1931年，満州の直接支配をもくろんだ関東軍が引き起こした紛争。関東軍は奉天郊外の柳条湖で南満州鉄道の線路を爆破し，これを中国の仕業として軍事行動を起こし，政府の方針に反して満州の主要地域を占領した。世論が軍の行動を支持したこともあり，政府は軍事行動を追認し，1932年には満州国を建国した。しかし，こうした日本の行動は国際社会から非難された。

⑧日中戦争：1937年，北京郊外の盧溝橋付近で起きた日中両国軍の武力衝突（盧溝橋事件）をきっかけに始まった戦争。戦火は上海に拡大し，全面戦争に発展した。これを受けて，国民党と共産党は協力して日本との戦争に当たることを決め，抗日民族統一戦線を結成した。こうして日中戦争は長期化した。

⑨第二次世界大戦：1939年，ドイツのポーランド侵攻で始まった世界大戦。1941年に日本が太平洋戦争を始めたことによって，ドイツ，イタリア，日本の枢軸国と連合国が戦う世界規模の戦争となった。イタリア，ドイツ，そして1945年8月に日本が降伏し，大戦は終結した。

⑩原子爆弾投下：アメリカによって1945年8月6日に広島，9日に長崎に原爆が投下された。投下から5年以内に，広島で20万人以上，長崎で14万人以上の命がうばわれ，現在も多くの人が放射線による後遺症に苦しんでいる。

❷ A：二十一か条の要求　B：大正デモク
ラシー　C：治安維持法　D：ファシズム
E：ポツダム宣言

❸(1) ロシア革命による社会主義の拡大をおそ
れた日本やアメリカなどは共同でシベリア出兵
を行った。日本国内では，大戦景気で物価が
上がっていたことに加え，シベリア出兵を見こ
した米の買いしめが行われ，米の値段が大幅
に上昇した。これに対し，米の安売りを求め
る民衆の騒動が起こり，政府は軍隊を出動さ
せて鎮圧した。これが米騒動である。

(2) 「世界恐慌」から「昭和恐慌」へと結ぶ。

(3) ベルサイユ条約，国際連盟，ワシントン会
議，日独伊三国同盟

❹(1) ア：日本　イ：アメリカ

(2) 出来事：世界恐慌　ソ連：「五か年計画」で
独自の経済政策を採っていたから。

(3) ウ：枢軸国　エ：連合国

探究のステップ

① 三国同盟と三国協商の対立がバルカン半島
でぶつかり，第一次世界大戦へと発展した。
戦争は新兵器も使われる総力戦となり，大き
な被害が出た。戦後は，アメリカが国際社会
をリードするようになり，また，国際連盟が
創設された。日本は，大戦中に中国に二十一
か条の要求を突きつけて，その多くを認めさ
せ，中国侵略の道を歩むことになった。

② 大正時代になると，第一次護憲運動などが
起こり，やがて本格的な政党内閣が誕生した。

また，教育の普及や文化の大衆化もあって，
労働運動や女性運動などが活発になった。さ
らに，米騒動のような大衆行動も起きた。国
民が自分たちの考えを基に行動するようにな
り，民主主義の風潮が高まった。

③ 世界恐慌が波及して昭和恐慌が起こり，国
民の生活がおびやかされた。こうした状況を，
中国進出によって打開しようとする動きが生
まれた。特に，関東軍など軍部は満州を直接
支配することで日本の権益を確保したいと考
えた。そして，国民もこのような軍部の動き
を支持したこともあり，日本は日中戦争へと
突入していった。

④ ヨーロッパで，ナチス政権下のドイツが，
ベルサイユ条約を無視し，再軍備，東方への
侵略などを進め，イタリアも同調したため第
二次世界大戦が起こった。さらに，日本もア
メリカやイギリスと太平洋戦争を始めたため
に，戦争は世界規模に拡大した。

探究課題

第一次世界大戦後，政府は国際協調を進めよ
うとしたが，海軍軍縮問題，満州の利権などを
めぐる軍部の発言力が次第に強まった。満州事
変を世論が支持したこともあって，政府は満州
国を承認し，直接支配を進めたが，これによっ
て日本は国際的に孤立していった。そして，盧
溝橋事件から日中戦争へと発展し，長期化する
戦争を打開するために行った南進でアメリカと
対立することとなり，太平洋戦争を起こした。

まとめの活動　**戦争へのターニングポイントは何だろう**　●教科書 p.248〜249

◉ステップチャートのポイント
出来事には，次のことがらも書き加えよう。

①当事者(その出来事に関わった国や人)

②起きた場所

③内容

ベルサイユ条約を例にすると，

①アメリカ，イギリスなど連合国とドイツ

②フランスのベルサイユ

③第一次世界大戦の講和会議，ドイツの領土縮
小，巨額の賠償金，軍備縮小，民族自決の原則
このように整理すれば，枝分かれや大きな流
れをつかみやすくなるだろう。

❶ 次の年表を見て，あとの問いに答えなさい。

問1 年表中の①〜④にはいずれも都市名が入る。それぞれに当てはまる都市名を書きなさい。

①（　　　　　　　　　）
②（　　　　　　　　　）
③（　　　　　　　　　）

年	出来事
1914	（　①　）事件→第一次世界大戦…a
1915	二十一か条の要求を出す…b
1917	ロシア革命が起こる…c
1918	第一次世界大戦終わる
1919	（　②　）条約調印
1920	国際連盟発足…d
1921	（　③　）会議開催

問2 年表中のaについて，同盟国側に参戦した国をア〜コから全て選び，記号で答えなさい。

ア　アメリカ　　　イ　イギリス　　　ウ　イタリア　　　エ　オーストリア
オ　オスマン帝国　カ　ドイツ　　　　キ　日本　　　　　ク　フランス　　　ケ　ロシア

（　　　　　　　　　　　　　）

問3 第一次世界大戦は各国が国民，経済，資源，科学技術などを全て動員する戦いとなった。このような戦争を何と呼ぶか，書きなさい。　　　（　　　　　　　　　　　）

問4 年表中のbの内容として誤っているものをア〜エから一つ選び，記号で答えなさい。
　ア　ドイツが山東省に持っている一切の権益を日本にゆずる。
　イ　旅順，大連の租借期限を99か年延長する。
　ウ　長春以南の鉄道利権を日本にゆずる。
　エ　南満州・東部内蒙古における鉱山の採掘権を日本国民にあたえる。

（　　　　　　　　）

問5 年表中のcについて正しく述べた文をア〜エから一つ選び，記号で答えなさい。
　ア　労働者などの代表会議(ソビエト)が各地に設けられた。
　イ　皇帝スターリンが退位し，議会が主導する臨時政府ができた。
　ウ　レーニンの指導の下，史上初の資本主義の政府が成立した。
　エ　イギリス，フランス，ドイツ，日本などは革命への干渉戦争を起こした。

（　　　　　　　　　）

問6 年表中のdについて述べた次の文中の空欄に当てはまる国名・都市名を書きなさい。
　　国際連盟の本部は（　A　）に置かれ，常任理事国には，イギリス，フランス，
　（　B　），（　C　）が就任したが，（　D　）は国内の反対で加入できなかった。

A（　　　　　　　　）　　　B（　　　　　　　　　）
C（　　　　　　　　）　　　D（　　　　　　　　　）

❶ 解答

問1 ① サラエボ
② ベルサイユ
③ ワシントン
問2 エ，オ，カ
問3 総力戦
問4 ウ
問5 ア
問6 A ジュネーブ
B イタリア
C 日本
（B・Cは順不同）
D アメリカ

ココがポイント！

　第一次世界大戦とその後の国際社会の動きは，第二次世界大戦につながる要素もふくんでいる。これらの出来事の内容や関係に注目し，理解しよう。

問1① サラエボは現在はボスニア・ヘルツェゴビナの首都。ボスニア・ヘルツェゴビナやセルビアにはスラブ系住民が多く，ボスニア・ヘルツェゴビナを併合したオーストリアに対する強い反発が生まれた。一方，同じスラブ系の国であるロシアは，セルビアやボスニア・ヘルツェゴビナの独立を求める動きを支援していた。

② ベルサイユはフランスのパリ郊外にあり，フランス王の宮殿があることで知られる。講和会議はベルサイユ宮殿で行われた。

③ ワシントン会議はアメリカの呼びかけで開かれた。11月から翌年の2月まで，約3か月およんだ会議は，国際協調を保つことを基本とし，海軍の軍備の制限，太平洋地域の現状の維持，中国の独立と領土の保全の確認などの成果を挙げた。また，この会議をアメリカが主導したことから分かるように，第一次世界大戦後の国際社会でのアメリカの発言力の大きさが明らかとなった。

問2 同盟国は，三国同盟を結んでいたドイツ・オーストリアとオスマン帝国である。オスマン帝国は南下するロシアと対立しており，同盟側で参戦した。一方，三国同盟に参加していたイタリアは，オーストリアとの間で領土問題をかかえており，その問題を有利に進めようとして連合国側で参戦した。

問3 第一次世界大戦ではさまざまな新兵器が使われたが，それを作り出す技術力や生産力も必要とされた。また，長期化したことで人的被害も大きくなった。

問4 ウはポーツマス条約の内容である。二十一か条の要求は中国の反発はもちろん，列強からの抗議も受けた。

問5 イの皇帝はニコライ2世が正しい。スターリンはレーニンの死後，ソ連の指導者となった人物。ウは資本主義ではなく社会主義が正しい。エはドイツではなくアメリカが正しい。

問6 国際連盟の創設はアメリカのウィルソン大統領の提案で実現したものだが，そのアメリカは議会の反対により加入できなかった。

❷ 次の資料を読み，あとの問いに答えなさい。

（　①　）主義といえば，「国家の主権は人民にあり」という危険な学説と混同されやすい。また，（　②　）主義といえば，(②)と貴族とを対立させ，貴族を敵にして，(②)に味方する意味に誤解されるおそれがある。（　③　）主義という言葉にはそうした欠点はないが，(③)を重んじるという意味が表れない。我々が憲政の根底とするのは，国体の君主政か共和政かに関係なく，一般(③)を重んじ，貴賤上下の区別をしないことである。したがって，（　④　）主義という用語がいちばん適当であるかと思う。

問1　文中の①〜④に当てはまる適切な言葉を，ア〜エから一つずつ選び，記号で答えなさい。なお，同じ番号には同じ言葉が入る。

　　ア　民衆　　イ　民本　　ウ　平民　　エ　民主

　　　　　　　　　①（　　　）　　②（　　　）　　③（　　　）　　④（　　　）

問2　この主張を提唱した人物はだれか，漢字で書きなさい。　（　　　　　　　　）

問3　この主張がなされたのと同じころ，憲法学者の美濃部達吉が主張した学説を何というか。また，これらの主張によってその思想が広まった，当時の社会の風潮を何と呼ぶか，書きなさい。

　　　　　　　　　　　　　　　　　　　　　　　　　　　　学説（　　　　　　　　　）

　　　　　　　　　　　　　　　　　　　　　　　　　　　　風潮（　　　　　　　　　）

❸ 次の各文に最も関係の深い内閣を，ア〜エから選び，記号で答えなさい。

A　国際協調を進めるためにロンドン海軍軍縮条約を結んだ。しかし，軍縮条約調印は天皇の権限を侵害していると，一部の軍人や国家主義者から強い批判を受け，首相がおそわれて重傷を負い，辞任に追いこまれた。　　　　　　　　　　　　　　（　　　）

B　満州事変後に成立した内閣で，軍部の影響をおさえ，政治の主導権を取りもどそうとしたが，首相官邸をおそった海軍の青年将校らに首相が暗殺され，総辞職した。この事件によって，政党内閣の時代が終わった。　　　　　　　　　　　　　　　　　（　　　）

C　国家総動員法を成立させ，国を一丸とする強力な政治体制を作るために大政翼賛会を結成させた。また，日独伊三国同盟を結び，南進政策を採る一方で，アメリカとの戦争をさけようと日米交渉を進めたが，不調に終わった。　　　　　　　　　　　　　（　　　）

D　アメリカとの戦争を最終的に決定した。戦争が長期化し，日本軍が後退を重ね始めると，学徒出陣や学童疎開を決定するなど，国民を戦争に総動員した。しかし，本土空襲の基地となるサイパン島が陥落すると退陣した。　　　　　　　　　　　　（　　　）

　　ア　犬養毅内閣
　　イ　近衛文麿内閣
　　ウ　東条英機内閣
　　エ　浜口雄幸内閣

❷ 解答

問1　①　エ
　　　②　ウ
　　　③　ア
　　　④　イ
問2　吉野作造
問3　学説：天皇機関説
　　　風潮：大正デモクラ
　　　　　　シー

ココがポイント！

問1・問2　資料は吉野作造が，1916年，雑誌「中央公論」に発表した論文の部分要約である。天皇主権の大日本帝国憲法の下で，どうすれば実質的な民主主義を実現できるかを論じたもので，政党政治や政党内閣を理論的な面から支え，社会に大きな影響をあたえた（→教科書p.217 **7**）。

問3　美濃部は，主権は国家にあるとしたうえで，天皇は国家の最高機関として憲法に従って統治するという天皇機関説を唱えた。天皇機関説は，民本主義とともに大正デモクラシーの思想を広める役割を果たした。なお，美濃部の天皇機関説は，大日本帝国憲法第4条「天皇ハ国ノ元首ニシテ統治権ヲ総攬シ此ノ憲法ノ条規ニ依リ之ヲ行ウ」によるものであり，広く支持されていたが，満州事変以後に軍部の影響力が強まる中で，国の在り方に反する主張だとして批判を受けることになった。

❸ 解答

A　エ
B　ア
C　イ
D　ウ

ココがポイント！

A～Dは年代順に並んでいる。順に読んでいけば，軍部が次第に発言力を強めていき，政党内閣を終わらせ，戦争へと突き進んでいく経過を整理することができる。以下に，各内閣が政権を担当した年代を整理しておく。

浜口雄幸内閣：1929年7月～1931年4月

犬養毅内閣：1931年12月～1932年5月

近衛文麿内閣：①1937年6月～1939年1月

　　　　　　　②・③1940年7月～1941年10月

東条英機内閣：1941年10月～1944年7月

1節 戦後日本の出発

☑ 戦後の諸改革は，日本の政治や社会にどのような影響をあたえたのでしょうか。

●教科書 p.252～253

1 占領下の日本

ここに注目！

1 敗戦後の日本
敗戦後の日本は
どこから再スタート
したのかな？

2 国民の苦難
人々はどうやって
生活して
いたのだろう？

3 占領の始まりと非軍事化
占領はどのように
行われたの？

？ 占領された戦後の日本は，どのような状況だったのかな？

読み取る 教科書p.252**1**の女の子が首から下げているものは何か，考えましょう。

解答例 箱に収められた遺骨である。おそらく女の子の肉親なのであろう。
　女の子の表情や様子から，何が読み取れるだろうか。

---

1 敗戦後の日本 敗戦によって，日本は，植民地を全て失い，海外から多くの人々が帰国した。

①日本の領土
・ポツダム宣言（→p.155）に基づいて，北海道・本州・四国・九州とその周辺の島々に限られた。
・朝鮮（→p.122），台湾（→p.118）などの植民地は全て失った。
・沖縄と奄美群島，小笠原諸島はアメリカ軍の直接統治下に置かれた。
・北方領土はソ連によって占拠された。

②海外からの帰国
・軍人の復員や民間人の引きあげにより，本土の人口が急増した。
・ソ連軍の捕虜となった人々（約60万人）がシベリアに抑留され，強制労働をさせられた。
・多くの子どもたちが中国に残された（中国残留日本人孤児）。
・日本にいた多くの朝鮮人や中国人が帰国したが，戦後の混乱の中で日本にとどまった朝鮮の人々も数多くいた。

【資料】ポツダム宣言（一部を要約し，やさしく直したもの）
7　新秩序（平和，安全および正義）が建設され，日本国が戦争を行う能力が失われたという確証が得られるまで，日本国の領域内の諸地点は占領される。
8　日本国の主権は本州，北海道，九州および四国ならびにわれらが決定する諸小島に限定される。
9　日本国軍隊は完全に武装を解除された後，各自の家庭に復帰し，平和的で生産的な生活を営む機会を得られる。

2 国民の苦難 　住宅，食料，仕事の全てが不足し，国民は闇市などで飢えをしのぎ，懸命に働いた。

①戦争は国民生活に壊滅的な打撃をあたえた。

- 空襲で住宅や工場が破壊された→鉱工業の生産の落ちこみ（グラフ参照）。

- 生産力が落ちこみ，物価が上昇した。

- 工場などの被害に復員や引きあげによる人口の増加が加わり，失業者があふれた。

- 配給がとどこおり，栄養失調が広がった→都市の住民は買い出しや非合法の闇市にたよった。
  →国民は飢えに苦しみながら，懸命に働き，経済の復興に努めた。

*1935〜37年の平均を100とする

180 / 100 / 20

1938 39 40 41 42 43 44 45年
（「近現代日本経済史要覧」）

▲鉱工業生産指数の推移

3 占領の始まりと非軍事化 　連合国軍最高司令官総司令部の指令に従って，日本政府が政策を実施した。

①アメリカ軍を主力とする連合国軍によって占領された（→p.162，資料「ポツダム宣言」）。

②連合国軍最高司令官総司令部（GHQ）の指令に従って日本政府が政策を実施する間接統治の方法の下，戦後改革が進められた。

- マッカーサーはGHQの最高司令官として大きな影響力を発揮した。

- GHQは，日本の非軍事化を占領政策の基本方針の一つとした。
  →軍隊の解散。

③極東国際軍事裁判（東京裁判）が開かれ，戦争犯罪人（戦犯）と見なされた戦争指導者の責任が追及され，裁かれた。

④職業軍人や，大政翼賛会の幹部など戦争中に重要な地位にあった人々は公職から追放された（公職追放）。

⑤1946年，昭和天皇は，天皇が神であるという考え方を否定し，「人間宣言」を発表した。

【資料】天皇の人間宣言（一部を要約し，やさしく直したもの）
　…朕（天皇が「私」と言うときに使っていた言葉）は国民とともにあり，国民と利害を同じくし，喜びや悲しみを分かち合いたいと思う。朕と国民との絆は，終始，おたがいの信頼と敬愛とによって結ばれているものであり，単なる神話と伝説とによって生まれたものではない。天皇を現御神（人の姿をした神）とし，また，日本国民は他の民族に優越する民族であるから，世界を支配すべき運命にあるなどという架空の観念に基づくものでもない。…
　　　　　　　　　　　　　　　　　　　　　　1946年1月1日

 読み取る　教科書p.253**5**で，どのような内容がぬりつぶされたか読み取りましょう。

解答例

ト　イヒマシタ。

カタカタ　カタカタ，パンポン　パンポン，
　兵タイゴッコ。

カタカタ　カタカタ，パンポン　パンポン，
　ボクラハ　ツヨイ

カタカタ　カタカタ，パンポン　パンポン，
　ススメヨ　ススメ。

（さし絵）

 チェック　戦後改革を進めた組織と，その組織の司令官を，本文からぬき出しましょう。

解答例

[組織]「連合国軍最高司令官総司令部（GHQ）」
[司令官]「マッカーサー」

 トライ　敗戦後の日本の政治はどう変わったか，次の語句を使って説明しましょう。
[間接統治／非軍事化]

解答例　GHQによる間接統治によって戦後改革が行われ，非軍事化が進められた。

② 民主化と日本国憲法

ここに注目！

1 民主化

民主化も
占領政策だったの？

2 日本国憲法の制定

日本国憲法の
基本原理は
何かな？

3 政党政治と社会運動の復活

どんな社会運動が
復活したのかな？

？ 日本国憲法が制定されて，日本はどのように変化したのかな？

読み取る
(1)教科書p.254 **1** はどのようなことを表現しているか，考えましょう。
(2)(1)は教科書p.254 **3** でどのように表現されているか，読み取りましょう。

解答例
(1)戦争を放棄することによって，軍需産業ではなく平和的な工業生産を行うことができると説明している。
(2)「政府の行為によつて再び戦争の惨禍が起ることのないやうにすることを決意」

---

1 民主化　　**民主化は，非軍事化と並ぶ，占領政策の基本方針だった。**

①GHQは非軍事化と民主化を占領政策の基本とし，日本政府も大正デモクラシーの経験を生かし，民主化に取り組んだ。

②政治の民主化
・治安維持法が廃止された→政治活動の自由。
・選挙法改正：満20歳以上の全ての男女に選挙権。

③経済・社会の民主化
・財閥解体：日本経済を支配してきた財閥が解体された。
　　財閥は，財閥本社が株式を保有する形で，数多くの企業を支配していた。財閥解体では，この財閥本社が解体された。
・労働組合法：労働者の団結権→労働組合の結成と活動。
　労働基準法：労働条件の最低基準。
・農地改革：地主が持つ小作地を政府が強制的に買い上げ，小作人に安く売りわたした→多くの自作農が生まれた（→教科書p.254 **5**）。

2 日本国憲法の制定　　**日本国憲法は，国民主権，基本的人権の尊重，平和主義の三つを基本原理とした。**

①民主化の中心は憲法改正だった。
②改正の経緯
・GHQは日本政府に憲法改正を指示した→政府は改正案を作成。
　→政府の改正案は，天皇が統治権を持ち，法律で人権を制限できるなど，大日本帝国憲法を手直ししたものにすぎなかった。
　→GHQは政府の改正案を拒否し，日本の民間団体の案も参考にしながらGHQがまとめた憲法改正草案を提示。
　→政府は，GHQの草案を受け入れ，それを基に憲法改正案を作成。
　→憲法改正案は帝国議会で審議され，可決・成立した。
③日本国憲法：1946年11月3日公布，1947年5月3日施行。

④日本国憲法の基本原理：<u>国民主権</u>，<u>基本的人権の尊重</u>，<u>平和主義</u>。

・<u>国民主権</u>：主権は国民にあるとされた。

・<u>基本的人権の尊重</u>：参政権，表現の自由など基本的人権の尊重がかかげられた→おかすことのできない，永久の権利。

・<u>平和主義</u>：永久に戦争を放棄^{ほうき}する。

・天皇：日本国・日本国民統合の<u>象徴</u>^{しょうちょう}とされた。

・<u>国会</u>が国権の最高機関であり，<u>内閣</u>は国会に対して責任を負う仕組み（<u>議院内閣制</u>）に変わった。

⑤<u>地方自治</u>・国民の自治の権利が認められた→都道府県知事は住民の直接選挙で選ばれることになった（それまでは政府が知事を任命していた）。

⑥<u>民法</u>の改正：男女平等に基づく家族制度が定められた（戸主^{こしゅ}を中心とする男性優位の家制度が廃止^{はいし}された）。

⑦民主的な教育

・<u>教育基本法</u>（1947年3月公布・施行）：民主主義の教育の基本を示した（<u>教育勅語</u>^{ちょくご}は失効）。

→教育の<u>機会均等</u>，<u>男女共学</u>，<u>義務教育</u>などが定められた。

・義務教育9年（小学校6年・中学校3年）・高等学校3年・大学4年の学校制度に。

3 政党政治と社会運動の復活 労働組合が組織され，部落解放運動も再建された。

①政党が活動を再開した。

・日本社会党（社会党，1945年11月結成），日本自由党（1945年11月結成），日本共産党（1945年10月再建）など。

②<u>労働組合法</u>が制定され，労働組合が数多く組織された。

③部落解放運動が再建され，北海道アイヌ協会も新たに結成された。

 チェック 日本を民主化するための政策を，本文から四つぬき出しましょう。

解答例

・「治安維持法が廃止され，政治活動の自由が認められました。」

・「選挙法が改正され，選挙権が満20歳以上の男女にあたえられました。」

・「財閥解体」

・「労働者の団結権を認める労働組合法，労働条件の最低基準を定める労働基準法が制定されました。」

・「農地改革」

・「憲法の改正」

・「民法が改正され，男女平等に基づく新たな家族制度が定められました。」

・「民主主義の教育の基本を示す教育基本法が作られ，教育勅語は失効しました。」

日本国憲法は，大日本帝国憲法を改正する形で生まれましたが，内容は全く異なります。

労働組合と組合員の数▶

1945年	509
	38万677人
1946年	1万7266
	492万5958人

（「近代日本総合年表」）

トライ 民主化によって国民の生活はどのように変わったか，女性に着目して説明しましょう。

解答例 <u>参政権</u>を獲得^{かくとく}し，家族制度が改められるなど，男女平等の社会へと変化した。

2節 冷戦と日本の発展

☑ 冷戦の中で，なぜ日本は経済成長をとげることができたのでしょうか。

① 冷戦の開始と植民地の解放

●教科書 p.256～257

ここに注目！

■ 国際連合と冷戦の始まり	■ 新中国の成立と朝鮮戦争	■ 植民地支配の終わり
冷戦とはどんな対立なの？	朝鮮戦争はなぜ起こったの？	植民地支配が終わって，全て解決したのかな？

? 冷戦が始まって，世界はどのように変化したのかな？

見方・考え方

教科書p.257**4**と教科書p.186

1とを比べて，それぞれの国がどこから独立したか確認しましょう。

解答例

[日本]朝鮮民主主義人民共和国, 大韓民国
[アメリカ]フィリピン
[イギリス]マラヤ連邦, ビルマ, インド, セイロン, パキスタン, ガーナ, スーダン
[フランス]ベトナム民主共和国, ベトナム共和国, ラオス, カンボジア, ギニア, モロッコ, チュニジア
[オランダ]インドネシア
＊地図に国名が示されている国。[　　]は支配していた国。

■ 国際連合と冷戦の始まり

アメリカを中心とする資本主義陣営と，ソ連を中心とする共産主義陣営が厳しく対立した。

①二度の世界大戦への反省から**国際連合（国連）**が創設された。

・1945年6月，サンフランシスコで国連憲章が調印された（原加盟国は51か国）→正式発足は1945年10月。

・総会：全加盟国で構成される国連の中心機関。

・**安全保障理事会**：世界の平和と安全を維持するための機関。
　→**常任理事国**は米・英・仏・ソ連・中国（当初は国民政府）。

②**冷戦**：アメリカを中心とする資本主義陣営（西側陣営）と，ソ連を中心とする共産主義陣営（東側陣営）の対立。

・アメリカが西ヨーロッパ諸国を支援し，ソ連が東ヨーロッパ諸国を支配した→冷戦の始まり。

・ドイツは，**ドイツ連邦共和国**（西ドイツ）と**ドイツ民主共和国**（東ドイツ）に分かれて独立した（1949年）。

・ソ連が核保有国となり，米ソが核兵器の拡張競争を始めた。

・**北大西洋条約機構（NATO）**：1949年，アメリカや西ヨーロッパ諸国が結成した軍事同盟。

・**ワルシャワ条約機構**：1955年，NATO結成に対抗し，ソ連が東ヨーロッパ諸国と結成した軍事同盟。

・東西の対立は全面的な戦争にはならなかったが，核兵器をふくむ軍備拡張を競い合い，「**冷たい戦争（冷戦）**」と呼ばれた→冷戦を背景とした戦争が起こったり，世界が核戦争の危険にさらされたりした。

② 新中国の成立と朝鮮戦争

冷戦の対立の中，北朝鮮が韓国に侵攻して朝鮮戦争が始まった。

①冷戦を背景としたアジアの動き

- 中国では，アメリカが支援する国民党と，ソ連が支援する共産党との内戦が再開された→共産党が勝利。
  → 1949年，毛沢東を主席とする中華人民共和国(中国)が成立した
  → 蔣介石が率いる国民党は台湾にのがれた。
- 朝鮮は日本の植民地支配から解放されたが，南をアメリカ，北をソ連に占領された →南に大韓民国(韓国)，北に朝鮮民主主義人民共和国(北朝鮮)が成立した。

②朝鮮戦争：1950年，北朝鮮が朝鮮半島の統一を目指し，韓国に侵攻した。

- アメリカ中心の国連軍が韓国を支援した。
- 中国は義勇軍を送って北朝鮮を支援した。
- 1953年に休戦協定が結ばれた(平和条約は現在も未締結)。

③ 植民地支配の終わり

植民地支配が終わり，数多くの国が独立したが，経済格差などの問題が残された。

①第二次世界大戦の結果，ヨーロッパ諸国の国力が弱まったこともあり，アジアやアフリカの多くの植民地が独立した。

- インドネシア：オランダからの独立を宣言し，独立戦争の末，1949年，インドネシア連邦共和国が成立した。
- フィリピン：1946年，アメリカから独立した。
- インド，パキスタン：1947年，イギリスから独立したが，宗教的な理由から分離しての独立となった。
- ベトナム：フランスからの独立戦争の結果，1954年，休戦協定が結ばれたが，冷戦の影響を受けて南北に分かれた。
  →後にベトナム戦争へ。
- 「アフリカの年」：アフリカで17か国が独立した1960年のこと。

②南北問題：発展途上国と先進工業国との経済格差の問題のこと。

- アジア・アフリカ諸国には，独立後も紛争や飢餓に悩まされる国が多く，先進工業国との経済格差が残った。
- *先進工業国は世界の北側に多く，反対にアフリカなどの発展途上国は南側に多いことから，こう呼ばれるようになった。

 チェック 冷戦によって国家が二つに分裂した例を，三つ挙げましょう。

解答例

- 西ドイツ(ドイツ連邦共和国)と東ドイツ(ドイツ民主共和国)
- 北ベトナム(ベトナム民主共和国)と南ベトナム(ベトナム共和国)
- 北朝鮮(朝鮮民主主義人民共和国)と韓国(大韓民国)

 トライ 冷戦とはどのような対立か，次の語句を使って説明しましょう。
[アメリカ／ソ連／軍備拡張]

解答例 アメリカを中心とする西側の資本主義陣営と，ソ連を中心とする東側の共産主義陣営との対立のことで，全面的な戦争はなかったものの，厳しい対立の中で，核兵器をふくむ軍備拡張などを競い合った。

② 独立の回復と55年体制

ここに注目！

1 占領政策の転換
占領政策が
転換した背景は
何だろう？

**2 平和条約と
安保条約**
なぜ二つの条約を
同時に結んだのかな？

**3 自民党長期政権と
安保条約改定**
55年体制とは
どういう体制なの
だろう？

？ 日本の国際社会への復帰には，どのような背景があり，その後どんな影響があったのかな？

 まとめる 教科書p.258**2**から，日本がサンフランシスコ平和条約で放棄した領土を地図にまとめましょう。

解答例

1 占領政策の転換

冷戦が激しくなると，アメリカは日本を西側陣営に加えるため，占領政策を転換した。

①冷戦が激しくなると，アメリカは日本を西側陣営の一員にしようと考えた（占領政策の転換）。

・非軍事化・民主化よりも経済の復興を重視する。

・労働運動を抑制する。

・商品の価格などの統制を撤廃する。

・大企業を中心に経済を発展させるため，独占禁止を緩和した。

・旧軍人や戦争指導者の公職追放（→p.163）を解除した。

②朝鮮戦争（1950〜53年）は戦後日本の転機となった。

・日本本土や沖縄のアメリカ軍基地が使用された。

・大量の軍需物資が日本で生産されて，日本の経済は好況となり（特需景気），経済の復興が早まった。

③自衛隊の発足

・在日アメリカ軍が朝鮮戦争に出兵→GHQの指令で警察予備隊が作られた→次第に強化。

　→1952年に保安隊，1954年に自衛隊となった。

**2 平和条約と
安保条約**

平和条約を結んで独立を回復した日本は，安保条約を結び，アメリカとの関係を強めた。

①サンフランシスコ平和条約：1951年9月，吉田茂内閣が，アメリカ，イギリスなど48か国と結んだ。

・日本は独立国としての主権を取りもどした→条約の発効は1952年4月28日。

・講和会議に中国（中華人民共和国・台湾）は招かれず，インドやビルマ（ミャンマー）は出席を拒否，ソ連など東側諸国は調印を拒否するなど，冷戦の影響を受けた→日本が侵略したアジアの国々の多くとの講和は実現されず。

・沖縄（琉球諸島），奄美群島，小笠原諸島は，引き続きアメリカが統治することになった。

②日米安全保障条約（日米安保条約）：サンフランシスコ平和条約と同日に結ばれた。

・占領の終了後も，アメリカ軍基地が国内に残されることになった。

・日本が西側の一員になったことが国内外に明確に示された。

3 自民党長期政権と安保条約改定 **自民党が，野党第一党の社会党と対立しながら政権をとり続けた体制を55年体制という。**

①アメリカの水素爆弾（水爆）の実験でまぐろ漁船の第五福竜丸が被ばくする事件（無線長が亡くなる）が起きた→原水爆禁止運動が全国に広がる。

②55年体制：1955年に起きた，保守勢力と革新勢力の動きによって，以後，38年間にわたる政治の構図が作られた。

・1955年10月，左右に分裂していた日本社会党（社会党）が，日米安保条約反対，護憲をかかげて，再統一した。

・1955年11月，保守勢力の自由党と日本民主党が合同し自由民主党（自民党）を結成した。

→自民党が，野党第一党の社会党と対立しながら，政権をとり続ける体制が生まれた。

③1960年の日米安保条約の改定をめぐり，自民党と社会党が激しく対立した。

・岸信介内閣は，アメリカとの関係をより対等にし，強化することを目指し，新しい日米安全保障条約を結んだ（1960年1月）。

→旧安保条約では，アメリカは日本国内に軍隊を駐留させる権利を持つが，日本の安全への義務を負わないなどの点が指摘されていた。

・国内で激しい反対運動（安保闘争）が起きた。

→日本の領域において，日米いずれかが武力攻撃を受けたとき，日米は共同して行動することが決められた→日本がアメリカの戦争に巻きこまれる危険が増大するなどとして，反対運動が起きた。

・自民党が衆議院で条約承認の採決を強行したため，安保反対の運動は大規模な反政府運動に発展した。

・参議院は開かれないまま，衆議院の議決に基づいて条約は自然承認され，発効した→岸内閣は総辞職した。

読み取る　安保闘争で，人々は日米安保条約のどのような点に反対したのか，教科書p.259⑥から考えましょう。

解答例　「共通の危機に対処するように行動すること」（第5条）や第6条でアメリカ軍が日本国内の施設や区域を使用することを認めていることから，日本がアメリカの戦争に巻きこまれる危険があるとして反対した。

チェック　冷戦の激化にともないアメリカが日本の占領政策を転換した具体例を，本文から三つぬき出しましょう。

解答例
・「労働運動を抑制する」
・「商品の価格などの統制を撤廃しました。」
・「警察予備隊が作られ」

トライ　冷戦によって日本の政治はどのように変化したか，説明しましょう。

解答例　日米安全保障条約を結び，アメリカとの関係を深め，アメリカの冷戦対策を支持する保守勢力の政権が続いた。

第7章　現代の日本と私たち

③ 緊張緩和と日本外交

●教科書 p.260〜261

ここに注目！

1 緊張緩和の進展
アジアでは
どんな動きが
あったのかな？

**2 広がる日本の
外交関係**
日本とアジア諸国
との関係は
どう変わったの？

3 沖縄の日本復帰
復帰によって
アメリカ軍基地は
どうなったの？

? 緊張緩和の広がりと日本の外交にはどのような関係があったのかな？

見方・考え方

(1)教科書p.260〜261 **1**〜**6**の出来事は,冷戦下の「緊張の高まり」と「緊張緩和」のどちらに当たるか,考えましょう。

(2)(1)の状況の下で,日本の外交関係はどのように変化したか,教科書p.260〜261 **1**〜**6**と本文からまとめましょう。

解答例

(1)
[緊張の高まり] **1**, **3**, **5**
[緊張緩和] **2**, **4**, **6**

(2)1960年代の半ばから緊張緩和が本格化する中で,日本は日韓基本条約を結んで韓国との関係を深めた。さらに,アメリカと中国との関係が改善されたことに合わせ,日中共同声明によって中国との国交を正常化し,1978年には日中平和友好条約を結んだ。

---

1 緊張緩和の進展　**アメリカがベトナムから撤兵すると,緊張緩和はアジアにも広がった。**

①冷戦下の国際的な緊張は,1950年代半ば以降,次第に緩和した。

②アジア・アフリカ会議(1955年)
・29か国が参加し,バンドン(インドネシア)で開かれた。
・東西どちらの陣営にも属さない立場から平和共存を訴えた。
・国連憲章の尊重,内政不干渉,侵略行為や武力行使をしないことなどをうたう平和十原則を定めた。

③キューバ危機：1962年,ソ連がキューバでミサイル基地を建設していることが明らかとなり,核戦争に発展する危機を迎えた。
・アメリカのミサイル基地撤去の要求を,最終的にソ連が受け入れ,危機は回避された。

④部分的核実験禁止条約：1963年,アメリカ,ソ連,イギリスなど100か国以上が参加して,地下を除く核実験の禁止が定められた。

⑤ヨーロッパ共同体(EC)：1967年設立。フランス,イタリアなど6か国が参加して設立された。
・関税や規制をなくして物や人が自由に動けるようになった。
・東ヨーロッパ諸国との関係改善が進められた。

⑥ベトナム戦争(1960〜75年)：ベトナムは,フランスからの独立戦争を戦い,休戦協定が結ばれたが,冷戦の中で南北に分断された。
・1954年：ベトナム民主共和国とフランスが休戦協定。
・1955年：ベトナム共和国(南ベトナム)成立。
・1960年：南ベトナム解放民族戦線結成。
・1965年：南ベトナムを支援するアメリカが本格的に軍事介入。
　→アメリカ国内や世界中でベトナム反戦運動が盛んとなる。
・1973年：アメリカがベトナムから撤兵。
・1975年：ベトナム戦争が終結→ベトナム社会主義共和国(1976)。

年	緊張の高まり	緊張緩和	日本外交の動き
1949	NATO結成		
1950	朝鮮戦争（〜53）		
1951			サンフランシスコ平和条約 日米安全保障条約
1955	南ベトナム建国	アジア・アフリカ会議	
1956			日ソ共同宣言
1960	ベトナム戦争開始		日米安全保障条約改定
1962	キューバ危機		
1963		部分的核実験禁止条約	
1965	ベトナム戦争本格化		日韓基本条約
1967		EC発足	
1968		核拡散防止条約	
1972		アメリカ大統領訪中	日中共同声明
1973		ベトナム和平協定	
1975		ベトナム戦争終結	
1978			日中平和友好条約

▲国際社会と日本外交の主な動き

2 広がる日本の外交関係 ▶ **韓国とは日韓基本条約，中国とは日中平和友好条約などを結んで，関係を深めた。**

①日ソ共同宣言：1956年，鳩山一郎内閣が調印→ソ連との国交回復。

・1956年，ソ連の支持も得て，国際連合に加盟した。

②日韓基本条約：1965年，大韓民国（韓国）と結んだ条約。

・韓国政府を朝鮮半島にある唯一の政府として承認した。

③中国との関係：冷戦の中，日本は台湾の国民政府と外交関係を結び，中華人民共和国とは国交がない状態が続いていた。

・日中共同声明：1972年，田中角栄内角が中華人民共和国との国交を正常化した→台湾とは断交。

・日中平和友好条約：1978年，福田赳夫内閣のときに結ばれた。

3 沖縄の日本復帰 ▶ **沖縄のアメリカ軍基地は，復帰後もあまり縮小されなかった。**

①第二次世界大戦後の沖縄：サンフランシスコ平和条約で沖縄はアメリカの直接統治下に置かれた（→p.169）。

・アメリカによる軍事基地建設やさまざまな権利の制限に対し，沖縄の人々は日本への復帰を求める運動を行った。

②日本復帰：1972年5月，佐藤栄作内閣が復帰を実現した。

・復帰後も多くのアメリカ軍基地が残され，基地やアメリカ軍人が関係する事故や犯罪などの問題が起きている。

③非核三原則：核兵器を「持たず，作らず，持ちこませず」という原則。1971年の国会決議によって国の方針となった。

チェック 日本が中国・ソ連・韓国と国交を回復させた条約を，本文からそれぞれぬき出しましょう。

解答例
[中国]「日中共同声明」
[ソ連]「日ソ共同宣言」
[韓国]「日韓基本条約」

トライ 日本の外交関係が広がった背景にある，世界の大きな動きについて，20字程度で説明しましょう。

解答例 冷戦による国際社会の緊張が緩和された。

④ 日本の高度経済成長

ここに注目！

1 高度経済成長
日本経済が急成長できた理由は何かな？

2 国民生活の変化と公害
どんな公害が問題になったのだろう？

3 経済大国日本
高度経済成長はいつまで続いたのかな？

? 日本の経済成長は，国民の生活をどのように変化させたのかな？

みんなで **チャレンジ** 日本の復興の象徴は何だろう

解答例 経済，社会の変化やイベント，国際関係の改善など，視点を決めて考えよう。
[経済]
　高度経済成長
　石油化学コンビナート
[社会]
　「三種の神器」
　新幹線・高速道路
　東京オリンピック・パラリンピック
　日本万国博覧会
などが考えられる。

池田勇人内閣▶1960年7月，安保闘争によって，国内に深い対立が生まれた後に成立した池田内閣は，経済成長を目標としてかかげた。

1 高度経済成長　政府が積極的に促進したことから，技術革新や重化学工業化が進み，高度成長が実現した。

①日本経済は1950年代半ばまでに戦前の水準をほぼ回復した。

②高度経済成長：日本経済は，1955年から73年までの間，年平均10％程度の成長を続けた（→p.168「特需景気」）。

・池田勇人内閣が「所得倍増」をかかげ，経済成長を促進した。

経済の指標	戦前の水準（1934〜36年の平均）をこえた年
工業生産	1951年
国民総生産	1951年
貿易（輸出）	1957年
（輸入）	1956年
1人当たりの個人消費	1953年

▲主な経済の指標が戦前の水準をこえた年（「近現代日本経済史要覧」）

・技術革新が進み，重化学工業が発展した。

・エネルギー源が石炭から石油にかわり，太平洋や瀬戸内海の沿岸を中心に，製鉄所や石油化学コンビナートが建設された。

・国民総生産（GNP）が，資本主義国の中でアメリカに次ぐ第2位となった（1968年）。

2 国民生活の変化と公害　新潟水俣病，四日市ぜんそく，イタイイタイ病，水俣病の四大公害裁判が起こされた。

①高度経済成長による国民の暮らしの変化

・所得が増え，家庭電化製品（「三種の神器」）や自動車が普及した。

・スーパーマーケットが広まり，団地が建設された。

・新幹線，高速道路の開通。

・東京オリンピック・パラリンピックが開かれた（1964年）。

②農村では過疎化，都市は過密による住宅不足，交通渋滞，ごみ問題などが起きた。

年	産業での技術革新	暮らしの変化
1950	造船で自動溶接機設置導入	
1951	外国企業とナイロン製造について技術提携	
1953		テレビの本放送開始
1954	トランジスタの生産を始める	
1955	トランジスタ・ラジオ発表 自動電気炊飯器発売	
1956	国産初の電子計算機完成	住宅公団初の入居者募集 流行語「三種の神器」
1958	山口県岩国市に石油化学工場開設	即席ラーメン発売
1959	日本初の乗用車専門工場完成	
1960	世界初のトランジスタ・テレビ発表	テレビ受信契約数500万突破
1962	世界最大(当時)のタンカー進水 初の国産旅客機YS-11試験飛行に成功	
1965	銀行の預金業務にオンライン導入	
1969	日本初の30万トン・エチレンプラント完成	

▲高度経済成長期の産業と生活(「近現代日本経済史要覧」ほか)

③高度経済成長の一方，各地で**公害問題**が深刻化した。

・四大公害裁判：**新潟水俣病**，**四日市ぜんそく**，**イタイイタイ病**，**水俣病**の裁判では，企業の責任を追及する住民が勝訴した。

→**公害対策基本法**の制定(1967年)，**環境庁**の設置(1971年)。

公害	場所	原因	判決
新潟水俣病	新潟県阿賀野川下流域	工場廃水による水質汚濁	住民側全面勝訴
四日市ぜんそく	三重県四日市市など	工場排煙による大気汚染	住民側全面勝訴
イタイイタイ病	富山県神通川下流域	鉱山廃水による水質汚濁	住民側全面勝訴
水俣病	熊本県水俣湾沿岸など	工場廃水による水質汚濁	住民側全面勝訴

▲四大公害裁判

3 経済大国日本 ▶ **1973年の石油危機で高度経済成長は終わり，日本は新たな道を探ることになった。**

①**石油危機(オイル・ショック)**：1973年，第四次中東戦争をきっかけに石油価格が上昇した→不況→高度経済成長の終わり。

②日本は**経営の合理化**，**省エネルギー化**を進めて不況を克服した。

③日本製品の海外への輸出がのび，貿易黒字が増えた→アメリカなどとの貿易摩擦が深刻化するとともに，国際社会から経済大国としての役割を果たすことを求められるようになった。

 チェック 高度経済成長期に国民の間で広まったものを，本文からぬき出しましょう。

解答例
・「『三種の神器』と呼ばれたテレビ・洗濯機・冷蔵庫などの家庭電化製品」
・「自動車」
・「スーパーマーケット」
・「団地」

トライ 高度経済成長が日本社会にあたえた正の影響と負の影響を，それぞれ20字程度で説明しましょう。

解答例
[正の影響]生活が豊かになり，新幹線や高速道路が開通した。
[負の影響]過疎化や過密化の問題，公害問題が起きた。

⑤ マスメディアと現代の文化

●教科書 p.264〜265

ここに注目！

1 戦後の文化とマスメディア	**2 テレビと高度経済成長期の文化**	**3 漫画・アニメと文学の発展**
どんなメディアが人気だったのかな？	テレビは人々にどんな影響をあたえたの？	人気アニメは何だったのかな？

？ 現代日本の文化には，どのような特徴があるのかな？

みんなでチャレンジ 現代文化の特色を考えよう

解答例

(1)[共通点]文化の大衆化，雑誌・映画・ラジオ，娯楽としてのスポーツ
[異なる点]テレビ放送，国民の中流意識，漫画・アニメの広がり

 チェック 現代の文化の具体例を，本文から三つ以上ぬき出しましょう。

解答例 「映画」「ラジオ」「テレビ（放送）」「週刊誌」「漫画・アニメ」「推理小説」「歴史小説」など

トライ 現代の文化の特色を，マスメディアに着目して説明しましょう。

解答例 現代の文化の多くは，雑誌やラジオ，映画，テレビなどのマスメディアによって生み出され，大衆に普及した。特にテレビは，人々の考え方の均質化という大きな変化に関わった。

---

1 戦後の文化とマスメディア ▶ 大衆娯楽として映画が人気を集め，民間のラジオ放送も始まった。

①GHQの占領政策に反しない範囲で言論の自由が回復され，新聞，雑誌が復刊・創刊→特に月刊の総合雑誌が知識層に強い影響。

②大衆娯楽として映画が人気を集めた→黒澤明監督が世界的評価。

③民間のラジオ放送も始まった（1951年）。

2 テレビと高度経済成長期の文化 ▶ いろいろな情報を得られるようになった一方，人々の考え方の均質化も生じた。

①テレビ放送：1953年開始。国民の生活を大きく変化させた→高度経済成長期（大量生産・大量消費の社会）はテレビの時代。

・テレビは茶の間（リビング）に置かれ，家族団らんの中心。

・テレビが映し出す豊かな生活へのあこがれ→コマーシャルが購買意欲をかき立てる。

・スポーツや芸能もテレビで楽しむ→国民的ヒーローの誕生。
→プロ野球の長嶋茂雄や王貞治，大相撲の大鵬など。

・同じ情報が全国に伝えられ，考え方が均質化していった。

・生活水準向上，進学率上昇にともない，「中流意識」が広がった。

3 漫画・アニメと文学の発展 ▶ 週刊の漫画誌や女性誌が広く読まれ，テレビアニメ「鉄腕アトム」などが人気となった。

①週刊誌ブーム：1950年代末，漫画誌や女性誌が多数創刊された。

②漫画・アニメ：手塚治虫の作品が広い人気→「鉄腕アトム」は日本初の本格的なテレビアニメにもなった。

③文学：純文学と大衆小説の中間的な作品が増えた。

・松本清張（推理小説），司馬遼太郎（歴史小説）など。

・純文学でも，川端康成，大江健三郎がノーベル文学賞を受賞するなど，優れた作品が数多く発表された。

3節 新たな時代の日本と世界

☑ より良い社会を創るために，これからどのようなことが必要とされるのでしょうか。

① 冷戦後の国際社会

●教科書 p.266〜267

ここに注目！

1 冷戦の終結
東ヨーロッパ諸国では
どんなことが
起こっていたのだろう？

2 国際協調への動き
地域統合は
どのように進められて
いるのかな？

3 相次ぐ地域紛争
地域紛争を
防ぐための活動は
行われているの？

？ 冷戦終結後の世界はどのように変化し，どのような課題があるのかな？

---

1 冷戦の終結 ▶ ソ連がゆらぐ中，東ヨーロッパ諸国では民主化運動が高まり，共産党政権がたおれた。

①ソ連の<u>アフガニスタン侵攻</u>（1979〜1989年）→東西対立の激化。

②<u>ゴルバチョフ政権</u>（1985年成立）は，西側陣営との関係を改善し，共産党の独裁体制・計画経済の見直しを進めた→成功せず。

・「<u>ペレストロイカ</u>（立て直し）」「<u>グラスノスチ</u>（情報公開）」。

③東ヨーロッパ諸国：民主化運動が高まり，1989年に共産党政権が次次にたおれた。

・1989年11月，冷戦の象徴だった<u>ベルリンの壁</u>が解体。

④<u>マルタ会談</u>：1989年12月，地中海のマルタ島で米ソ首脳が会談し，冷戦の終結を宣言。

⑤東西ドイツの統一（1990年10月）。

⑥<u>ソビエト連邦の解体</u>：1991年12月，連邦を構成していた共和国が独立し，解体→アメリカが軍事的に唯一の超大国となる。

2 国際協調への動き ▶ EUやAPECがつながりを深め，地域統合や地域協力を進めている。

①それまでに十分に機能していなかった国際連合の役割が，国際協調の動きとともに高まった。

②<u>主要国首脳会議</u>（サミット）：日本，アメリカなどが，1975年から開いている国際会議→中国など新興国を加えた<u>G20</u>も開催。

③<u>ヨーロッパ連合</u>（<u>EU</u>）：1993年にECが発展して発足。

・共通通貨「ユーロ」の発行，物や資本の移動な自由。

・やがて東ヨーロッパへも拡大。

見方・考え方 冷戦が終結した背景を，本文からまとめましょう。

解答例 1979年から始まったアフガニスタン侵攻による軍事費負担などで，すでに経済が停滞し始めていたソ連の国力はさらに低下した。1985年に成立したゴルバチョフ政権が政治や経済の立て直しを図ったが，成功しなかった。また，東ヨーロッパ諸国でも民主化運動が高まっていた。

第7章 現代の日本と私たち

▶主な地域紛争

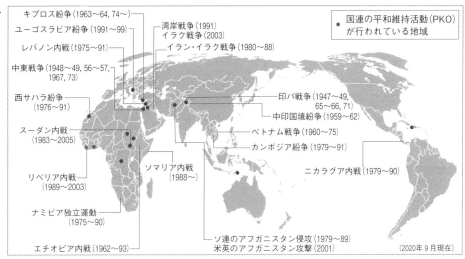

キプロス紛争(1963〜64、74〜)
ユーゴスラビア紛争(1991〜99)
レバノン内戦(1975〜91)
中東戦争(1948〜49、56〜57、1967、73)
西サハラ紛争(1976〜91)
スーダン内戦(1983〜2005)
リベリア内戦(1989〜2003)
ナミビア独立運動(1975〜90)
エチオピア内戦(1962〜93)
湾岸戦争(1991)
イラク戦争(2003)
イラン・イラク戦争(1980〜88)
印パ戦争(1947〜49、65〜66、71)
中印国境紛争(1959〜62)
ベトナム戦争(1960〜75)
カンボジア紛争(1979〜91)
ソマリア内戦(1988〜)
ニカラグア内戦(1979〜90)
ソ連のアフガニスタン侵攻(1979〜89)
米英のアフガニスタン攻撃(2001)

● 国連の平和維持活動(PKO)が行われている地域

(2020年9月現在)

チェック 冷戦終結後に進んだ国際協調の例を、本文からぬき出しましょう。

解答例

・「それまで十分に機能していなかった国連は〜役割が高まりました。」
・「主要国首脳会議(サミット)に参加する国々に〜G20サミットも、2008年から開催されています。」
・「ECは1993年にヨーロッパ連合(EU)に発展し、やがて東ヨーロッパに拡大しました。」

トライ 冷戦後の国際政治はどのように変化したか、次の語句を使って説明しましょう。
[超大国／地域紛争]

解答例 冷戦後の国際社会では、アメリカが軍事面で唯一の超大国となった。一方で、冷戦の終結により、民族・宗教・文化のちがいからくる対立が表面化し、地域紛争が起きた。

④**アジア太平洋経済協力会議**(APEC):1989年に発足。
　・日本、アメリカ、中国、韓国、ベトナム、インドネシア、オーストラリアなど21の国と地域が加盟(2020年12月現在)。
⑤**イギリス**のEU離脱など、国としてのまとまりを重視する考えも根強い。

3 相次ぐ地域紛争 国連のPKOや民間のNGOが、地域紛争を解決するために、さまざまな活動をしている。

①世界の安全をおびやかす問題
　・**地域紛争**:ユーゴスラビア紛争をはじめ、各地で起こっている。
　・大量破壊兵器の拡散や、テロリズムも発生。
②中東での軍事行動
　・**湾岸戦争**(1991年):**イラク**によるクウェート侵攻がきっかけ→アメリカなどによる多国籍軍が派遣された。
　・アメリカでの**同時多発テロ**(2001年9月11日)を理由にアメリカがアフガニスタンを攻撃。
　・**イラク戦争**(2003年):イラクが大量破壊兵器を保有していると見なしたアメリカなどが、イラクを攻撃(戦後、大量破壊兵器は発見されなかった)。
③地域紛争を解決するための活動
　・国連の**平和維持活動**(PKO)→自衛隊も参加(→教科書p.268**1 2**)。
　・民間の**非政府組織**(NGO)も活躍している。

2 冷戦後の日本

ここに注目！

1 冷戦後の日本外交
日本の課題は
何だろう？

2 55年体制の終わり
55年体制は
どのようして終わったの？

3 バブル経済崩壊後の経済
バブルが崩壊した日本
経済はどうなったの？

？ 冷戦終結後の日本はどのように変化し，どのような課題をかかえているのかな？

---

1 冷戦後の日本外交 ▶ **アメリカとの同盟のあり方や，国際貢献の形，領土をめぐる諸問題などがある。**

①地域紛争について，国連などの取り組みが行われている。
・1992年，国連の平和維持活動(PKO)に初めて自衛隊を派遣した。
　＊PKO：紛争地域に国連が人員を派遣し，停戦監視や復興支援などを行う活動。

②東アジア諸国との関係：北朝鮮とは拉致問題，国交問題などの課題が，中国や韓国とは領土などをめぐる問題が続いている。

③日本は，日米安保条約を結んでいるアメリカとの同盟関係を強化しているが，アメリカの軍事行動への協力，在日アメリカ軍基地をめぐって，さまざまな意見がある。

2 55年体制の終わり ▶ **1993年，非自民連立の細川護熙内閣が成立し，55年体制は終わった。**

①自民党の長期政権は政治の安定をもたらした一方で，政治家・官僚・企業が癒着して汚職事件を生み出し，批判が高まった。

②1993年，細川護熙を首相とする，自民党と共産党を除く8会派による連立政権が成立し，55年体制(→p.169)が終わった。

③その後，自民党が政権に復帰し(連立政権)，2009年に民主党などへの政権交代が起こったものの，2012年から再び自民党中心の連立政権となった。

3 バブル経済崩壊後の経済 ▶ **投機がもたらしたバブル経済が崩壊すると，長期にわたる平成不況におちいった。**

①1980年代後半，投機によって土地や株式の価格が異常に高くなる不健全な好況(バブル経済)となった→1991年に崩壊→平成不況。

②2008年，世界金融危機によって深刻な不況となった。

③政府の景気対策：経済活動の規制を緩和し，国営事業の民営化などの構造改革を進めた→景気はゆるやかに回復。

④財政赤字，所得などの格差の拡大が課題。

見方・考え方 解答例

　以下のテーマは一例。さらに調べよう。
・自衛隊の海外派遣：国際貢献として評価する意見や，憲法上の問題や隊員の安全を指摘する意見などがある。
・北朝鮮による拉致問題：拉致被害者の帰国を目指しているが，交渉は進んでいない。

チェック 解答例

・「1993年，細川護熙を〜成立しました。」
・「自民党は政権に〜連立政権を作りました。」
・「2009年には民主党などへの政権交代が起こりました」
・「2012年には再び自民党が連立政権を作りました。」

トライ 解答例

(1)北朝鮮の拉致問題，周辺諸国との領土問題，日米同盟のあり方。
(2)増大し続ける財政赤字の解消や，所得などにおける格差の解消。

第7章 現代の日本と私たち

③ 持続可能な社会に向けて

ここに注目！

① 進展する グローバル化	② 日本社会が直面 する課題	③ 持続可能な社会
日本が良ければ いいのかな？	あなたが考える 課題は何かな？	SDGsって何？

？ 持続可能な社会の実現のために，私たちはどんな課題に取り組む必要があるの？

チェック 持続可能な社会とはどのような社会か，本文からぬき出しましょう。

解答例 「現代の世代だけでなく，将来の世代の幸福を見すえた持続可能な社会」

トライ 本文から最優先で取り組むべきと考える課題を一つ挙げ，その理由を説明しましょう。

解答例

・地球温暖化：海面の上昇による陸地の水没や農作物の不作など，人類の生存がおびやかされるから。

・核兵器の廃絶：万が一，実際に核兵器が使われてしまったら，世界が破滅してしまうから。

など

---

① 進展するグローバル化

グローバル化が急速に進む現代では，国際的な協力が欠かせなくなっている。

① グローバル化(世界の一体化)が急速に進展している。

・経済のグローバル化：貿易や資本の取引などの経済活動。

・情報のグローバル化：インターネットを通じて世界が情報を共有。

・さまざまグローバル化：平和，環境，資源，食料，感染症など。

② 地球温暖化：海面の上昇，農作物の不作など深刻な問題。

・温室効果ガスの排出削減：二酸化炭素などの排出削減を取り決め。
→京都議定書(1997年採択)，パリ協定(2015年合意)。

③ 核兵器廃絶など軍縮への取り組み(日本は唯一の被爆国)。

② 日本社会が直面する課題

日本は，エネルギー，さまざまな格差，少子高齢化など，多くの課題をかかえている。

① 阪神・淡路大震災(1995年)：ボランティア活動の重要性が明らかに。
→特定非営利活動促進法(NPO法，1998年)→現在，日本では多くの非営利組織(NPO)が活動している。

② 東日本大震災(2011年)：福島第一原子力発電所の事故→再生可能エネルギー導入の促進。

③ 少子高齢化：65歳以上人口が，全人口の7％をこえると高齢化社会，14％をこえると高齢社会という→医療費の増大など社会保障の課題。

・少子化：15歳未満の年少人口が減少すること→労働力人口が減少。

④ 格差・人権の問題：貧富の格差，都市と地方の格差など課題は多い。

・対策：地方創生，非正規雇用の待遇改善，保育所の整備，男女共同参画，部落差別の撤廃，在日外国人との共生のための取り組み。

③ 持続可能な社会

SDGsは，貧困や環境などに関する17のグローバル目標と169の達成基準で構成されている。

① 持続可能な開発目標(SDGs)：2015年，国連サミットで採択→2030年までに，貧困の撲滅，男女平等，クリーンエネルギーの普及，平和と公正など17の目標の達成が求められている。

❶GHQ：連合国軍最高司令官総司令部の略称。敗戦によって日本は連合国軍に占領されたが，実質的にはアメリカによる単独占領だった。GHQは直接統治するのではなく，日本政府に指令し，日本政府が政策を実施する間接統治の方法が採られ，GHQの指令の下で戦後改革が進められた。

❷戦後改革：戦後改革は，GHQの占領政策の基本方針である非軍事化と民主化を柱に進められた。軍隊の解散，戦争指導者を裁くなどの非軍事化政策が実施され，また，財閥の解体，労働者の権利を認めること，農地改革や教育改革などの民主化改革が実施された。こうした戦後改革の中心となったのは憲法改正で，国民主権，基本的人権の尊重，平和主義を基本原理とする日本国憲法が制定された。

❸冷たい戦争(冷戦)：アメリカを中心とする資本主義の西側諸国と，ソ連を中心とする共産主義の東側諸国との対立。全面的な戦争にはならなかったが，米ソ両国が核兵器をふくむ軍備拡張を競うなど厳しい対立が続いたことからこう呼ばれた。キューバ危機のように核戦争の一歩手前までいくことがあったが，その後，緊張緩和の動きも生まれた。

❹朝鮮戦争：1950年，北朝鮮が南北の統一を目指して韓国に侵攻して始まった戦争。アメリカ中心の国連軍が韓国を，中国義勇軍が北朝鮮を支援し，戦争は長期化した。また，朝鮮戦争が始まると，日本はアメリカ軍向けの軍需物資の生産で，特需景気と呼ばれる好況となり，経済の復興が早まった。

❺サンフランシスコ平和条約：1951年に結ばれた，第二次世界大戦・太平洋戦争の講和条約。冷戦の中，ソ連など東側陣営の国々は調印を拒否した。さらに，中国は招かれず，インドやビルマ(ミャンマー)は出席を拒否するなど，アジア諸国の多くとは講和が実現しなかった。また，沖縄や小笠原諸島は，引き続きアメリカの統治下に置かれることになった。

❻日米安全保障条約：サンフランシスコ平和条約と同日に結ばれた条約。この条約によって，日本がアメリカを中心とする西側諸国の一員となったことが明確となり，占領が終わった後も，アメリカ軍基地が日本国内に残されることになった。1960年，岸信介内閣は，アメリカとの関係をより対等にし，また，強化しようとして，新しい日米安全保障条約を結んだ。しかし，新安保条約に対しては，日本がアメリカの戦争に巻きこまれるという反対意見があり，激しい反対運動へと発展した。

❼日中平和友好条約：1972年の日中共同声明を受けて，1978年に結ばれた。この条約は，両国が主権と領土保全をおたがいに尊重し，平和友好関係を発展させていくことを約束したものである。この条約は日中関係の基礎となるものであり，その後中国の経済発展とともに，貿易など経済関係が深まった。

❽高度経済成長：1955年から1973年までの，GNP成長率が年平均10%程度の急激な経済成長のこと。政府が積極的に経済成長を促進したこと，技術革新や重化学工業の発展などが要因として挙げられる。この期間に，エネルギー源は石炭から石油にかわり，太平洋岸や瀬戸内海沿岸に巨大な石油化学コンビナートが建設された。その一方で，高度経済成長は，公害問題，農村の過疎化，都市の過密による住宅問題などの社会問題を生んだ。

❾冷戦の終結：第二次世界大戦後に始まった東西の冷戦は，緊張が高まったり，緩和したりしながら推移してきたが，1989年に米ソ首脳

会談で終結が宣言された。その背景には，アフガニスタン侵攻による軍事費増大がソ連経済の重荷となり，ゴルバチョフ政権による政治や経済の立て直しも成功しなかったこと，さらに，東ヨーロッパ諸国で民主化の動きが高まったことなどがあった。

❿バブル経済：1980年代後半，日本では投機によって株式と土地の価格が異常に高くなる不健全な好況となった。この好況は，産業の成長という経済の実際の姿とはかけ離れた「泡」のようなものだという意味で，バブル経済と呼ばれた。バブル経済は1991年に崩壊し，長期にわたる平成不況におちいった。

2 A：中華人民共和国　B：自衛隊　C：沖縄
D：EU　E：東日本大震災

3 (1)　朝鮮戦争により特需景気が発生した。朝鮮戦争が始まると，アメリカ軍向けの軍需物資が日本で生産され，この「特需」により，日本経済は好況となった。

(2)　第四次中東戦争が起こったことで，石油や石油関連製品の価格が高騰し，先進国は深刻な不況におちいった（石油危機，またはオイル・ショック）。日本では高度経済成長が終わり，さまざまな商品の買いしめさわぎなども起きた。

(3)　「日ソ共同宣言」から「国際連合加盟」に向かう矢印で結ぶ。

4 (1)　ア：大日本帝国憲法　イ：日本国憲法
ウ：国民主権　エ：基本的人権の尊重（おか

すことのできない，永久の権利として認められる）　オ：平和主義（永久に戦争を放棄する）

(2)　非軍事化と民主化

(3)　カ：北大西洋条約機構（NATO）
キ：ワルシャワ条約機構

探究のステップ

① 日本の戦後改革は，GHQの占領政策に従い，非軍事化と民主化を柱に進められた。改革の中心は憲法の改正である。日本国憲法の基本原理である国民主権，基本的人権の尊重，平和主義にのっとって，教育の民主化，男女平等の実現などの改革が進められた。

② 1950年，冷戦を背景に朝鮮戦争が起こると，日本は軍需物資の生産を中心とする特需景気となり，経済復興が早まった。そして，1955年から高度経済成長が始まった。

③ 冷戦終結後の世界は，地域紛争や環境問題のように国境をこえた取り組みが必要な課題をかかえている。さまざまなグローバル化が進む中，多様な人々との共生を前提に，問題解決を図る必要がある。

探究課題

戦後の日本は，占領下で非軍事化と民主化が進み，占領が終わった後も，外交・経済でアメリカとの関係を強めた。高度経済成長によって経済復興と発展を実現した日本は，国際社会における発言力が増したが，同時に責任も重くなっているといえる。

まとめの活動　現在の日本を形作ったものは何だろう

●教科書 p.280〜281

◉ランキングをどうつければよいか

ランキングするということは，出来事の重要度を比べるということである。その重要度をはかるには，これまでのまとめの活動で取り組んできた活動が役に立つだろう。

ステップチャート（第6章）を使って推移を整

理すれば，どれが重要であるかを考えるヒントがみつかるだろう。ウェビング（第5章）を使えば，出来事の関連性を整理でき，その中でどれが重要な出来事だったのかが見えてくるだろう。これまでの学習活動を生かして，ランキングという課題に取り組んでほしい。

❶ 次の文中の（　　　　）に当てはまる言葉を書き，あとの問いに答えなさい。

*①，④は略称でもよい。

　aポツダム宣言を受け入れて無条件降伏した日本は，連合国の占領下に置かれることになった。占領は，（①　　　　　　　）の指令に従って日本政府が政策を実施する（②　　　　　　）の方法が採られ，その下で戦後改革が進められた。戦後改革の基本方針の一つは徹底した（③　　　　　　）で，軍隊は解散され，戦争犯罪人と見なされた軍や政府の指導者が（④　　　　　　）にかけられた。基本方針のもう一つは（⑤　　　　　　）で，治安維持法が廃止され，選挙権も満（⑥　　　　）歳以上の男女にあたえられた。経済の面でも（⑤）が図られ，日本の経済を支配してきた（⑦　　　　　）が解体された。また，労働者の団結権を認める（⑧　　　　　）法などが制定された。さらに，b農村では，地主が持つ小作地を政府が強制的に買い上げ，小作人に安く売りわたした。こうして，戦後の日本は再出発の道を歩み始めたのである。

問1　下線部aについて，敗戦後の日本について述べた次のア～エについて，内容に誤りがあるものを一つ選び，記号で答えなさい。　　　　　　　　　　　　　（　　　　）

　ア　領土は，北海道，本州，四国，九州とその周辺の島々に限られた。
　イ　沖縄，奄美群島，小笠原諸島はアメリカの直接の統治下に置かれた。
　ウ　敗戦後も日本にとどまった朝鮮の人々には，無条件で日本国籍があたえられた。
　エ　歯舞群島，色丹島，国後島，択捉島の北方領土は，ソ連によって占拠された。

問2　下線部bについて，この政策を何と呼ぶか，書きなさい。（　　　　　　　　　　）

❷ 次の文中の（　　）に当てはまる言葉を語群から選び，記号で答えなさい。

　（①　　　）である日本国憲法(新憲法)の基本原理は，（②　　　），（③　　　），（④　　　）の三つである。（②）は，（⑤　　　）である大日本帝国憲法(旧憲法)において（⑥　　　）が天皇にあったのと根本的に異なっている。天皇の地位も，旧憲法では神聖不可侵にして統治権を持つ（⑦　　　）であるが，新憲法では日本国と日本国民統合の（⑧　　　）となった。（③）については，旧憲法が（⑨　　　）の範囲内で認めているのに対し，新憲法は「おかすことのできない永久の（⑩　　　）」(第11条)としている。（④）は，「日本の国が，けっして二度と（⑪　　　）をしないように」という思いからかかげられた基本原理である。日本国憲法第9条は，（⑪）について，「国際紛争を解決する手段としては，永久にこれを放棄する」と定めている。

〔語群〕　ア　基本的人権の尊重　　イ　欽定憲法　　ウ　権利　　エ　元首
　　　　　オ　国民主権　　カ　主権　　キ　象徴　　ク　戦争　　ケ　平和主義
　　　　　コ　法律　　サ　民定憲法

❶ 解答

- ① 連合国軍最高司令官総司令部（GHQ）
- ② 間接統治
- ③ 非軍事化
- ④ 極東国際軍事裁判（東京裁判）
- ⑤ 民主化
- ⑥ 20
- ⑦ 財閥
- ⑧ 労働組合

問1 ウ
問2 農地改革

ココがポイント！

　連合国軍最高司令官総司令部（①）は日本を直接統治するのではなく，日本政府に指令を伝え，日本政府が政策を実施する間接統治（②）の方法で占領政策を実施した。占領政策の基本方針は非軍事化（③）と民主化（⑤）で，非軍事化の方策として，戦争指導者を極東国際軍事裁判（④）で裁いたり公職から追放したりした。民主化では，選挙法が改正されて，満20歳（⑥，現在は18歳）以上の男女に選挙権があたえられた。また，労働組合法（⑧）や労働基準法を定めて労働者の権利を保護したり，経済面から軍国主義を支えたとして財閥（⑦）が解体されるなど，さまざまな面での民主化が進められた。

問1　朝鮮から日本に移り住んだ人は，第二次世界大戦が終わった時点で約200万人にのぼったといわれる。多くの人が朝鮮半島にもどったが，約60万人が日本に残った。しかし，これらの人々は日本国籍を失い，権利も制約され，不当な差別を受けることもあった。

問2　自分では耕作しない地主が小作人を支配する地主制は民主的でないとして，農地改革が実行された。

❷ 解答

- ① サ
- ② オ
- ③ ア
- ④ ケ
- ⑤ イ
- ⑥ カ
- ⑦ エ
- ⑧ キ
- ⑨ コ
- ⑩ ウ
- ⑪ ク

ココがポイント！

　日本国憲法と大日本帝国憲法のちがいと，日本国憲法の基本原理について問う問題である。

　憲法とは，その国のあり方を定めた最も基本的な法である。あるいは，自分たちはこのような国でありたいという国民の願いを表したものということもできる。憲法は，難しく言えば国の最高法規であり，全ての法律は憲法に基づいて定められなければならない。

　日本国憲法の基本原理とそこにかかげられている考え方について，しっかりと理解しておきたい。

❸ 次のグラフを見て，あとの問いに答えなさい。

問1 グラフのＡ，Ｂは国民総生産と経済成長率を示している。それぞれ何を示しているか書きなさい。

Ａ（　　　　　　　　）

Ｂ（　　　　　　　　）

問2 空欄①は，池田勇人（いけだはやと）内閣がかかげた経済に関する政策である。何というか書きなさい。

（　　　　　　　）計画

問3 空欄②は第四次中東戦争をきっかけに起こった世界的な出来事である。何という出来事か書きなさい。

（　　　　　　　）

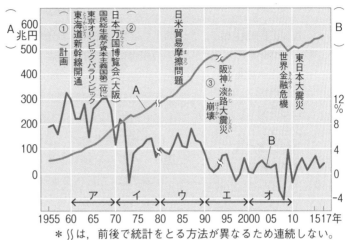

＊§は，前後で統計をとる方法が異なるため連続しない。

問4 1955年から空欄②が起こるまで続いた日本経済を，特に何と呼ぶか書きなさい。

（　　　　　　　　　）

問5 空欄③には，土地や株式への投機が生んだ不健全な好況（こうきょう）を，あるものに例えた言葉が入る。その言葉は何か書きなさい。（　　　　　　　　　）

問6 次のａ～ｄの出来事が起きた時期をグラフ中のア～オから選び，記号で答えなさい。ただし，同じ記号を何度使ってもかまいません。

ａ　沖縄の日本復帰（　　　　）

ｂ　冷戦の終結宣言（　　　　）

ｃ　ＥＵの発足（ほっそく）（　　　　）

ｄ　日中平和友好条約調印（　　　　）

❹ 次の文中の（　　　）に当てはまる言葉を書きなさい。

今世界では，（①　　　　　　　　）がインターネットを通じて世界中に瞬時（しゅんじ）に伝わるように，（②　　　　　　　）化と言われる世界の一体化が進んでいる。一方で，海面上昇や農作物の不作などを引き起こす（③　　　　　　）のような，世界中の国々が力を合わせなければ解決できない問題も起きている。（③）の原因とされる二酸化炭素などの（④　　　　　　）の排出削減（はいしゅつさくげん）の取り組みはそうした努力の一つであり，1997年には（⑤　　　　　　）が採択（さいたく）され，2015年には（⑥　　　　　　）が合意された。さらに同年に開かれた国連サミットでは，（⑦　　　　　　）（ＳＤＧｓ）が採択され，環境（かんきょう）問題だけでなく，貧困の撲滅（ぼくめつ），男女平等，クリーンエネルギーの普及（ふきゅう），平和と公正など17の目標がかかげられた。

❸ 解答

問1　A　国民総生産
　　　　　　（GNP）
　　　B　経済成長率
問2　所得倍増
問3　石油危機（オイル・
　　　ショック）
問4　高度経済成長
問5　バブル経済
問6　a　イ
　　　b　ウ
　　　c　エ
　　　d　イ

ココがポイント！

問1　国民総生産は経済の規模を示す指標，経済成長率はその規模の前の年に対するのびを示す指標である。

問2・問3・問4　1955年に始まった高度経済成長は，1960年に成立した池田勇人内閣の「所得倍増計画」によって，促進された。しかし，1973年の石油危機によって，世界経済は不況におちいり，高度経済成長も終わりを告げた。

問5　バブル経済は，土地や株式への投機が生んだもので，中身のない泡（バブル）のようなものだという意味が名称にこめられている。

問6　沖縄の日本復帰は1972年，米ソによる冷戦の終結宣言は1989年，EUの発足は1993年，日中平和友好条約は1978年の出来事である。

❹ 解答

①　情報
②　グローバル
③　地球温暖化
④　温室効果ガス
⑤　京都議定書
⑥　パリ協定
⑦　持続可能な開発目標

ココがポイント！

　グローバル化には，インターネットなどによる情報伝達のスピードや広がり，国境をこえる経済活動など積極的な面がある一方で，不況や環境問題の被害，感染症も国境をこえるなどといったマイナス面もある。

　2015年の国連サミット（国連持続可能な開発サミット）で採択された持続可能な開発目標（SDGs）は，こうしたグローバル化の現状をふまえたものである。SDGsがかかげる17のグローバル目標と169のターゲット（達成基準）に取り組むことが，世界中の国と人々に求められている。